本书为国家自然科学基金项目"大众参与创客运动的驱动机
MOA理论的视角"（项目号：71573079）的研究成果

大众参与创客运动的
驱动机制
及引导政策研究

杨　智　颜剑辉 等著

中国财经出版传媒集团

经济科学出版社
Economic Science Press

图书在版编目（CIP）数据

大众参与创客运动的驱动机制及引导政策研究／杨
智 颜剑辉等著．—北京：经济科学出版社，2021.2
ISBN 978－7－5218－2408－7

Ⅰ.①大… Ⅱ.①杨… Ⅲ.①创业-研究-中国
Ⅳ.①F249.214

中国版本图书馆 CIP 数据核字（2021）第 035691 号

责任编辑：顾瑞兰
责任校对：王肖楠
责任印制：王世伟

大众参与创客运动的驱动机制及引导政策研究
杨 智 颜剑辉 等著
经济科学出版社出版、发行　新华书店经销
社址：北京市海淀区阜成路甲 28 号　邮编：100142
总编部电话：010-88191217　发行部电话：010-88191522
网址：www. esp. com. cn
电子邮箱：esp@ esp. com. cn
天猫网店：经济科学出版社旗舰店
网址：http：//jjkxcbs. tmall. com
北京季蜂印刷有限公司印装
710×1000　16 开　18.25 印张　360000 字
2021 年 2 月第 1 版　2021 年 2 月第 1 次印刷
ISBN 978－7－5218－2408－7　定价：85.00 元
（图书出现印装问题，本社负责调换。电话：010－88191510）
（版权所有　侵权必究　打击盗版　举报热线：010－88191661
QQ：2242791300　营销中心电话：010－88191537
电子邮箱：dbts@ esp. com. cn）

序

随着创客运动在全球范围内蓬勃发展，创客概念被引入中国。2010年，上海诞生了国内第一个创客空间——新车间。2014年9月，在夏季达沃斯论坛上，李克强总理首次提出了"大众创业、万众创新"的战略构想。2015年3月，"创客"一词首次进入政府工作报告。在政府的大力推动下，中国的众创空间迅速增加，创客群体日益多元化，创客运动在中国快速兴起。根据《中国火炬统计年鉴》数据显示，2019年，我国注册备案的众创空间达8000个，总收入约为210亿元。尽管创客概念引入国内已逾十年时间，但目前我国的创客运动仍处于发展期，创客规模非常有限，创客文化尚未得到广泛认同。如何引导大众积极参与创客运动、全方位推动创新创业，是我国政府面临的一个重大现实课题。

本书在全面梳理创客运动、创新及创业相关研究的基础上，针对北京、深圳、广州、上海、宁波、长沙等地110多家众创空间的500多名创客进行了多维度的访谈和问卷调查，从微观视角深入研究了大众参与创客运动的内外部影响因素及其对个体参与意愿、参与行为和结果的影响，构建了大众参与创客运动的影响因素模型，揭示了大众参与创客运动的驱动机制；并结合目前我国创新创业的政策现状，提出了引导大众参与创客运动、促进我国创客运动发展的政策建议。

本书为创客运动、创新和创业研究提供了一个崭新的逻辑框架。它涵盖了：参与动机方面，包括经济动机和社会动机；外部机会方面，包括物理环境和文化环境；内部能力方面，包括学习能力和创新能力。该逻辑框架一方面为学者们开展相关研究提供了新的思路，有助于深刻理解大众参与创客运动的路径和机制；另一方面，也为政策制定者、创客空间管理者制定有关引导大众参与创客运动的政策措施时提供了现实可行的参考。

本书内容主要来自国家自然科学基金项目"大众参与创客运动的驱动机制及引导政策研究：MOA理论的视角（项目号：71573079）"的研究成果。全书由杨智、颜剑辉、肖廷、吴月燕、郑宇、曹霞、杨彩、包佳鑫、伍圣美、侯怡如、孙肖、唐艳共同执笔，由杨智、颜剑辉统稿。

感谢项目组成员在本书撰写过程中所付出的辛勤努力。由于我们的知识和认知所限，对创客运动的研究目前尚处于初级阶段，仍有许多值得深入探讨的问题。不足之处，敬请有关专家和读者批评指正。

目　录

第1章 绪 论

随着创客运动在全球范围内的兴起，李克强总理提出"大众创业、万众创新"，在政府的助推下，我国创客运动蓬勃发展，众创空间大量出现。然而，许多众创空间却存在创客参与人数不足、长期活跃参与人数少、众创空间经营举步维艰等现实问题；同时，针对创客、创客运动、众创空间、创客文化等理论研究也不够深入，现有研究未能揭示大众参与创客运动的驱动机制。基于此，本章阐述了全书的研究背景及研究意义，概括了整体的研究内容和研究框架，介绍了全书的研究方法和所采用的研究技术路线。

1.1 研究背景与研究意义

1.1.1 研究背景

技术进步和社会发展推动了科技创新模式的嬗变。传统以科研人员为主体、实验室为载体的科技创新活动模式正发生着巨大变化，开始加速转向以 Living Lab 和 FAB LAB 为代表的创新 2.0 模式（徐婧等，2016）。这种模式以用户为中心，以共同创新、开放创新为特点，融合了从创意、设计到制造的整个过程，激发了全球的创客浪潮。2014 年 9 月，在夏季达沃斯论坛上，李克强总理首次提出了"大众创业、万众创新"（李华琴等，2015）。随后，国家和各地方政府相继出台了一系列支持众创空间发展、促进创新创业的政策措施。政府的助推加速了众创空间的发展，创客运动席卷全国。根据《中国火炬统计年鉴》数据显示，2019 年，我国注册备案的众创空间达 8000 个，创客空间数量跃居全球第一。

然而，在创客运动快速发展的同时，我国不少众创空间仍存在创客参与程度低、长期活跃参与人数少等问题（许素菲，2015）；有些创客空间人气不高，出现"有店无客"的现象（李燕萍等，2017）；部分创客空间经营举步维艰，从2016 年起甚至出现了创客空间倒闭潮。因此，如何吸引人们参加创客运动成为创客，推动大众创业、万众创新，促进创客运动健康发展是政府、社会、创客空间等迫切需要解决的现实问题。

随着创客运动的兴起，创客及创客运动引起了国内外学者的广泛关注，学者们较系统地探讨了创客、创客教育、创客空间、大众创业等与创客运动之间的关系。例如，刘晓敏（2016）发现，创客思维、团队合作、指导激励和环境支持是驱动大学生参加创客运动的四个关键因素；张玉臣等（2015）实证研究了创客群体的创新动机、技术学习积极性、创业意愿、获得创新创业教育辅导和支持、对接相关软硬件公司并获得相关支持、外部环境中社会对创客群体认知度和尊重感等6项因素间的相互作用，揭示了技术学习积极性对创新意愿、创业意愿的作用机理；田剑等（2018）发现，沉浸需要、自我效能、感知有用性、感知易用性、社区激励和社会因素对创业行为具有显著正向影响；梁炜等（2018）利用扎根理论研究了创客知识需求的动机、特点和内容；权和李（Kwon & Lee，2017）认为，外在社会地位影响了创客参与，价值动机影响了创客的社区参与。然而，有关创客运动参与行为影响因素、参与动机等问题鲜有涉及，少数对此问题进行探索的研究仍缺乏系统性，尤其是缺少有关影响机理的阐释。

鉴于此，本书将从微观视角探究创客运动参与行为的影响因素及大众参与创客运动的驱动机制并提出引导大众参加创客运动的政策建议，这对于丰富创客理论、解决创客运动参与行为的现实困境、大力推动创客运动快速健康发展以及促进全民创新创业具有重要的理论价值和现实意义。

1.1.2 研究意义

自2015年"创客"首次进入政府工作报告以来，在政府创新创业政策的大力推动下，大众创业、万众创新在我国蓬勃发展，创新创业主体日益多元，创新创业环境持续改善，创新创业社会氛围日趋浓厚。但是，目前我国创客运动仍处于发展期，大众参与创客运动的积极性仍有待进一步提升，创新创业生态也有待进一步完善。因此，探讨大众参与创客运动的驱动机制及其引导政策，有利于进一步增强创业带动就业、有利于提升科技创新和产业发展活力、有利于创造优质供给和扩大有效需求，对全方位推动多元主体参与创新创业，打造"大众创业、万众创新"的经济新引擎具有重要意义。

1.1.2.1 理论意义

国内外学者针对创客运动展开了多视角的研究讨论，获得了很多有价值的成果，但大众参与创客运动的关键影响因素与驱动机制仍不明晰，系统性的分析框架尚未形成。本书基于动机—机会—能力（motivation-opportunity-ability，MOA）理论框架和扎根理论研究，全方位识别了驱动大众参与创客运动的关键影响因素，多维度揭示了大众参与创客运动的动力激活机制、机会营造机制与能力提升机制，系统地构建出驱动大众参与创客运动的理论分析框架，具有重要的理论意义。

第一，系统地构建出驱动大众参与创客运动的理论分析框架。已有研究分别从个体、组织、环境三个层面探讨了大众参与创新或者创业的问题。总体而言，现有研究仍然比较零散，缺乏一个综合、系统的理论分析框架来指导创客运动相关研究的展开。本书利用 MOA 理论框架，采用扎根理论研究方法，对我国 100 多家众创空间的 500 多名创客进行了实地调研，从多维视角离析出大众参与创客运动的内外部关键影响因素，系统地构建起大众参与创客运动的理论分析框架。在此基础上，进一步剖析了各关键要素之间的复杂关系，勾勒出本书的研究框架模型。该框架模型为本书研究大众参与创客运动的驱动机制提供了新的思路，并为未来创客运动相关研究提供了前瞻性的指导。

第二，全方位识别出了驱动大众参与创客运动的关键影响因素。现有研究主要基于单一视角，分别从个体动机、组织管理或者环境治理等方面识别了大众参与创客运动的部分影响因素。本书收集整理了近 600 篇国内外相关文献和约 20 万字的创客访谈资料，整合了个体动机、组织管理以及社会环境等方面的因素，从内在动机和外在诱因两个方面，全方位地识别了大众参与创新创业的内外部关键影响因素。本书从创客的底层心理逻辑出发，综合考虑了个体、组织和环境等多个层面的关键要素，从本质上厘清了大众参与创新创业的驱动因素，为后续创新创业相关研究做了较全面的奠基性工作。

第三，多维度揭示了大众参与创客运动的"动力—能力—机会"驱动机制。现有研究多从单个维度如动力、能力或者环境等方面探讨了大众参与创新创业的影响机理，缺乏从多个维度深度探讨各类影响因素对大众参与创新创业的驱动机制。本书综合了动机、机会和能力三个维度，首先，从个体层面揭示了经济和社会动机对大众参与创新创业的心理驱动机制；其次，从环境层面分析了物理环境和文化环境对大众参与创新创业的机会营造机制；最后，从组织层面剖析了众创空间培训活动和竞赛活动对大众参与创新创业的能力提升驱动机制。本书丰富了创客、创新和创业相关研究，加深了对大众参与创新创业驱动机制的全面认知和了解，拓展了创客运动的研究边界。

1.1.2.2 现实意义

近年来，随着一系列创新创业政策的出台，大众创业万众创新正持续向更大范围、更高层次和更深程度推进，并日益取得良好的创新创业绩效。然而，我国经济已由高速增长阶段转向高质量发展阶段，对推动大众创业万众创新提出了新的更高要求。而且，在大众参与创新创业的过程中，仍存在一些关键性问题亟待解决。基于此，本书探究了大众参与创客运动的驱动机制并提出了引导大众参与创客运动的政策建议，为大众参与创客运动创新创业拓展了新思路，为众创空间完善其组合管理策略提供了参考，为制定供需匹配的创新创业政策提供了依据，对我国实现精准引导大众参与创客运动开展创新创业、打造经济发展新引擎具有重要现实意义。

第一，为大众参与创客运动创新创业拓展了新思路。本书基于大规模实地调研和深入的扎根理论研究，提炼出大众参与创新创业的 MOA 理论框架模型，在实践上为大众如何参与创新创业并取得理想成果开拓了新思路、提供了新方案。首先，为大众如何维持创新创业动力提供了新的方案，提出精准定位自身的创新创业目标类型是维持其动力的关键出发点；其次，为大众如何增强创新创业能力提供了新的方案，指出灵活参与线上线下多样化的创新创业活动是提升其能力的关键着力点；最后，为大众如何利用外部机会实现创新创业追求提供了新的方案，强调充分利用众创空间的优惠举措和国家政策红利是助其抓住成功机会的关键。

第二，为完善众创空间组合管理策略提供了借鉴。结合定性的扎根理论研究和定量的政策现状分析及政策实施效果评估，从动力、环境和能力三个维度，制定出众创空间驱动大众参与创新创业的组合管理策略，包括动力激发策略、机会营造策略和能力提升策略。其一，在动力激发策略方面，提出要根据创客创造、创新和创业的任务类型来提供创客所需的经济和社会激励举措，才能有效地激发创客创新创业动力。其二，在机会营造策略方面，进一步优化有形的物理环境设计和无形的文化环境氛围，全方位升级众创空间的人力、物力、资本、信息和技术等服务水平，才能为创客参与创客运动创新创业营造良好的机会。其三，在能力提升策略方面，要实施与创意客和创利客的异质动机相匹配的创新创业大赛激励方式，与这些创客参与创新创业的过程特征相匹配的创新创业培训活动，才能全面提升创客创新创业能力。

第三，为制定供需匹配的创新创业政策提供了参考。基于对大众参与创客运动驱动机制的实证研究和我国创新创业政策现状及实施效果的定量分析，深度挖掘了我国驱动大众参加创客运动、参与创新创业过程中的关键问题和现实所需，科学审视了现有创新创业政策体系设计及实施的薄弱环节，从政策体系设计和政策服务对象所需的供需双视角，提出了符合大众参与创客运动现实所需的创新创业政策优化建议。一方面，需进一步完善创新创业政策体系，加强对各类创新创业主体、载体、服务资源和整体生态系统的支持力度；另一方面，需全方位提升创新创业政策的支撑面，着力激发大众参与创新创业的动机，提升大众参与创新创业的能力，为大众参与创新创业营造更优良的机会。这些政策建议的实施有利于进一步增强创业带动就业能力，有利于提升科技创新和产业发展活力，有利于创造优质供给和扩大有效需求，对增强经济发展内生动力具有重要意义。

1.2　研究内容与研究框架

通过简要介绍每个章节的研究内容及绘制研究框架，阐明各研究内容之间的逻辑关系及整体的逻辑架构，构建起本书的研究内容体系。

1.2.1　研究内容

第 1 章，绪论。通过追溯创客运动的国外起源和创客运动在中国的本土化发展，探讨了创客运动这一研究话题及其内涵与影响。在此背景下，提炼了研究创客运动的意义，提出了本书的研究框架、研究方法与技术路线。

第 2 章，大众参与创客运动的国内外研究现状。从创客运动的主体"创客"、创客运动的载体"众创空间"及创客运动的精神基础"创客文化"三个方面入手，对创客、众创空间和创客文化进行概念界定。在此基础上，依据新产品开发过程中的产品技术创新与商业化过程，并结合我国"大众创业、万众创新"的浪潮，分别从个体层面、组织层面和环境层面创客的创新创业动机、众创空间管理及创客文化环境治理三大块，综述了国内外促进创客参与创新创业的行为动力激发机制、创新创业机会营造机制和创新创业能力提升机制及相关研究。最后，通过全面分析国内外研究现状，指出了现有研究的不足。

第 3 章，大众参与创客运动驱动机制的探索性研究。本章基于 MOA 理论框架，采用扎根理论这一质性研究方法，对大众参与创客运动的动机、机会和能力驱动机制进行了探索性研究。在此过程中，首先，对全国各地众创空间的创客进行深度访谈并结合其他公开渠道获取了丰富的一手数据资料。其次，遵循扎根理论的规范性准则和步骤，通过编码的方式，将数据组织成具有理论意义的结构，并通过一系列的检验过程对相关原始资料进行系列编码，逐步提炼出驱动大众参与创客运动的众多核心概念。最后，通过进一步明晰概念之间的关系，构建起大众参与创客运动的影响因素等有关变量及驱动机制研究框架和理论体系，为后面章节的实证研究奠定了理论基础。

第4章，大众参与创客运动的动力激发机制研究。动机是影响大众参与创客运动的重要前因，同时也是创客参与创新创业绩效的重要影响因素。本章分为两个部分，分别探讨了不同类型的动机如何影响创客参与创客运动创新创业。第一部分，对中国5家创客创意社区中的139名创客进行了问卷调查，探究了经济动机和社会动机如何影响创客的创新行为。第二部分，从虚拟线上创客空间——青少年三维创意社区（i3done.com）收集了丰富的二手数据，研究了受不同动机影响的创意客和创利客如何参与创新创业大赛。

第5章，大众参与创客运动的机会营造机制研究。创客空间是创客的主要工作场所，创客空间的环境因素能够对创客的创新行为产生直接影响。本章从创客空间中有形的物理环境和无形的文化环境入手，通过一系列的问卷调查与实验设计，探究了创客空间物理环境中的"方"与"圆"线条设计及其文化环境中的创新氛围营造如何影响创客的创新创造活动。

第6章，大众参与创客运动的能力提升机制研究。在创客运动中，大众作为创新创业的主体，其创新创业能力的提升有利于为促进创客运动创造更多的社会价值。本章从创客运动的载体"创客空间"出发，探讨了线上线下创客空间如何通过各种各样的培训活动与竞赛活动来吸引创客参与，并提升其创新创业能力。

第7章，引导大众参与创客运动的政策及建议。首先，收集整理了我国现有的关于大众参与创客运动的引导政策，运用社会网络分析等方法对其进行了文本内容分析，包括高频词汇分析、文本共词分析等，全面解析了我国现有的政策体系。其次，使用双重差分方法（DID），对不同引导政策进行政策效果评估。最后，结合现有的政策体系及本书的理论和实证研究，对如何进一步提升大众参与创客运动提出了有建设性的政策及建议。

1.2.2　研究框架

以动力（M）、机会（O）和能力（A）为轴，以创客运动的主体"创客"、载体"创客空间"和精神基础"创客文化"为线，深入剖析大众参与创客运动的驱动机制，进而构建起本书的理论基础。同时，结合多种前沿方法，对现有的大众参与创客运动的相关政策进行分析和效应评估，全面解析了现有政策体系，并制定出能够充分激发创客动力、营造优良机会、提升创客能力的创新创业政策，建立起引导大众参与创客运动的政策建议体系。基于此，形成了本书的研究框架，如图1-1所示。

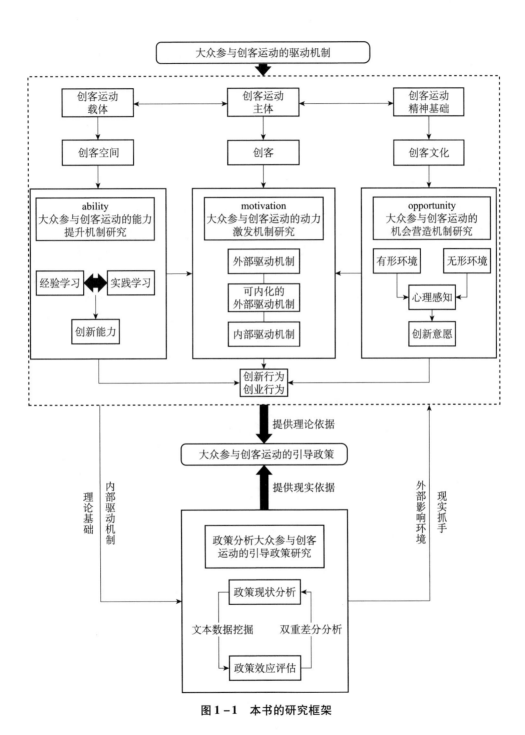

图1-1　本书的研究框架

1.3　研究方法与技术路线

通过简要介绍所采用的研究方法及研究技术路线，阐明各研究方法与研究内容之间的匹配关系、各研究的先后顺序及研究间的相互支撑关系，构建起本书的研究方法体系。

1.3.1　研究方法

基于本书研究内容及研究框架，首先，采用定性研究方法，通过深度访谈、问卷调查等方法获得了丰富的一手数据，辅之以文献研究，运用扎根理论研究建构起研究的理论模型；其次，采用定量研究方法，通过实验设计、问卷调查及二手数据研究，对理论模型进行实证检验；最后，进行政策研究，运用文本数据挖掘和双重差分模型等方法分析政策现状，评估政策效应。其中，定性研究为定量研究与政策研究奠定理论基础并提供前瞻性假设；定量研究对定性研究的理论模型进行实证检验，并为后续的政策研究提供理论依据；政策研究既为前面的理论机制研究提供经验依据，也是其现实抓手。三种研究方法互为支撑，形成一个"现实—理论—现实"的闭环。

1.3.1.1　定性研究方法

（1）文献分析法。文献分析法是指通过对收集到的某方面的文献资料进行研究，以探明研究对象的性质和状况，并从中引出自己观点的分析方法。本书首先从国内外各大文献检索数据库收集了与创客、创客空间、众创空间、创客文化等相关的文献，然后在文献筛选、整理与阅读的基础上，对相关研究成果进行总结与评述，找出现有研究不足，并为研究的开展奠定理论基础。

（2）深度访谈法。深度访谈法是指根据相关研究问题，通过与被访谈者进行深入的口头交谈，收集客观的、不带偏见的事实材料，以准确说明样本所代表的总体的一种方式。根据受访人数的多少，深度访谈可分为个体访谈和焦点小组访谈。本书通过对创客个人和创客团队的深度访谈，收集了大量的一手数据资料，为后续的探索性研究奠定了现实基础。

（3）扎根理论研究法。扎根理论方法是一种理论构建方法，即在系统收集资料的基础上寻找反映社会现象的核心概念，通过在这些概念之间建立联系而形成理论（王玮和徐梦熙，2020）。本书运用扎根理论，基于对全国各地创客空间众多创客的访谈资料，从创客参与创客运动的动机、行为、环境、能力等方面，充分挖掘提炼"双创运动"这一社会新现象的核心概念，构建起驱动大众参与创客运动影响前因及结果的理论框架模型，为后续的定量研究提供了指导框架。

（4）文本数据挖掘。文本数据挖掘是指从文本数据中抽取有价值的信息和知识的计算机处理技术。本书基于我国国家和地方现有大众参与创客运动的引导政策文本，利用文本挖掘技术对现有政策进行高频词汇分析，并通过分析政策的时间效应和地区效应，解读我国现有的大众参与创客运动引导政策现状，为提出引导大众参与创客运动的政策建议提供了坚实的政策基础。

1.3.1.2　定量研究方法

（1）问卷调查法。问卷调查法是指研究者利用控制式的测量对所研究的问题进行度量，从而收集到可靠资料的一种方法。本书针对大众参与创客运动的动机、对众创空间资源的利用情况及创客的创新创业绩效等，进行了问卷设计；通过线下众创空间与线上创客社区等多渠道，发放和收集相关问卷数据；在确定问卷的有效性后，实证分析了问卷数据，并对拟研究问题进行了经验检验。

（2）实验研究法。实验研究法是针对某一问题，根据一定的理论或假设进行有计划的实践，从而得出一定的科学结论的方法。本书运用实验研究法，通过对拟研究的关键变量进行有效实验操纵，探索了众创空间不同类型的物理环境设计对创客创造力的影响，进而通过对实验组和控制组的对比分析，离析出所研究的关键变量对创客创造力的因果效应。

（3）二手数据研究法。二手数据研究法是指利用已有的客观数据资料，对拟研究问题进行检验的一种研究方法。相比于一手数据，二手数据获取成本低，但在使用过程中需要更注意相关性、时效性和可靠性等问题。在线上创客社区中，创客的专业领域、创新成果、参与创新创业大赛活动等相关信息都呈现在网页上，这为研究如何提升创客参与"双创运动"的意愿、增强创客的创新能力等提供了一个绝佳的数据来源。本书通过使用 Python 编写的网络爬虫程序来追踪和收集网页上与创客和创新创业大赛相关的数据，最后构成了一个非平衡面板数据，并基于此对拟研究问题进行了实证检验。

（4）数据分析方法。① 回归分析法。回归分析的主要用意在于分析一个因变量对一个或多个自变量的统计依赖关系，因此，在实证分析中，往往是先有理论推导，再由回归分析验证因果关系。本书根据不同的数据类型（如连续变量与分类变量）和研究模型（如中介模型、嵌套模型、差分模型），采用不同的回归分析方法，包括普通最小二乘回归（OLS）、逻辑回归（LR）、负二项回归（NBR）、Bootstrap 法、多层线性模型（HLM）及双重差分模型（DID）等。② 社会网络分析法。借鉴社会学研究中的社会网络分析方法，将现有政策文本中的词汇及词汇之间的关联视为一个网络，分析了网络中每个词的属性和网络的整体属性，包括政策词汇的中心度、接近中心度，政策词汇网络的密度、网络模块的个数等，由此解析出现有政策的主要着力点和关联度等。

1.3.2　技术路线

本书针对大众参与创客运动的驱动机制和引导政策相关研究问题、研究框架、研究内容、研究方法和研究结果等，绘制出了本书的技术路线如图 1-2 所示。

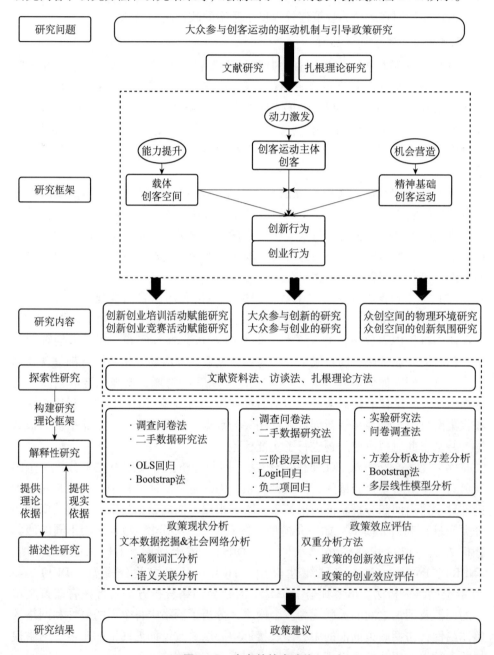

图 1-2　本书的技术路线

第 2 章　大众参与创客运动的国内外研究现状

本章主要介绍大众参与创客运动的国内外研究现状。首先，系统梳理了大众参与创客运动的国内外文献，对创客运动涉及的核心概念进行了科学界定，包括创客运动、创客运动的主体"创客"、载体"创客空间"（或"众创空间"）以及精神基础"创客文化"等；其次，基于驱动创客参与创新创业的 MOA 理论框架，对现有大众参与创客运动创新和创业的研究进行了全面梳理，并进行了评述。

2.1　相关概念界定

"创客""创客空间""众创空间""创客文化"作为创客运动中的新生事物，研究者对其内涵有着不同的解读，并采取了不同的分类方式。

2.1.1　创客运动

2.1.1.1 创客运动的内涵

创客运动发源于西方后工业社会背景，在中国实现价值理念和创新行动的全面扩散。对于创客运动的定义，学者们从创客运动的主体、物质载体、精神基础和创新活动等不同视角有不同看法。

从创客运动的主体——创客角度，布劳德等（Browder et al.，2017）强调，创客运动是由利用技术进行协作以创造有形物质制品的人们组成的。林少雄（2017）认为，以创客为主体的创客运动，是以分享技术、交流思想为其乐趣所在，是一种以创意孵化、技术实践、产品研发为其介入或促进社会、参与或抗拒政治的行为。基于主体视角的定义，强调创客运动是由业余爱好者、修理工、工程师、黑客和艺术家组成的不断增长的运动，他们创造性地设计和构建项目，以达到好玩或有用的目的（Jones，2020）。

从创客运动的物质载体——创客空间角度，有学者将创客运动定义为一种发生在能够共享技术工具、促进在有形项目上学习和协作的社会空间内的活动

（Browder et al.，2019）。也有学者将创客空间的范围从实体空间扩大至虚拟空间，而创客运动是集聚在虚拟或者实体空间中的有共同利益或目标的个体，分享关于设计和个人创造的知识从而实现创新的草根创新运动（Elisabeth et al.，2019；Jeremy et al.，2018）。

从创客运动的精神基础——创客文化角度，学者们将创客运动描述为基于共享设计的文化规范，通过使用数字桌面工具和通用设计标准，进行在线协作以促进共享和迭代的活动（Halverson & Sheridan，2014）。还有学者从活动角度，指出非正式的创造活动及活动参与者的广泛性，以突出创客文化的草根性（Browder，2017）。综上所述，创客运动是以创客为主体，以创客空间为物质载体，以创客文化为精神基础的草根创新活动。

2.1.1.2 创客运动的影响

创客运动提供了开放、共享的技术文化，在我国借助"大众创业、万众创新"的战略东风，迅速实现了创新理念和创新活动的全面扩散，得到了本土认同，使创新活动从产业界走向更广泛的大众，对中国社会的经济、教育和文化等领域产生了深远的影响。

从经济视角看，创客运动通过赋能个人和企业创新打造了经济新引擎。第一，创客运动得益于技术驱动的转型，这些转型促进了小规模但高质量的生产，因此逐步打破了产业界的生产规模壁垒，不断提升了社会的创新创业潜能；第二，创客运动中信息技术资源的自由流通和制造技术资源的共享加速了生产资料的大众化过程；第三，创客时代企业内外部通过建立更紧密的合作共享网络以满足用户的多元需求，改变了生产关系。

从教育视角看，创客运动提升了整个民族的创造力。一方面，创客运动重视培养创新型人才，促进了教育界的全面反思和改革；另一方面，以互联网为主要媒介的创客运动使教育不再受时间、地点和经济状况等因素的限制，促进了教育方式的变革和公平。

从文化视角看，创客运动用新技术和新理念催生了新的文化观念，它强调开放共享、包容合作的观念，让人们能以更多元化的方式实现表达、创造和精神的自由，丰富了中华文化的内涵，增强了中华文化的创新活力（黄玉蓉等，2018）。

2.1.1.3 创客运动的起源与发展

（1）创客运动在国外的兴起。创客运动（maker movement）发源于西方的后工业革命浪潮，随后在全球范围内迅速发展。创客、创客空间、创客文化成为创新创业潮流中的新生事物。学术界从创客运动的精神基础、活动主体、物质载体等不同视角，对创客运动的起源进行了探讨。

创客运动的兴起以其精神基础——创客文化的形成为标志，发端于20世纪50年代美国的车库运动。"车库"是创客们制造奇迹、创业起步的小作坊，具有个人性、便利性、私密性、实用性、试验性的特点，其草根性、动手性和创新性成为创客文化的原始血液。

以创客运动的活动主体——创客的形成为标志，创客运动的起源可追溯到 20 世纪 60 年代西方兴起的 DIY（do it yourself，自己动手做）运动。DIY 运动最重要的特点在于不依赖专业工匠，而是通过个人利用各种工具和材料进行修缮与制作（杨现民和李冀红，2015）。这成为创客们最初的创造形式，其大众性和动手性成为创客的原始特征。

以创客运动的载体——创客空间的形成为标志，学界将创客运动的载体区分为虚拟创客空间和实体创客空间，并对其起源也持有两种不同观点。第一种观点以虚拟创客空间的形成为标志，创客运动起源于 20 世纪 90 年代欧洲的黑客运动。1981 年，德国创建了全球第一家黑客空间"混沌电脑俱乐部"（chaos computer club），它是黑客们从事独立创造并与他人分享的主要场所（王静等，2019）。在此虚拟创客空间内，创客们不仅可以自由探索，还可以共享各种资源。因此，黑客运动具有免费、共享、创造等核心特征。第二种观点认为，创客运动起始于 2001 年由美国比特与原子研究中心（MIT）建立的实体空间 Fab Lab（fabrication laboratory）。在该空间里，人们能够聚集其中创意自造、分享交流、共同工作。这种"实验室"具有无边界的开放性，采用实体化、社区化的方式运行。创客运动的正式提出可以追溯到戴尔·多尔蒂（Dale Dougherty）于 2005 年创办的 Make 杂志及其于 2006 年在美国加州发起的第一届"创客嘉年华"（Maker Faire）。2012 年，美国在国内 1000 多所高校引入先进的数字制造工具，打造创客空间，并且宣布 6 月 8 日为"国家创客日"，进一步推动了创客运动的发展。

21 世纪以来，互联网与电子商务飞速发展，打破了传统的单一供销渠道的限制，充分释放了多元化的大众市场。同时，3D 打印、数控技术、激光切割等硬件技术的发展，降低了将创意转化成为原型产品的门槛，草根创客用很低廉的成本即可完成传统的由精英企业或个体垄断的研发创造过程。伴随着长尾市场的兴起与创客主体的大众化，基于设计、分享、制作和开源的"创客运动"席卷全球。

（2）创客运动的本土化发展。在西方创客浪潮和中国政府的政策红利等因素的影响下，中国的创客空间迅速增加，创客群体日益多元化，创客运动呈现出既与国际接轨又具中国特色的发展态势。创客运动在我国的本土化发展根据其物质载体的移植、文化理念的传播和制度本土化创新分为三个阶段。

创客运动移植阶段（2009～2011 年）。2009 年，一群深圳技术发烧友创立了"深圳自造"（SZDIY）邮件组，他们是以爱好为核心、乐于分享、具备创新精神的小众群体。2010 年，创客空间被引入国内，中国第一家线下创客空间——新车间在上海成立，标志着一个致力于自由和开源软件技术以及意识形态进程的新兴社区的开始。在创客运动移植阶段，深圳、上海和北京的创客空间相继成立，这一批实体空间成为最早接受欧美创客文化和发起中国创客运动的物质载体。

创客理念传播阶段（2012～2015年）。2012年，柴火创客空间通过官方授权将美国的创客嘉年华（Maker Faire）引入中国深圳，形成了每年一届的深圳制汇节（Maker Faire Shenzhen）。此后，从地方到国家各个层级纷纷举办各种类型的创客活动，包括社区、市级举办的"K12少年马拉松""天津大学生创客马拉松""广州创客马拉松"等；国家级的"全国大众创业万众创新活动周"；具有国际影响力的"活动制汇节""中美青年创客大赛"等。各类创客活动的举办，推广了创客运动开放创新的理念，大力培育了创客文化氛围。

制度创新阶段（2015年至今）。2015年，中国政府结合我国国情对创客空间建构出新的本土定义——众创空间。众创空间是结合西方创客空间的创造功能和国内孵化器的孵化功能的新型创业服务平台。它的提出加速了创客运动在我国的本土创新与改良，使得众创空间的发展呈现出更为多样化的形式和多元化的功能。

本书归纳总结了全球创客运动的起源与发展，见表2-1。

表2-1 创客运动的起源与发展

时间	起源	视角	特征	文献来源
20世纪50年代	美国创客空间发端于20世纪50年代，最初的形态包括各种家庭改造车库、传统制造车间、部分机构建立的孵化器，其发展经历了由粗放发展到集约发展、由个体创造到团队协同创新、由自由分散发展到政府计划推进发展的发展逻辑，并在数量不断扩增的过程中呈现出开放性、共享性、实践性、创造性和标准化等特征。基于"分布式"与"去中心化"的创客空间布局，美国成为全球创客运动的发源地	车库运动	私密性；试验性	王志强和杨庆梅，2019；王佑镁和叶爱敏，2015
20世纪60年代	创客思想可以追溯到20世纪60年代西方兴起的DIY（do it yourself，自己动手做）。DIY从最初自己修理房屋，到自己修理家电、自己组装电脑，再到现在可以DIY任何东西，如DIY发型、DIY美食、DIY面膜以及DIY自行车	DIY运动	倡导个人创造	杨现民和李冀红，2015
	国外创客空间的早期发展一直受到DIY文化的广泛影响，原本主要是指不需要专业的技术人员，自己利用身边物品完成一些修缮工作，这是广泛意义上众创运动的产生			宋刚等，2016

续表

时间	起源	视角	特征	文献来源
1981 年	创客运动起源于 20 世纪 90 年代的黑客文化。1981 年，全球第一家黑客空间"混沌电脑俱乐部"（chaos computer club）创建于德国。黑客空间的激增可以被看作是黑客行为和黑客社区形成的一个重大变化	黑客运动	共享；开放；分散；免费；创造	王静等，2019
2001 年	创客运动最早源于 2001 年由美国比特与原子研究中心（MIT）发起的 Fab Lab（fabrication laboratory）创新项目	Fab Lab	实体化；开放性	古思里（Guthrie），2014
2005 年	现代意义上的创客运动兴起于戴尔·多尔蒂（Dale Dougherty）2005 年创办的 Make 杂志及其于 2006 年在美国加州发起的第一届"创客嘉年华"（Maker Faire）	创客运动提出	利用新型技术；协同创新；知识共享；同伴生产	温雯和王青，2017
2005 年	"创客运动"由知名的创客（Make）杂志于 2005 年发起。2014 年举办的美国白宫创客大会则有力地推动了美国全民参与"创客行动"。美国将第一届白宫创客大会举办 2014 年 6 月 18 日定为"国家创造日"，并将第二届白宫创客大会的举办日期（2015 年 6 月 12～18 日）定为"国家创造周"，号召全美每个企业、每所大学、每个社区、每位公民都加入到支持全美各地民众成为创造者的行列中来			郑燕林，2015
2005 年	创客运动的名称和构想可以追溯到 2005 年 Make 杂志的创立和 2006 年的首届创客博览会，但创客的基本活动源于长期从事自身爱好的活动以及对木工、缝纫和电子产品等工艺品的创造活动			霍尔沃森和谢里丹（Halverson & Sheridan），2014
2012 年	2012 年，美国在国内 1000 多所高校引入先进的数字制造工具，打造众创空间，并且宣布 6 月 8 日为国家创客日，进一步推动了创客运动的发展	创客运动发展		肖志雄和王明辉，2019

资料来源：笔者根据相关资料整理所得。

2.1.2 创客运动的主体——创客

2.1.2.1 创客的内涵

"创客"一词源于英文的"Maker"，最初指的是以创新为理念，以客户为中心，以个人设计、个人制造为核心内容，利用现代技术，协作分享并将创意变成现实的人。目前，学术界关于创客的研究还处于起步阶段，现有研究大体从动机、态度和行为等几个视角对创客的内涵进行了界定。

从创客的动机视角，根据创客参与创客运动的不同动机，现有的创客研究主要分为内在动机和外在动机两个派别。早期的创客文献对创客的普遍认识都是以内在动机为前提，利用新型技术将创意变为制造产品的人（杨现民和李冀红，2015；Dougherty，2016；王佑镁等，2017）。例如，杨刚（2016）认为，创客是不以营利为目的，努力将个人价值转化为现实生产力的人群。广义上，创客是指所有能利用技术把创意转变为现实的人，包含受兴趣爱好等内在动机驱动的人和受经济收入等外在动机驱动的人（Browder et al.，2019；吴卫华等，2018；王亚文等，2019；王佑镁等，2019）。

从创客对待创新和合作的态度视角，已有研究普遍认为，创客是热衷于开拓创新、造物实践、协作分享的群体（陈鹏和陈勤，2019；霍生平和赵葳，2019）。基于态度的研究强调创客以用户创新为核心理念，以分享技术、交流思想为乐，他们对于创新的强烈爱好和热情使得他们自发利用大量的外部公共平台资源，与其他创客合作，将创新情怀变成创新行为（吴卫华等，2018；王亚文等，2019；王志强和陈倩倩，2019）。

从创客的实际行为视角，学者们对创客内涵的普遍认识是利用新技术制造出有趣独特的产品的人。3D 打印机、3D 扫描仪、激光切割机、数控铣床、微控制器工具包等在内的制造技术，以及包含开源硬件、开源软件、社交网络等在内的信息技术的飞速发展，降低了创客们将创意转化成为原型产品的门槛，使得他们用很低廉的成本即可完成传统由精英企业或个体垄断的研发创造过程。因此，基于行为的研究认为，创客是由利用技术进行协作以创造产品的人们组成（Browder et al.，2019；Dougherty，2016；顾学雍和汪丹华，2015）。

2.1.2.2　创客的分类

在"大众创业、万众创新"的新浪潮下，创客作为创客运动的实践主体，是创新活动的推动者和践行者。由于对创客的内涵理解不一，学术界对创客类型的划分也没有统一标准。目前，学者们主要是从创客的身份属性特质和对创客活动的参与程度来对创客进行分类。

从创客本身的身份属性特质来看，学者们提出了两个分类标准——成长特质和身份特质。根据成长特质，李振华和任叶遥（2017）将创客分为创意客、创新客和创业客。创意客通过与其他创客进行交流产生创意，并将创意以想法或方案形式呈现。创新客出于兴趣或爱好，借助制造工具将创意转变为实物，以满足自身需求或实现自我价值。创业客是从创意客和创新客成长起来的、发现创业机会并有意将创新产品市场化的创客。根据身份特质，孙超和李霞（2015）将创客划分为社会创客和高校创客，认为两者都不以营利为目的，强调实践动手操作能力，且乐于分享交流和团队合作等。但是相比较于社会创客，高校创客有启动和运动资金的保证，有指导老师和后勤支持，有成功转化及延伸服务等配套支撑等优势。

从对创客的参与程度来看，学术界目前有四种不同的创客分类方式。

第一，根据对创新活动的参与程度，将创客划分为旁观者、参与者和示范者。旁观者是指以学习者的身份边观摩边学习，熟悉创客空间的运行规则并学习开展创客活动所需的基本技能的创客。参与者是指承担一些辅助性活动任务的创客。示范者则主要以专家创客的身份向新手创客和边缘参与者演示和示范创意、制作活动，促进创客共同体内优质知识的流动和高质量知识共享的人（孙超和李霞，2015）。

第二，根据创客参与社会就业的程度，将创客区分为理想客（utopian makers）、实用客（pragmatic makers）、社会客（social makers）、做市客（making to market makers）和主流客（mainstream makers）。其中，理想客是对社会价值及其价值观的转变有很大影响的人，实用客是那些与开放性文化相关的能够影响社会开放性和共享范式的人，社会客主要指那些对社会包容性活动（如解决数字鸿沟问题）更有帮助的人，做市客则指代那些市场导向的对工作创建、企业创新和经济变革更有影响的人，主流客则主要指可以影响大多数文化和社会领域的人（Unterfrauner et al.，2020）。

第三，根据对创新活动的贡献程度，将创客分为被动共享者、交流参与者、外围贡献者和核心贡献者。被动共享者在创客空间内仅仅使用创客空间内的工具和资源，不参与共同体创意和制作活动。交流参与者不直接参与创意和制作活动，但是积极参与共同体的制度和文化建设并交流经验，在活动系统中实施较为持续的知识共享和人际交流行为。外围贡献者一般会直接参与创意和制作过程，但未能持续参与协作，其贡献期较短，贡献度较小，贡献行为具有偶发性特点。核心贡献者是指直接参与创客创作活动和共同体协作的创客个体，他们持续参与，贡献期较长，对共同体贡献较大，其贡献行为具有连续性（孙超和李霞，2015）。

第四，根据创客的贡献程度，将创客分为核心创造者、情境贡献者和狂热者（Aryan et al.，2020）。核心创造者贡献水平最高，他们关注的是整个系统，相信社会转型的必要性，且更多的是追求同行认可和声誉。情境贡献者贡献程度中等，他们更关注产品，相信效用最大化，更追求实现创业意图。爱好者贡献水平最低，他们主要关注想法，利用自己的闲暇时间来进行技能拓展。本书梳理了创客分类相关研究，见表 2 - 2。

表 2 - 2   创客的分类

文献	分类标准	类型	差异
李振华和任叶瑶，2017；2018	成长特质	创意客；创新客；创业客	创意客通过与其他创客进行交流产生创意，并将创意以想法或方案形式呈现； 创新客出于兴趣或爱好，借助制造工具将创意转变为实物，以满足自身需求或实现自我价值； 创业客是从创意客和创新客成长起来的、发现创业机会并有意将创新产品市场化的创客

文献	分类标准	类型	差异
孙超和李霞, 2015	身份特质	社会创客; 高校创客	社会创客强调实践动手操作能力, 乐于分享交流, 团队合作; 高校创客有专门的管理者和组织者
	参与程度	旁观者; 参与者; 示范者	旁观者是指以学习者的身份边观摩边学习, 熟悉众创空间的运行规则并学习开展创客活动所需基本技能的创客; 参与者是指承担一些辅助性活动任务的创客; 示范者则主要以专家创客的身份向新手创客和边缘参与者演示和示范创意、制作活动, 促进创客共同体内优质知识的流动和高质量知识共享的人
	贡献程度	被动共享者; 交流参与者; 外围贡献者; 核心贡献者	被动共享者在众创空间内仅仅使用众创空间内的工具和资源, 不参与共同体创意和制作活动; 交流参与者不直接参与创意和制作活动, 但是积极参与共同体的制度和文化建设并交流经验, 在活动系统中实施较为持续的知识共享和人际交流行为; 外围贡献者一般会直接参与创意和制作过程, 但未能持续参与协作, 其贡献期较短, 贡献度较小, 贡献行为具有偶发性特点; 核心贡献者是指直接参与创客创作活动和共同体协作的创客个体, 他们持续参与, 贡献期较长, 对共同体贡献较大, 其贡献行为具有连续性
阿利安等（Aryan et al.）, 2020	用户贡献程度	核心创造者; 情境贡献者; 爱好者	核心创造者贡献水平最高, 他们关注的是整个系统, 相信社会转型的必要性, 且更多的是追求同行认可和声誉; 情境贡献者贡献程度中等, 他们更关注产品, 相信效用最大化, 更追求实现创业意图; 爱好者贡献水平最低, 他们主要关注想法, 利用自己的闲暇时间来进行技能拓展

资料来源: 笔者根据相关资料整理所得。

2.1.3 创客运动的载体——创客空间

2.1.3.1 创客空间的内涵

创客空间是创客运动的载体和存在的基础（徐广林和林贡钦, 2016）。因此, 国内外学者围绕"创客空间具备哪些特征""什么样的空间能被称之为创客空间"等问题进行了深入探讨。遗憾的是, 对于创客空间的具体内涵, 学者们目前尚未达成一致。具体而言, 国内外学者主要从创客空间的功能性特征入手, 分别从其物理化制造、协作共享、资源与服务这三个核心功能特征对创客空间的内涵进行了界定。

其一, 基于创客空间的物理化制造功能特征, 学者们分别从物理空间和物理场所两个方面对众创空间进行了界定。例如, 从物理空间方面, 王佑镁和陈赞安（2016）提出, 创客空间是一个"物理化的制造空间", 向创客提供开放的物理空间以及原型加工设备如激光切割机、3D 打印机等设计制造设备。从物理场所方面，梁炜等（2019）和赵岚（2017）认为，创客空间是一个真实存在的物理场所，一个具有加工车间和工作室功能的开放交流实验室、工作室、机械加工室。

其二，基于创客空间的协作共享功能特征，已有研究主要从开放式、社会化、协作性等几个维度对其进行了刻画。例如，从开放式维度，罗巧燕和朱军（2015）强调，创客空间是指聚合公众并促进公众相互协作、共享知识、共同创造新理念、新事物的开放式空间。哈尔宾格（Halbinger，2018）则认为，创客空间是一个开放的社区，供个人见面、社交、交换想法。从社会化维度，李振华和任叶瑶（2017）表明，创客空间是连接社会关系、促进信息共享和创造新知识的学习空间、社会空间和共享空间。从协同性维度，洛克等（Lock et al.，2020）表示，创客空间是拥有共同兴趣的人们可以进行项目协作，分享想法、工具和专业知识来进行创造的地方。

其三，基于创客空间的资源与服务功能特征，王佑镁和陈赞安（2016）提出，创客空间是一个"社会化的服务空间"，即为创客们的创新创意作品提供孵化的全新组织形式和服务平台。黄飞和柳礼泉（2017）则强调，创客空间是一种用户创新学习环境，学习者通过创客空间提供的技术和服务进行项目的协作推进以及各种学习活动的开展。

此外，还有少部分学者从活动、文化等视角入手对创客空间的内涵进行了界定。例如，杨绪辉和沈书生（2016）从活动的视角将创客空间界定为一个为实现创意想法而开展共同工作、原型设计、加工制作等多种活动的连续体；郝蕾（2013）以及雒亮和祝智庭（2015）从文化的视角将创客空间界定为一种协作、分享、创造的人生理念。本书归纳总结了国内外与创客空间相关的概念界定，具体见表 2-3。

表 2-3　　　　　　　　　　创客空间的内涵

研究视角	功能特征	研究者	内涵
功能特性	物理化制造	郝蕾，2013； 雒亮和祝智庭，2015	众创空间是促进技能学习和人类知识创新的地方
		王佑镁和陈赞安，2016	众创空间是一个"物理化的制造空间"，向创客提供开放的物理空间以及原型加工设备如激光切割机、3D 打印机等设计制造设备
		赵岚，2017； 梁炜等，2019	众创空间是一个真实存在的物理场所，一个具有加工车间、工作室功能的开放交流实验室、工作室、机械加工室
	协作共享	罗巧燕和朱军，2015	众创空间指聚合公众并促进公众相互协作、共享知识、共同创造新理念、新事物的开放式空间

研究视角	功能特征	研究者	内涵
功能特性	协作共享	曹芬芳，2015	众创空间是一个聚集具有相同兴趣爱好的人们，为了相同的目的通过线上互联网在线分享或线下头脑风暴式交流，共享彼此的创意和想法并开源硬件从而激发创造激情，促进全民创造的地方
		王佑镁和陈赞安，2016	众创空间是一个"人际化的共享空间"，组织创客聚会，开设创客技术工作坊，促进知识分享，跨界协作以及创意的实现以致产品化
		李振华和任叶瑶，2017	众创空间是连接社会关系、促进信息共享和创造新知识的学习空间、社会空间和共享空间
		吴卫华等，2018	众创空间是一个聚合创客，供其分享相关信息技术及各种创意想法和内容，并开展合作、动手参与创造的实际场所
		明均仁等，2018	众创空间提供人们分享计算机技术、电子产品、手工制作、艺术设计等方面的知识，并进行创意交流及协同创造的场所
		李振华等，2018	众创空间被视为人们通过聚集，进行知识分享、协作交流，创造新事物的实体实验室
		洛克等（Lock et al.），2020	众创空间是拥有共同兴趣的人们可以进行项目协作、分享想法、工具和专业知识来进行创造的地方
		哈尔宾格（Halbinger），2018	众创空间是一个开放的社区，供个人见面、社交、交换想法，以及从事与技术、科学和艺术相关的项目
		霍顿（Horton），2019	众创空间是人们聚在一起创造、合作、分享资源、知识的地方
	资源与服务	王佑镁和陈赞安，2016	众创空间是一个"社会化的服务空间"，为创客们的创新创意作品提供孵化的全新组织形式和服务平台
		黄飞和柳礼泉，2017；杨绪辉和沈书生，2016	众创空间是面向应用的、构建以学习者为中心的，融合从创意、设计到制造的用户创新学习环境，学习者通过提供的技术和服务，进行项目的协作推进以及各种学习活动的开展，以促进相互之间知识和资源的互动，创造力的表达与分享
		李振华和任叶瑶，2018	众创空间不仅是创业者理想的工作空间、网络空间、社交空间和资源共享空间，还是能为创客提供全方位创业服务的生态体系
		梁炜等，2019	众创空间虚拟空间是各种异构资源整合的网络知识空间、开源软件平台、各种创新或创客大赛的数据资料平台、创客导师及课程资源等数字平台
		聂飞霞和罗瑞林，2019	众创空间是指能够提供共享资源和创新实践工具，并聚集相同兴趣和志向的人们自由交流新思想和开展合作众创实践活动的服务空间或服务平台

续表

研究视角	功能特征	研究者	内涵
功能特性	综合	王佑镁和叶爱敏，2015	众创空间是一种全新的组织形式和服务平台，通过向创客提供开放的物理空间和原型加工设备，组织创客聚会，开设创客技术工作坊，从而促进知识分享、跨界协作以及创意的实现以致产品化
活动视角		杨绪辉和沈书生，2016	众创空间是一个为实现创意想法而开展共同工作、原型设计、加工制作等多种活动的连续体
文化视角		杨绪辉和沈书生，2016	众创空间并非某种正式的组织结构，而是一系列与开源软件、硬件与数据等要素相关的共享技术、治理过程和价值观
		郝蕾，2013； 雒亮和祝智庭，2015	众创空间并非资源和空间本身，而是一种协作、分享、创造的人生理念

资料来源：笔者根据相关资料整理所得。

2.1.3.2　创客空间的本土化发展——众创空间

国内的众创空间其实是在国外创客空间的文化熏陶与影响以及国内科技企业孵化器的物理基础上发展壮大起来的。上海、北京和深圳是最早接受欧美创客文化熏陶并发起中国创客运动和兴建创客空间的国内城市（黄玉蓉等，2018）。国内第一家创客空间是 2010 年 10 月 1 日成立的上海新车间。2011 年，北京创客空间成立。然而，中国创客运动与创客空间的发展直至 2015 年才迎来巅峰期（李燕萍和陈武，2017）。2014 年，李克强总理在夏季达沃斯论坛上首次提出"大众创业、万众创新"。2015 年 1 月，李克强总理考察深圳柴火创客空间，并在同年的夏季达沃斯论坛上首次将"大众创业、万众创新"称为中国经济的"新引擎"。同年 3 月，"创客""众创空间"写入政府工作报告。国务院办公厅结合我国国情，并从"大众创业、万众创新"的角度出发，在《关于发展众创空间推进大众创新创业的指导意见》中正式将众创空间定义为顺应网络时代创新创业特点和需求，通过市场化机制、专业化服务和资本化途径构建的低成本、便利化、全要素、开放式的新型创业服务平台（国务院，2015）。至此，众创空间正式发展成为创客空间的中国本土化产物。

众创空间与创客空间、科技企业孵化器有所关联，也存在较大差异。具体而言，众创空间与创客空间都兴起于创新 2.0 背景，而科技企业孵化器则是创新 1.0 背景下的产物（贾天明和雷良海，2017）。这也导致现代众创空间与创客空间均以线上线下相结合的方式存在，而科技企业孵化器则以线下实体形式存在（李燕萍和李洋，2018）。此外，从服务目标来看，众创空间强调创意实现后的商业价值，创客空间强调创意实现，而科技企业孵化器则强调科技型创业企业的成长（贾天明和雷良海，2017）。从服务对象来看，众创空间主要为小微企业或个人创业者服务，创客空间主要为创客群体服务，而科技企业孵化器主要为科技型创业企业服务（郝君超和张瑜，2016；贾天明和雷良海，2017）。从服务内容来看，众创空间提供创新创业分享、创造空间、创业培训、投融资对接等服务于一体的全方位线上线下相结合的创业服务，创客空间提供的服务则注重创新创意分享与物化，而科技企业孵化器主要聚焦于投融资对接、法律财务、媒体资讯等服务（王佑镁和叶爱敏，2015；张建民等，2020）。从服务功能来看，众创空间注重教育、经济以及创新创业生态的构建，创客空间则以创新教育、创意实现为主，而科技企业孵化器聚焦于孵化科技型创业企业（李燕萍和李洋，2018）。从投资主体来看，众创空间以平台市场运营为主，创客空间以高校、图书馆为主，而科技企业孵化器则以政府为主（李燕萍和李洋，2018）。本书全面梳理了众创空间、创客空间和科技孵化器之间的异同，具体见表2-4。

表2-4　　　　　众创空间、创客空间、科技企业孵化器异同比较

视角	研究者	众创空间	创客空间	传统科技企业孵化器
兴起背景	贾天明和雷良海，2017	创新2.0	创新2.0	创新1.0
发展基础	孙文静和袁燕军，2017；顾晶，2017	孵化器	车库与创意工坊	科技产业园
存在形式	李燕萍和李洋，2018	线上线下相结合	线上线下相结合	线下
特点	郝君超和张瑜，2016	无边界，开放	开放，共享	满足标准才能入驻
服务目标	贾天明和雷良海，2017	创意实现后的商业价值	创意实现	科技型创业企业的成长
服务对象	郝君超和张瑜，2016；贾天明和雷良海，2017；李燕萍和李洋，2018	小微企业或个人创业	创客	科技型创业企业
服务内容	王佑镁和叶爱敏，2015；郝君超和张瑜，2016；张建民等，2020	创新创业分享、创造空间、创业培训、投融资对接等服务于一体的、全方位、线上线下相结合的创业服务	注重创新创意分享与物化	投融资对接、法律财务、媒体资讯等服务
服务功能	李燕萍和李洋，2018	教育、经济以及创新创业生态构建	以创新教育、创意实现为主	孵化科技型创业企业
创新资源	贾天明和雷良海，2017；李燕萍和李洋，2018	丰富，多样	以物化资源为主	较为单一
创新文化	贾天明和雷良海，2017	个性化，差异化	DIY，共享	商业模式实现
投资主体	李燕萍和李洋，2018	以平台市场运营为主	以高校、图书馆为主	以政府为主

资料来源：笔者根据相关资料整理所得。

2.1.3.3　众创空间的内涵

虽然国务院已经明确提出了众创空间的定义，但学者们在深入探究众创空间这一新兴产物的过程中，对于众创空间的具体内涵仍持有不同看法。总的来说，学者们主要从众创空间的功能性特征入手，分别从平台、孵化器、生态系统三个

角度对众创空间的内涵进行了界定。

（1）平台视角。国内众多学者基于平台视角，分别从创业服务体系、线上线下发展范式和双边市场等方面对众创空间进行了区分。例如，从创业服务体系方面，伍蓓等（2018）提出，众创空间是对现有创业服务体系的拓展延伸，以市场为导向、以服务为着力点、以资本为支撑，满足知识社会创新驱动的综合型创新创业服务平台；从线上线下发展范式方面，吴崇明等（2019）认为，众创空间是在新的创新范式下发展起来的、针对早期创新创业的、线下实体或线上虚拟或线下实体与线上虚拟相结合的创新创业服务平台（载体）；从双边市场方面，王节祥等（2016）以及徐示波（2019）进一步指出，众创空间实质上就是一种双边创新型平台。

（2）孵化器视角。部分学者从传统和新型孵化器视角对众创空间进行了界定。其中，大多数研究认为，我国众创空间的发展更多地指向了创新创业的孵化，即众创空间是一种新型孵化器（郝君超和张瑜，2016；孙文静和袁燕军，2017）。因为众创空间的本质就是将创意商业化，促进创业主体与商业主体合作，实现技术转移、技术入股等，使创业团队发展成在孵中小企业并通过提升企业创业绩效、促进成果转化、增强品牌价值等，最终实现在孵化企业的商业价值（李子彪等，2018）。另外，也有研究提出，众创空间实际上是传统孵化器与新型孵化器的有机融合（Han et al.，2017）。

（3）生态系统视角。也有部分研究从创业生态系统、生态网络和服务体系等视角对众创空间进行了全面刻画。例如，基于创业生态系统视角，陈凤等（2015）提出，众创空间是众多创业活动在特定地理空间所集聚形成的复杂创业生态系统。基于生态网络视角，陈武和李燕萍（2018）指出，众创空间是为促进双边或多边开展交流互动，以提升参与者（个体、组织和企业）创新能力并满足其异质性需求为目标，基于互联网背景构建的一种能够对资源进行快速聚散与迭代的生态网络。此外，还有少部分学者从服务体系等视角对众创空间的内涵进行了界定。例如，伍蓓等（2018）强调，众创空间是在创客空间、创新工厂等孵化器模式的基础上，实现创新与创业、线上与线下、孵化与投资相结合，为创新企业提供的一种开放式综合服务。本书对国内外相关研究做了更为详尽的总结，具体见表 2-5。

表 2-5　　　　　　　　　　　众创空间的内涵

研究视角	研究者	定义
官方定义	国务院，2015	众创空间是顺应网络时代创新创业特点和需求，通过市场化机制、专业化服务和资本化途径构建的低成本、便利化、全要素、开放式的新型创业服务平台
	科技部，2015	众创空间是顺应新一轮科技革命和产业变革新趋势、有效满足网络时代大众创新创业需求的新型创业服务平台

研究视角	研究者	定义
平台视角	吴杰等，2016	众创空间是借鉴众创空间、创新工场、创业咖啡等孵化器的运营模式，借助市场化、专业化、集成化、网络化、资本化的途径，为广大民众的创新创业活动提供低成本、便利化、全要素、开放式的综合服务的各类新型平台的统称
	滕飞，2017	众创空间是顺应网络时代创新创业发展特点与发展需求，通过市场化机制、专业化服务及资本化途径构建的低成本、便利化、全要素和开放式的新型创新创业服务平台的统称
	伍蓓等，2018	众创空间是对现有创业服务体系的拓展延伸，以市场为导向，以服务为着力点，以资本为支撑，满足知识社会创新驱动的综合型创新创业服务平台
	王节祥等，2016；徐示波，2019	众创空间实质上是一种双边创新型平台
	吴崇明等，2019	众创空间是在新的创新范式下发展起来的针对早期创新创业的线下实体或线上虚拟或线下实体与线上虚拟相结合的创新创业服务平台（载体）
	肖志雄和王明辉，2019	众创空间是指新主体利用创新工具将创意孵化为产品项目的创新平台
	杨琳和屈晓东，2019	众创空间既强调为创业者提供工作空间，也强调为创业者提供专业化的创业服务能力，是新型创业服务平台的统称
	杜宝贵和王欣，2020	众创空间是载体，表示平台、场所和基础设施，它是为创新创业个体与团队提供各类服务与资源的集合，既包括以办公室和工厂为代表的物理空间，又包括以网络平台为代表的虚拟空间
孵化器视角	贾天明和雷良海，2017	众创空间是在"双创"背景下产生的一种旨在为大众创业者提供早期创业服务的新型孵化器，通过集聚多样化的创业项目及活动的方式，实现多种创业资源的融合，以此来推动创新创业成果转化，实现经济价值
	郝君超和张瑜，2016	众创空间是一类新型的科技企业孵化器
	伍蓓等，2018	众创空间是传统孵化器与新型孵化器的有机融合，依托于广泛的社会资源，为初创团队或企业提供共享信息、创业场所和资源对接，是以开展社会化、专业化、市场化以及网络化的特色创新创业孵化服务为一体的开放空间
	李子彪等，2018	众创空间的本质就是将创意商业化，促进创业主体与商业主体合作，实现技术转移、技术入股等，使创业团队发展成在孵中小企业，通过提升企业创业绩效、促进成果转化、增强品牌价值，最终实现在孵企业的商业价值
	安永刚，2016；汉等（Han et al.），2017	众创空间是一种新型的社会组织形态，是一种新型孵化器；众创空间是传统孵化器与新型孵化器的有机融合
	孙文静和袁燕军，2017	我国众创空间的发展更多地指向了创新创业的孵化，即众创空间是一种新型孵化器
生态视角	陈武和李燕萍，2018	众创空间是指为促进双边或多边开展交流互动，以提升参与者（个体、组织和企业）创新能力并满足其异质性需求为目标，而基于互联网背景构建的一种能够对资源进行快速聚散与迭代的生态网络
	陈凤等，2015	众创空间是众多创业活动在特定地理空间的集聚所形成的复杂创业生态系统

续表

研究视角	研究者	定义
生态视角	陈武等，2018	众创空间平台组织定位促进双边或多边开展交流互动，以提升参与者创新能力并满足异质性需求为目标而基于互联网背景构建的，一种能对资源进行快速聚散与迭代的生态网络
	解学芳等，2018	众创空间是创新 2.0 时代创新创业服务机构的集合式概念，是由众创空间、孵化器、加速器等组成的创新创业服务生态系统
服务视角	伍蓓等，2018	众创空间是在众创空间、创新工厂等孵化器模式的基础上，实现创新与创业、线上与线下、孵化与投资相结合，为创新企业提供的一种开放式综合服务

资料来源：笔者根据相关资料整理所得。

2.1.3.4　众创空间的特征

2015 年以来，我国众创空间快速发展。不同学者在探讨众创空间这一新兴产物的过程中，分别从功能、文化、价值共创、生态系统、平台等维度对众创空间的特征进行了描绘与阐述，具体见表 2 - 6。

表 2 - 6　　　　　　　　　　　　众创空间的特征

研究视角	研究者	特征
功能视角	杨绪辉和沈书生，2016	依托于相应的物理空间； 有丰富且先进的工具和技术支持； 相应的课题项目维系； 促进知识和资源的互动
平台视角	伍蓓等，2018；贾天明等，2017	综合服务平台；知识共享性；资源集聚性；政策集成性；边界开放性以及自组织性
	肖志雄和王明辉，2019	服务内容形式多样，涉及行业丰富；具有丰富的加工和开发硬件设备；具有普惠性；注重协同合作，互惠共赢
	王佑镁和叶爱敏，2015	DIY 导向；资源可及；开放共享；属性多样
	顾晶，2017	以 DIY 为宗旨；提供资源保障；开放与共享；多元化的属性
生态视角	贾天明等，2017	自组织性；开放性；可控性
	李燕萍，2017	"众"；"新"；无边界
	陈武和李燕萍，2018	低成本，便利化，全要素，开放式；"众、微、新"；自组织，自愿参与；趣味相投，群策群力
	张耀一，2017	社区自治；模式灵活；低成本性
	孙文静和袁燕军，2017	开放式；低成本；资源共享；平民化
	李振华和任叶瑶，2017	以分享和开源为核心理念；以社区自治为运作方式；构筑多样化的创客网络；为创客与利益相关者互动提供广泛机会；使创客能获取和使用稀缺资源
文化视角	黄文彬等，2017	平等精神；开放与共享；注重科技和创新；不害怕失败，百折不挠
	黄飞和柳礼泉，2017	开放性；挑战性；实践性；创造性；共享性；跨素养性
	罗莎等（Rosa et al.），2017	共享与协作性；具有教育意义；支持创业；自治性；可持续性
价值共创	王丽平和刘小龙，2017	全面开放化；"互联网 +"为主轴；平台生态化；创新源多重组合；渐进式和颠覆性创新相结合；聚焦长尾领域；迭代创新性
	李燕萍，2017	开放式创新；市场驱动；需求导向

资料来源：笔者根据相关资料整理所得。

（1）从功能维度，学者们认为众创空间具有如下特征：依托于相应的物理空间、有丰富且先进的工具和技术支持、有相应的课题项目维系，并且能够促进知识和资源的互动（杨绪辉和沈书生，2016）。

（2）从文化维度，DIY 导向（顾晶，2017；王佑镁和叶爱敏，2015）、共享与协作性（Rosa et al.，2017）、开放性（黄飞和柳礼泉，2017）、平等与百折不挠精神（黄文彬等，2017）等文化特性被认为是众创空间的典型特征。

（3）从价值共创维度，开放式创新、市场驱动或需求导向（李燕萍，2017）、迭代创新性、渐进式和颠覆性创新相结合（王丽平和刘小龙，2017）等创新特性被认为是众创空间的典型特征。

（4）从生态系统维度，自组织性（贾天明等，2017）、社区自治（李振华和任叶瑶，2017；张耀一，2017）、开放性（孙文静和袁燕军，2017）、"众、微、新"（陈武和李燕萍，2018）等特性被认为是众创空间的典型特征。

（5）从平台维度，资源集聚性、政策集成性、属性多元化等特征被认为是众创空间的典型特征（顾晶，2017；贾天明等，2017；伍蓓等，2018；肖志雄和王明辉，2019）。

2.1.3.5　众创空间的类型

国内外学者对于众创空间类型的划分有着众多不同的见解，这也导致目前学界与业界对于众创空间类型划分尚没有统一的标准。总的来说，已有研究分别从营利性、场所属性、对象功能等视角对众创空间的类型进行了界定与阐述，具体见表 2-7。

表 2-7　　　　　　　　　　　　众创空间的类型

研究视角	研究者	类型	特点
营利性	周新旺等，2017	营利性众创空间	以营利为目的
		非营利性众创空间	不以营利为目的
	黄文彬等，2017	商业性众创空间	以实现商业价值为目的
		公益性众创空间	以提升社会福利为目的
场所属性	曾敬，2017；朱荀，2018	永久型众创空间	拥有固定服务场所
		移动型众创空间	服务场所可移动
对象功能	张立国等，2018	教育型众创空间	为社会大众服务，并以创新教育为目的
	杨琳和屈晓东，2019	孵化型众创空间	为创业型创客服务，以创业孵化为目的
	王丹等，2018	军事型众创空间	为军事创客服务，以军事创新为目的
	张孝宇等，2020	农业型众创空间	为农业创客服务，以农业创新为目的

资料来源：笔者根据相关资料整理所得。

第一，从营利性视角来看，众创空间可分为营利性众创空间和非营利性众创空间（周新旺等，2017），或商业性众创空间和公益性众创空间（黄文彬等，2017）。

第二，从场所属性视角来看，众创空间可被划分为永久型与移动型（曾敬，

2017；朱荀，2018）。其中，移动型众创空间又可根据其服务方式划分为弹出式移动众创空间与车载式移动众创空间（董红丽和黄丽霞，2019；明均仁等，2018），或"点对点"型移动众创空间、自助订制型移动众创空间与外联协同型移动众创空间（董红丽和黄丽霞，2019），具体见表2-8。

表 2-8　　　　　　　　　　移动众创空间的类型

研究者	类型	特点
明均仁等，2018；董红丽和黄丽霞，2019	弹出式	利用交通工具定期将创客工具运送到指定地点，并进行为期数周的创客活动
	车载式	由货车、卡车、拖车、巴士等交通工具改装而成的众创空间，车内配置有占地小、便携带、适合移动的创客工具
董红丽和黄丽霞，2019	"点对点"型	在某一区域内设置若干个众创空间流通站点，根据用户的创新需求，将创客服务所需设备和工具运输到流通站，用以开展创客活动，为创新用户提供"点对点"式的上门服务
	自助订制型	用户根据自己的创新需求、创新能力、兴趣偏好，以用户自主为导向，主动完成众创空间设备和技能的选取、学习、使用和创新，从而实现自我参与的一种用户自主服务模式
	外联协同型	让创客活动走进合作机构，满足其创新需求

资料来源：笔者根据相关资料整理所得。

　　第三，从对象功能视角来看，众创空间可划分为教育型众创空间（张立国等，2018）、孵化型众创空间（杨琳和屈晓东，2019）、军事型众创空间（王丹等，2018）和农业型众创空间（张孝宇等，2020）。

　　（1）教育型众创空间。根据教育型众创空间的运营主体，学者们将其划分为图书馆众创空间（王佑镁和陈赞安，2016）、高校众创空间（李双金和郑育家，2018）以及校企合作众创空间（贾天明和雷良海，2017）。其中，学者们根据图书馆众创空间的服务内容将其划分为主题型图书馆众创空间与综合型图书馆众创空间（赵岚，2017）；根据其运营模式将其划分为协作型、集中分布型以及创业发展型图书馆众创空间（代磊，2018；樊露露，2015；聂飞霞和罗瑞林，2019；吴卫华等，2018）。

　　（2）孵化型众创空间。根据孵化型众创空间的运营主体，划分为中小企业主导型、创投机构主导型与中介机构主导型众创空间（贾天明和雷良海，2017）；或市场驱动型与政府驱动型众创空间（刘建国，2018）。根据其服务内容，划分为活动聚合型、培训辅导型、媒体驱动型、投资驱动型、地产思维型、产业链服务型以及综合创业生态体系型众创空间（顾晶，2017；郝君超和张瑜，2016；贾天明和雷良海，2017；王海花等，2020；王佑镁和叶爱敏，2015；闻纯青，2016；武丽娜，2016；杨琳和屈晓东，2019）；或创意型、创新型与创业型众创空间（王静等，2019）。根据其运营模式，划分为单边交易型、单边创新型、双边交易型与双边创新型众创空间（孙荣华和张建民，2018）；或综合型与专业型众创空间（林祥等，2016）；"小镇"模式型（陈凤等，2015）与生态链式连锁模式型众创空间（马骏，2016），具体见表2-9。

表2-9 孵化型众创空间的类型

研究视角	研究者	类型	特点
运营主体	贾天明和雷良海，2017	中小企业主导型	中小企业创办，以企业内创新项目孵化为主要目的
		创投机构主导型	风险投资机构创办，以创业孵化为主要目的
		中介机构主导型	各类第三方机构创办，以营利为主要目的
	刘建国，2018	市场驱动型	市场化运营，以营利为主要目的
		政府驱动型	政府主导，不以营利为主要目的
服务内容	王佑镁和叶爱敏，2015；贾天明和雷良海，2017；杨琳和屈晓东，2019；郝君超和张瑜，2016；王海花等，2020；顾晶，2017；闻纯青，2016；武丽娜，2016	活动聚合型	以活动交流为主，定期举办想法或项目的发布、展示、路演等创业活动聚合
		培训辅导型	旨在利用大学的教育资源和校友资源，以理论结合实际的培训体系为依托，是大学创新创业实践平台
		媒体驱动型	由面向创业企业的媒体创办，利用媒体宣传的优势为企业提供包括宣传、信息、投资等各种资源在内的、线上线下相结合的创业服务
		投资驱动型	以资本为核心和纽带，聚集天使投资人、投资机构，依托其平台吸引汇集优质的创业项目，为创业企业提供融资服务
		地产思维型	由地产商开发的联合办公空间，通过附加服务、引进天使投资和一定的政策优惠吸引租客
		产业链服务型	产业链服务为主，包括产品打磨、产业链上下游机构的合作交流、成立基金进行合投等
		综合创业生态体系型	提供综合型的创业生态体系，包括金融、培训辅导、招聘、运营、政策申请、法律顾问乃至住宿等一系列服务
	王静等，2019	创意型	通过利用相应的场地或资源来给创客提供一些具有启发性、智能化的创意制作课程，通过讨论、讲座等形式来交流分享知识、技能、经验和创意
		创新型	通过给创客提供相应的场地及设备资源来将创新想法转变为现实的空间
		创业型	向创客提供创业相关的知识、技术、服务、资金等资源，帮助创客开展创业项目的实施
运营模式	孙荣华和张建民，2018	单边交易型	如初始社交平台，电子邮件平台
		单边创新型	如新产品开发平台，知识共享平台
		双边交易型	如电子商务平台，金融服务平台
		双边创新型	如移动开发平台，制造共创平台
	林祥等，2016	综合型	创客活动所属专业领域多样化
		专业型	创客活动仅属于某一专业领域
	陈凤等，2015	"小镇"模式型	平台大、占地多，生态复杂
	马骏，2016	生态链式连锁模式型	由创投机构（如36氪）、知名企业（如阿里巴巴主导的百川计划），或高校（如浙大校友孵化器）等搭建，集聚各类创新创业主体与资源，形成完成的创新创业生态链

资料来源：笔者根据相关资料整理所得。

（3）军事型众创空间。根据军事型众创空间的服务内容，划分为武器装备操作维修与创新设计空间、战场环境构建体验空间、军事理论研讨创新空间等类型（王丹等，2018）。

（4）农业型众创空间。根据其运营模式，划分为创业平台活动聚合型、科研院所成果转化型、产业园区服务供给型等类型（张孝宇等，2020）。

2.1.4　创客运动的精神基础——创客文化

2.1.4.1　创客文化的起源

创客文化是创客运动蓬勃发展的精神基础（徐广林和林贡钦，2016），是创客的精神家园。文化是一种人类用以界定自我、区分他我的共识，是具有共同文化价值观的群体的标志（欧阳友权和吴钊，2016），是一个群体或民族的灵魂（黄飞和柳礼泉，2017）。因此，创客群体对于创客文化根植性的认同感是创客运动蓬勃发展的精神基础。

创客文化的发展大致经历了四个阶段。最早的创客文化可以追溯到 19 世纪末和 20 世纪初的工艺美术运动（Morozov，2014）。作为工业化和大规模生产的社会反应，此时的创客文化以 DIY（do it yourself）为最本质的特征，这也是现代创客文化中个性化与实践化特征的起源（周博文和张再生，2017）。随后，车库文化（居家 DIY 文化）蓬勃发展（Willett，2016）。20 世纪初，美国政府的住房贷款计划与各类有关 DIY 项目杂志的流行，刺激了车库文化（居家 DIY 文化）的蓬勃发展（Goldstein，1998）。此时的创客文化以创新实践为最核心的特征，现代创客文化中的创新实践也源自于此（周博文和张再生，2017）。接下来，随着互联网技术的发展，骇客文化兴起。骇客文化是一种喜欢独立思考与自由探索，同时在群体内部共享各类资源的互联网社区文化（宋刚等，2016），现代创客文化中的共享开源正是起源于此（周博文和张再生，2017）。最后，现代创客文化是在对品质极致追求的"工匠精神"的基础上，还包含了创客间互相合作以整合资源突破困境的"企业家精神"（杨刚，2016）。此时的创客文化从 DIY（do it yourself）完成了向 DIT（do it together）的转变，并具有创新、个性、实践、共享、合作、极致等核心特征。

2.1.4.2　创客文化的内涵

创客文化是创客运动的精神内核，但国内外学者对创客文化的具体内涵目前尚未达成一致。总体而言，学者们分别从创客行为与创客价值观两个方面对创客文化的内涵进行了界定与阐述。

（1）创客行为方面。崔祥民等（2020）提出，创客文化存在于创客内心并影响其行为，促使创业理念由技术供给导向转向需求导向、创业活动由内部组织转向开放集成。也有学者将创客文化归结为一种哲学，在这种哲学中，个人或群体使用软件和（或）物理化制造工具，通过再创造和组装的方式创造新作品（Papavlasopoulou et al.，2017）。泰勒等（2017）则表明，创客文化强调通过开源的方式进行协作和资源共享，并通过创客之间的互相学习和社交来实现能力的提升。

（2）创客价值观方面。祝智庭和雒亮（2015）认为，创客文化提倡个体的自强进取与个性开放，提倡群体协作分享与融合创新。黄飞和柳礼泉（2017）指出，创客文化以创新和实践为核心，是一种"草根大众"与创业精英共创共享的亚文化形态。林德纳和李（2012）将创客文化归纳为一种对技术内部工作原理的好奇以及对开源原则的承诺，而周博文和张再生（2017）将其归结为创新由精英走向大众的道德观念和价值导向。徐广林和林贡钦（2016）则认为，创客文化的核心在于用户创新，在于创客出于创业者乐趣和自我实现的需要进行的创新。

2.1.4.3 创客文化的特征

伴随着创客运动的蓬勃发展，不同学者在深入探究创客运动的精神内核的过程中，分别从创客个体与创客群体两个视角对创客文化的特征进行了描绘与阐述。第一，从创客个体的视角，学者们提出草根创新（欧阳友权和吴钊，2016；周博文和张再生，2017）、动手实践（O'Duinn，2012；宋刚等，2016；欧阳友权和吴钊，2016）以及好奇、积极、投入、敢于挑战与改变、自我实现等特征（Dougherty，2016；Irie et al.，2019）是创客文化最核心与本质的特征。第二，从创客群体的视角，以往研究认为开放共享（黄飞和柳礼泉，2017；欧阳友权和吴钊，2016；宋刚等，2016；周博文和张再生，2017）、平等合作（O'Duinn，2012；欧阳友权和吴钊，2016；吴映秋和马中红，2019）、共建信任（刘志迎和武琳，2018）是创客文化最典型与本质的特征。

2.2 大众参与创新的研究

对国内外大众参与创新的相关研究文献进行分析，发现现有研究主要从个体、组织和环境三个层面加以展开。其中，个体是创新的主体，组织是创新的载体，环境则包括社会环境和组织环境，是影响创新行为和结果的重要因素。图 2-1 简要勾勒了三者之间的关系。

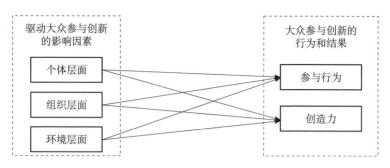

图 2 - 1 大众参与创新的研究内容

在个体、组织和环境三个方面的研究中，学者们视角不一、各有侧重。个体层面的研究主要以创客为出发点，围绕创客个体，探讨其参与大众创新的影响因素、中介机制和行为结果。相关研究主要包括"创客自身""创客与创客""创客与空间"等。组织层面的研究以组织为出发点，聚焦探究组织因素对创客个体参与创新的行为和结果的影响，并探究其发生作用的直接或间接作用机制。相关研究要点涉及"组织管理"和"组织行为"等。环境层面的研究则以环境为出发点，分析各社会环境和组织环境是如何直接或通过个体间接影响大众参与创新的行为和结果的。相关研究要点主要包括"理念与文化""项目与活动""环境与机会"等。因此，本节基于个体、组织和环境三个层面及其相关研究要点，给出了大众参与创新的研究框架，具体如图 2 - 2 所示。在此基础上，综述了大众参与创新的相关影响因素、中介机制和行为结果，并提出了现有研究的不足和未来研究方向（见表 2 - 10）。

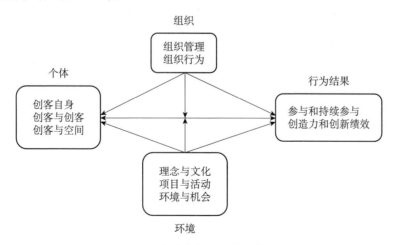

图 2 - 2 大众参与创新的研究框架

表 2 - 10 大众参与创新的文献综述

（1）研究对象：个体层面（主体）

研究焦点	研究视角	研究内容	影响因素	研究发现	典型研究	研究不足
创客自身	自我决定理论视角	大众参与创新的动机对参与和持续参与的影响	内部动机；外部动机；内在化的外部动机	不同类型动机对参与和持续参与意愿产生不同的影响	汉等（Han et al.），2017；哈普斯堡和施佩思（Hausberg & Spaeth），2020；权和李（Kwon & Lee），2017；张建民等，2020；刘志迎等，2017	①现有关于创客自身参与大众创新的动机划分类型不同，相同动机的内在含义也不一样；②相同动机对其参与意愿和持续参与意愿的研究存在不一致甚至相反的结论；③已有研究没有识别出个体参与和持续参与众创空间的关键影响因素，这值得未来进一步深入挖掘
	社会认知理论视角	创客的创造自我效能感对创新行为的影响	创造自我效能感	创造自我效能通过知识共享促进创新行为		
创客与创客	创新扩散理论视角	众创社区的核心成员对他人的影响	众创社区核心成员	众创社区的核心成员对其他人的引导、吸引参与有重要影响	张硕等，2018	①已有研究相对较浅；②创客之间的互动对参与和创新绩效影响的作用机制不清晰
	团队整体特性理论视角	创客团队成员组成特性对团队绩效的影响	创客团队规模；团队异质性	众创空间通过个体创造力影响团队创新绩效，创客团队成员异质性越高、规模越大，绩效越好	易全勇等，2020	
创客与空间	技术接受模型视角	空间特征变量、创新性指标如何通过创客个体感知影响其对空间的使用意愿	空间特征变量，包括共享性、创新性、便利性、互动性、愉悦性；众创空间的创新性指标，包括相对优势、兼容性、地位形象、结果可说明性、可见性、可试性；绩效期望、趣味感知、服务质量感知等	空间特征变量、创新性指标通过创客感知有用性和感知易用性影响空间使用意愿	曹芬芳等，2018；曹芬芳等，2017；张哲等，2016；高雁和盛小平，2018	①影响创客感知的空间元素虽然多元，但刻画不清晰，元素零散不系统；②没有识别出影响创客参与和持续参与的主要因素；③个体感知对参与意愿和行为的影响研究结论存在不一致现象；④空间元素是如何通过个体感知影响参与行为的内在机制研究缺乏

续表

（1）研究对象：个体层面（主体）

研究焦点	研究视角	研究内容	影响因素	研究发现	典型研究	研究不足
创客与空间	计划行为理论视角	创客个体对空间的感知如何影响空间参与意愿	参与态度，包括基础知识、责任意识、绩效期望和创新精神	高校师生对图书馆众创空间的参与态度、参与规范、参与知觉行为三个维度显著正向影响参与意愿；参与规范包括宣传推广、上级重视和保障机制；参与知觉行为包括便利程度、执行力度、基础设施和专业指导	明均仁和张，2018；明均仁等，2017	①影响创客感知的空间元素虽然多元，但刻画不清晰，元素零散不系统；②没有识别出影响创客参与和持续参与的主要因素；③个体感知对参与意愿和行为的影响研究结论存在不一致现象；④空间元素是如何通过个体感知影响参与行为的内在机制研究缺乏

（2）研究对象：组织层面（载体）

研究焦点	研究视角	研究内容	影响因素	研究发现	典型研究	研究不足
组织管理	空间运行机制视角	众创空间的运行机制对创新创造的影响	动力生成机制；活动参与机制；支撑保障机制和反馈评价机制	动力生成和活动参与机制，为创客提供了参与创新创造的动力和能力，支撑保障和反馈评价则提供了能力和机会，促进创新创造目标的实现和质量的提升	卡姆帕内和卡吉玛（Kumpulainen & Kajamaa），2020；李振华和任叶瑶，2018	①众创空间组织管理是通过什么机制影响大众参与创新的；②众创空间不同运行机制是如何发挥作用促进不同类型创客参与空间活动及其创新绩效的；③众创空间作为一个平台是如何对创客进行赋能的，其赋能机制是什么；④现有的研究多以理论阐述和案例研究等定性研究为主，缺乏定量的实证探究
	空间平台赋能视角	平台的资源赋能和服务赋能对创业团队和初创企业创新绩效的影响	资源赋能的要素，包括财政支持和技术支撑；服务赋能的要素，包括创业导师、创新创业活动、教育培训和国际交流	众创空间的资源赋能正向显著影响创业团队的创新绩效，而服务赋能不显著影响创新绩效	周必或和邢喻，2020	

续表

（2）研究对象：组织层面（载体）

研究焦点	研究视角	研究内容	影响因素	研究发现	典型研究	研究不足
组织行为	组织行为视角	学校众创空间如何促进大众参与创新	创客课程设计；活动设计；项目实践；实体空间；虚拟空间；信息化技术；学校招生考核要求	学校众创空间可以通过提升学生创客的能力、增加学生参与机会来促进创客运动的发展	巴雷特等（Barrett et al.），2015；佩普勒和本德尔（Peppler & Bender），2013；范德梅基等（van der Meij et al.），2014；李卢一和郑燕林，2018；雒亮和祝智庭，2015；王亚文等，2019；郑燕林，2015	①不同主体空间由于面对的创客群体不同，其影响创客参与的能力提升、机会增加、兴趣激发的因素不尽相同，而已有研究并没有识别并且区分出这些不同主体空间的主要影响因素；②已有研究没有明确提出不同主体空间影响大众参与创新的提升能力机制、增加机会机制、激发兴趣机制等；③要促进大众参与创新，能力提升、机会增加、兴趣激发三个方面是相互作用相互影响的，而已有研究基本上是从这三个方面中的一面进行探究，且只探究该方面下的某一个细微研究点，研究零散，缺乏系统性
		图书馆众创空间如何促进大众参与创新	自主自由探索的环境；实践操作和交流分享平台；用户感兴趣的特色活动；专业众创空间的建设；用户对空间建设的参与	公共图书馆众创空间通过支持性机制增加参与机会；提升参与能力促进创客运动的发展；社区图书馆众创空间通过用户细分机制激发不同类型创客参与兴趣促进创客运动的发展；移动图书馆众创空间通过便利性机制为特殊群体提供平等的参与机会促进创客运动的发展	杜文龙等，2017；寇垠等，2018；李卢一和郑燕林，2015；梁荣贤，2018；明均仁等，2018；吴卫华等，2020；王阳，2018；吴卫华等，2018；朱莴，2018	
		社区众创空间如何促进大众参与创新	公平平等的参与机会；有趣的活动	社区众创空间主要是通过便利性和公平性机制提供机会、特色活动激发兴趣促进大众参与创新	格林伯格等（Greenberg et al.），2020；杜文龙等，2017	社区众创空间如何促进大众参与创新

(3) 研究对象：环境层面（环境）

研究焦点	研究视角	研究内容	影响因素	研究发现	典型研究	研究不足
社会环境	理念与文化	创客文化应如何建设以影响大众参与创新	创客文化；众创空间文化	大众创新文化的研究主要提出文化的建设为创客运动提供土壤，文化的宣传可以激发参与热情，促进大众创新的可持续发展	阿尔珀（Alper），2013；杜文龙等，2017；黄飞和柳礼泉，2017；吴卫华等，2018	①在理念与文化方面，什么样的理念和文化能够促进大众参与创新？以及理念和文化是通过何种机制促进大众创新的可持续发展的？②在环境与机会方面，众创空间中什么样的环境能够真正促进大众创新？哪些因素能够真正提升创新与创造绩效？其作用机制如何？③此外，已有环境层面的研究主要局限于质性研究，缺乏实证探讨环境对促进大众参与创新的影响机制和效果
组织环境	空间环境影响视角	众创空间的环境、氛围对创客及团队创新绩效的影响	社交环境；软硬件工具；空间氛围；众创空间愿景；空间任务和空间支持	众创空间环境有利于"在创作中学"，空间中的创客的创新率大大高于其他群体，空间的环境直接影响创客团队创新绩效，也通过创客团队成员互动简介影响团队绩效	布劳德等（Browder et al.），2019；哈尔宾格（Halbinger），2018；霍尔沃森和谢里丹（Halverson & Sheridan），2014；吴卫华等，2020；易全勇等，2020	

资料来源：笔者根据相关资料整理所得。

2.2.1　个体层面的相关研究

已有关于个体层面的研究较为丰富，根据研究对象的不同，主要包括三大类研究：创客自身、创客团队、创客空间，以及三者之间的互动。三者之间的关系如图 2 - 3 所示。基于此，学者们分别从不同视角对这三类研究进行了探讨。具体而言，对创客自身的研究主要从自我决定理论和社会认知理论视角展开研究，对创客与创客互动的研究主要基于创新扩散理论和团队整体特性理论进行探讨，对创客与空间互动的研究则从技术接受模型和计划行为理论视角加以讨论。

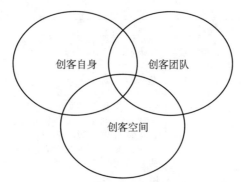

图 2 – 3　基于个体层面的大众参与创新的研究方向

2.2.1.1　创客自身

围绕创客自身的研究主要从自我决定理论和社会认知理论视角出发，探究创客自身的心理感知和自我效能对其参与大众创新的影响及结果。

（1）自我决定理论视角。该研究视角聚焦于内部动机、外部动机和可内化的外部动机对大众参与和持续参与创新的影响。首先，在内部动机方面，已有学者主要探讨了创客内部动机对创客空间持续使用意愿的影响（Han et al.，2017）。在内部动机研究的基础上，国内学者将创客动机的研究扩展到创客的外部动机并进行探讨，研究指出，众创空间的创新创业服务会通过创客的内部动机和外部动机，影响使用众创空间的满意度，进而提升创客对众创空间的持续使用意愿（张建民等，2020）。在有关内外部动机的研究中，权和李（Kwon & Lee，2017）探究了内外部动机对创造的影响，研究发现，外部动机只影响创造本身，而内部动机与参与或创造都没有显著关系。此外，也有学者将动机分为三类，即内部动机、可内化的外部动机和外部动机（Hausberg & Spaeth，2020）。该类研究发现，内部动机方面，基于享受（enjoyment-based）的内部动机可以提升用户的开源硬件贡献努力，基于义务（obligation-based）的内部动机与用户的贡献努力无显著相关；外部动机方面，自我使用的可内化的外部动机降低了贡献努力，学习和声誉两个可内化的外部动机则可以提升贡献努力，而基于工作使用的外部动机与用户的贡献努力无显著相关（Hausberg & Spaeth，2020）。

（2）社会认知理论视角。刘志迎等（2017）基于社会认知理论研究创客的创新创造行为，他们探究了众创空间中创客的创造自我效能感（creative self-efficacy）、知识共享和创新行为的关系。研究发现，创客的创造自我效能感正向影响创新行为，且创客知识共享在其中扮演着部分中介作用。同时，众创空间的创新支持调节创造自我效能感对知识共享的影响，也调节知识共享对创新行为的影响。

2.2.1.2　创客与创客的交互

对创客与创客交互的研究主要探究了创客在众创空间中是如何通过互动等相互作用影响其参与意愿和行为的。已有研究视角主要有两个：创新扩散理论视角和团队整体特性视角。

（1）创新扩散理论视角。社区核心成员是创新参与的重要影响因素，而社区推荐是创新扩散的有效方式。例如，张硕等（2018）基于创新扩散模型，利用多主体建模和仿真研究方法对众创社区参与者行为进行仿真实验。结果表明，众创社区的核心成员对其他人的引导、吸引参与有重要影响；社区推荐则影响参与人员的比例，社区推荐是有效的扩散方式。

（2）团队整体特性理论视角。创客团队成员异质性影响团队创新绩效，已有研究发现，创客团队成员学校构成异质性越大、团队成员学科构成异质性越高，众创空间通过个体创造力对团队创新绩效的影响效应越大。此外，团队规模影响创客团队创新绩效，规模越大，众创空间对团队创新绩效的总体影响越大（全勇等，2020）。

2.2.1.3　创客与空间的互动

创客与空间互动的研究，主要讨论了创客对众创空间相关特征变量感知如何影响其参与意愿和行为，研究视角主要包含技术接受模型和计划行为理论视角。

（1）技术接受模型视角。该视角研究主要发现众创空间的共享性、创新性、便利性和相对优势等特征会通过感知有用性和易用性正向影响创客的空间参与意愿。国内外较多学者以技术接受模型为基础，或结合创新扩散理论等对技术接受模型进行变换，探讨众创空间使用意愿的影响因素。例如，曹芬芳等（2018）以技术接受模型为理论基础，探究图书馆创客空间的特征对用户使用意愿的影响。研究发现，创客空间的共享性和创新性会同时影响感知易用性和感知有用性，从而正向影响创客对空间的使用意愿。在曹芬芳等（2017）的另一项研究中则指出，感知有用性是影响图书馆创客空间使用的关键影响因子，但感知易用性没有显著作用。张哲等（2016）则以技术接受模型和创新扩散理论为基础，探究大学生创客空间采纳行为意向的影响因素。该研究将相对优势、兼容性、地位形象、结果可说明性、可见性、可试性作为创客空间的六个创新性指标，探究这些指标是否通过有用性感知和易用性感知对创客空间采纳行为产生影响。研究发现，相对优势、地位形象、结果可说明性、可见性等会通过感知有用性正向影响创客的行为意向，除了可见性，这些因素也会连同可试性影响感知易用性，进而正向影响其行为意向。最终，有用性感知和易用性感知均可以正向直接影响采纳意愿，且有用性感知的影响较大。高雁和盛小平（2018）基于技术接受与使用整合理论（unified theory of accepted and use of technology，UTAUT），构建了公共图书馆创客空间用户使用意愿影响因素模型，通过问卷调查发现，绩效期望、趣味感知、服务质量感知和个体创新性显著正向影响使用意愿。

（2）计划行为理论视角。基于计划行为理论视角的研究主要发现参与态度、参与规范、参与知觉行为会提升创客参与意愿。以计划行为理论为基础，明均仁和张俊（2018）构建了图书馆创客空间用户参与影响模型，研究指出，高校师生对图书馆创客空间的参与态度、参与规范、参与知觉行为三个维度显著正向影响参与意愿。其中，参与态度包括基础知识、责任意识、绩效期望和创新精神；参与规范包括宣传推广、上级重视和保障机制；参与知觉行为包括便利程度、执行力度、基础设施和专业指导，而初始参与意愿模型中关注的群体约束（态度）、运行模式（规范）和经济效益（知觉行为）对参与意愿的影响则不显著。明均仁等（2017）的另一项研究采用扎根理论和问卷调查研究方法，发现参与态度（包括基础知识、创新精神和心理诉求）是大学生参与图书馆创客空间的内部驱动因素，参与规范（包括环境氛围、保障措施、运行模式、宣传推广、秩序约束、资源设施）是外部驱动因素，而参与知觉行为（包括保护机制、专业指导、发展前景、思想碰撞）则是情境因素。

2.2.2 组织层面的相关研究

组织层面的研究聚焦于组织管理和组织行为两个方面。组织管理方面的研究主要从众创空间运行机制视角和众创空间平台赋能视角加以展开；组织行为方面的研究主要探究了不同类型的众创空间如何通过不同措施提升参与能力、增加参与机会和激发参与兴趣，以促进大众参与创新。

2.2.2.1 组织管理方面

组织管理是通过建立组织结构、规定职务或职位、明确责权关系，以使组织中的成员互相协作配合、共同劳动，有效实现组织目标的过程。现有关于如何驱动大众参与创新的研究主要包括众创空间运行机制视角和平台赋能视角。

（1）众创空间运行机制视角。众创空间的动力生成、活动参与、支撑保障和反馈评价机制等能够为创客参与创新创造提供支持。具体而言，众创空间能够为学生在科学、技术、工程和数学（STEAM）学习环境中提供应急参与和学习机会（Kumpulainen & Kajamaa，2020）。已有研究初步探究了其中的内在作用机制，例如，李振华和任叶瑶（2018）基于情境学习构建了众创空间运行机制，包括动力生成机制、活动参与机制、支撑保障机制和反馈评价机制，来促进大众参与创新创造。其中，动力生成机制和活动参与机制为创客提供了参与创新创造的动力和能力，支撑保障机制和反馈评价机制则提供了能力和机会。这些机制最终将有利于促进创新创造目标的实现和质量的提升。

（2）众创空间平台赋能视角。已有研究指出，众创空间能够通过资源赋能和服务赋能促进创客团队的创新绩效。周必或和邢喻（2020）将众创空间视为平台，并探究其作为平台的资源赋能和服务赋能对创业团队和初创企业创新绩效的影响。该研究指出，资源赋能的要素包括财政支持和技术支撑，服务赋能包括创业导师、创新创业活动、教育培训和国际交流。研究结果显示，众创空间的资源赋能正向显著影响创业团队的创新绩效，而服务赋能不能显著影响创新绩效。

2.2.2.2 组织行为方面

组织行为是指组织内部要素的相互作用以及组织与外部环境的相互作用过程中所形成的行动和作为。已有相关研究主要根据政策空间主体的不同，将众创空间划分为学校、图书馆、社区三大类型，并探究这三大类组织是如何通过一系列措施提升参与能力、增加参与机会和激发参与兴趣等，进而促进大众参与创新的。已有研究发现，不同类型政策空间在促进大众参与创新的机制上有相似之处，但也有所差异。具体而言，如图 2-4 所示，学校创客空间主要是通过提升能力、增加机会来促进大众参与创新；图书馆创客空间主要是通过提升能力、增加机会、激发兴趣来促进大众参与创新；社区创客空间则主要是通过增加机会、激发兴趣来促进大众参与创新。

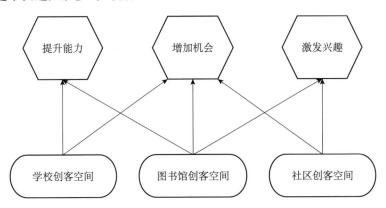

图 2-4 基于个体层面的大众参与创新的研究内容

（1）学校创客空间的研究。该领域的研究主要探讨了如何通过提升学生创客的能力、增加学生参与机会以促进创客运动的发展。一方面，学者们指出，学校能够通过多种手段来培养和提升学生创客的创新创造能力。一是通过创客课程设计、项目实践对学生实施创客教育（Barrett et al.，2015；Peppler & Bender，2013；van der Meij et al.，2014）；二是通过优化学校创客社团活动的设计对学生实施创客教育（王亚文等，2019）；三是通过创客项目的社会互动手段对学生实施创客教育。例如，基于 ARCS（attention-relevance-confidence-satisfaction）动机模型，李卢一和郑燕林（2018）提出，可以通过学校创客项目的问题情境设计、关联设计、强化过程中的社会互动支持和资源支持、强化成果评价和迁移应用等，提升学生注意力、学习关联度、自信心和学习满意度等,激发学生主动创造和持续的投入。另一方面,学者们也提出,高校创客空间可以采取一些关键手段来营造和增加学生参与创新创造的机会。一是信息化手段,在创客空间2.0背景下,需要突破实体空间,利用教育信息化技术,打造虚拟创客空间,使学生创客能够在时间、空间和方式三个维度上实现无缝化实践(雒亮和祝智庭,2015);二是创客社团手段,高校可以建立创客社团模式,以小社团模式增加学生参与创客活动的机会(王亚文等,2019)。

(2)图书馆创客空间的研究。现有相关研究分别针对不同类型的图书馆创客空间展开,包括公共图书馆(含学校图书馆)、社区图书馆和移动图书馆等。

①公共图书馆创客空间的研究。已有公共图书馆创客空间的研究主要探讨了如何通过支持性机制增加参与机会、提升参与能力以促进创客运动的发展。学者们认为,公共图书馆创客空间能够采取多种多样的方式来提升创客参与机会,进而激发创客热情,驱动用户参与图书馆创客空间活动。这些方式包括为创客提供自主自由探索的环境(吴卫华等,2018)、实践操作和交流分享平台(吴卫华等,2020)、举办用户感兴趣的特色活动(寇垠等,2018;王阳,2018)、邀请用户参与空间建设等。

②社区图书馆创客空间的研究。该领域的研究主要探讨了空间如何利用社区用户细分机制激发不同类型创客的参与与兴趣,以促进创客运动的发展。已有研究指出,社区图书馆创客空间的建立能够促进社区成员和团体的交流,是社区中不同兴趣、不同学科背景、不同年龄层的社区成员交流融合的纽带,直接承载着社会创客文化的建设和社区居民的创新创造活动(杜文龙等,2017)。社区图书馆创客空间依据社区人员成分及其兴趣爱好,可以推出适合不同人群的专业创客空间(杜文龙等,2017),并鼓励支持社区居民充分利用创客空间的技术资源来参与创新创造(李卢一和郑燕林,2015)。

③移动图书馆创客空间的研究。该领域的研究聚焦于创客空间如何通过便利性机制为特殊群体提供平等的参与机会,以促进创客参与创新创造。移动图书馆创客空间的建立是实现创客运动"走出去",吸引更多用户参与创客运动的重要手段(朱荀,2018)。图书馆移动空间能够有效促进大众真正参与创客运动,其内在机制主要如下:第一,图书馆移动创客空间服务范围可以辐射到不同地区不同类型的民众,尤其是流动性非常住人口、弱势群体(如农民、病患儿、行动不便者)、特定群体(如学龄前儿童、青少年、家庭、成人)等(明均仁等,2018;朱荀,2018)。第二,图书馆移动创客空间应该主动触达更广范围的用户,并根据用户群体的特征和需求灵活推出多样有趣的主题活动,激发用户兴趣,将普通用户转化成铁杆粉丝(梁荣贤,2018),真正实现吸引大众参与创客空间。第三,移动创客空间可以进一步延伸服务范围,拓宽服务人群,为不同用户提供各式个性化服务,开展特色活动,满足创客需求(朱荀,2018)。

（3）社区创客空间的研究。已有相关研究主要分析了社区创客空间如何通过便利性和公平性机制为大众提供机会，同时，如何通过举办特色活动来激发大众兴趣，并最终促进大众参与创新。一方面，创客社区可以公正为导向，打破一系列权利关系，为青年创客提供公平、平等的参与机会（Greenberg et al.，2020）；另一方面，社区创客空间也可以通过社区成员的关系网络推出有趣的活动，吸引更多社区成员参与空间创新创造活动（杜文龙等，2017）。

2.2.3　环境层面的相关研究

现有关于环境层面的研究主要涉及社会环境和组织环境两个方面。

2.2.3.1　社会环境

现有关于创客创新的社会环境研究提出，创客文化和创客空间文化的建设，能够为大众参与创新提供土壤，也能够激发大众参与创新的热情，最终促进大众参与创新的可持续发展。有关创客的文化包括创客文化和创客空间文化。创客文化本质是一种以创新为核心的文化现象，该类文化倡导创新，强调解放思想、破除固有理念。创客文化是创客空间文化形成的核心与动力源泉，创客文化有利于塑造创客空间文化，创客空间文化也会反作用于创客文化，影响创客文化的可持续发展（黄飞和柳礼泉，2017）。

学者们提出了创客文化建设的不足与一些创建创客文化的方法。一是"混合能力创造文化"（mixed-ability maker culture）方法。该方法旨在创建一种特殊的众创空间文化，在这种文化下，健康儿童和残疾儿童可以在一起进行合作共创，提升彼此的技能（Alper，2013）。二是创客空间协作网络方法。学者们指出，创客空间协作网络可以为创客运动提供文化和氛围土壤。他们认为，社区图书馆创客空间协作网络的形成，可以向更广范围的人群传播创客文化、创客理念和创客活动，吸引更多人参与创客运动中来（杜文龙等，2017）。也有研究指出我国创客文化建设还存在不足，例如，国内大众对创客文化的概念不够熟识，高校图书馆创客空间的建设还处于起步、探索阶段，对创客文化的宣传还不足以调动大学生创客的创新热情等（吴卫华等2018）。

2.2.3.2　组织环境

现有研究认为，良好的众创空间组织环境有利于提供自由和公平的机会，为大众参与创新提供保障。有关众创空间组织环境的研究主要从众创空间环境和生态系统理论视角两方面加以展开。

（1）众创空间环境视角。该研究视角主要从众创空间的非正式组织、软硬件设施和独特环境等方面探究了其对创客创新创造的影响。首先，在非正式组织方面，学者们指出，众创空间这种非正式的组织环境有利于促进"在创作中学"（Halverson & Sheridan，2014）。其次，在软硬件设施方面，已有研究认为，众创空间的软硬件设施和工具有利于提升创客的知识创造（Browder et al.，2019）。最后，关于独特环境方面，已有学者更多是将众创空间环境视为一种有独特特征的创新环境，能够促进创新创造。例如，哈尔宾格（Halbinger，2018）通过对来自全球的558名众创空间参与者的调查研究表明，众创空间的创新率约为53%，创新扩散率为18%，大大高于其他群体。国内学者则表示，众创空间可以通过提供开放、自主、互动交流的独特的氛围来帮助提升学生的创新创造能力（吴卫华等，2020），也可以从众创空间愿景、空间任务和空间支持三个维度组成的众创空间的独特环境来直接影响创客团队创新绩效（包括创新意愿、创新行动和创造结果）（易全勇等，2020）。

（2）生态系统理论视角。也有部分研究基于生态系统理论，从生态系统赋能视角对大众参与创新创造进行了讨论。例如，古思里（Guthrie，2014）利用系统生态理论对比分析了两种类型的创客空间：工厂实验室（fab lab）和黑客空间（hackerspace），并通过案例研究分析了这两种类型创客空间的社会企业家生态系统。古思里认为，创客空间可以通过为社会企业家提供环境、工具、社交等，以支持他们"玩"新技术和新想法，实现对他们的赋能。

2.3　大众参与创业的研究

关于大众参与创业的驱动机制研究目前主要存在两大分支：一是大众参与经济型创业（以经济回报为主要目的的创业）；二是大众参与社会型创业（以社会收益为主要目的的创业）。为了挖掘出大众参与创业的根本驱动力，学者们分别从个体、组织和环境三个层面，基于社会心理、资源能力、组织管治及生态系统四个视角，探讨了驱动大众参与经济和社会创业的影响因素和影响机理。具体研究框架和内容如图2-5和表2-11所示。

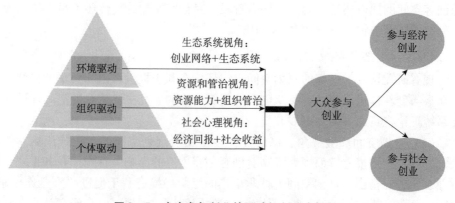

图2-5　大众参与创业的驱动机制研究框架

表 2 – 11　　　　　　　　　　　大众参与创业的驱动机制研究内容

创业类型	研究层面	研究视角	驱动要素		驱动机制
经济型创业	个体层面	社会心理	线下驱动	个体民宿创业	生意和生活兼顾是大众参与线下个体民宿创业的核心诉求
				同辈合作创业	自动机、自规制和自组织是大众参与线下同辈合作创业的关键动力
				众创空间创业	发现商机、获取报酬、创立企业等是大众参与众创空间创业的主要动机
			线上驱动	互联网创业融资	在线社交动机是影响大众参与互联网创业融资活动的主要因素
				网络创客社区创业	使用价值动机是驱使大众参与网络创客社区创业的关键
经济型创业	组织层面	资源能力	资源驱动	智力资本	组织内部智力协同
				社会资本	社会资本会以强弱联系、互惠规范和信任、共同价值观与愿景等形式，通过为创客提供知识共享和资源获取环境，帮助大众参与创业
				财务资本	会员费是影响在线创客社区的主要财务资本，而家人和朋友资助是线下创客社区的主要财务资本
			赋能驱动	平台赋能	众创空间通过资源和服务赋能促进创客创业
				要素赋能	创客运动中的数字化、经济化、协作化和用户创新等关键要素通过社会、知识和技术资源赋能创客创业
		组织管治	治理驱动	政治治理	政府的金融支持政策、公共服务政策和间接支持政策能够支持创客参与创业
				经济治理	充分利用股权配置、自主配置和收益配置等作用链来促进大众参与创业
				社会治理	平台和社区合作治理
			运营驱动		众创空间的众包、众扶、众创、众筹"四众"融合影响大众参与创业
	环境层面	生态系统	网络驱动	网络耦合	众创空间知识网络和合作网络双重耦合影响创客创业
				网络协同	众创空间社会网络中资本网络、市场网络、技术网络、专业服务网络、媒体网络和制度网络等协同影响创客创业
				产业组织	众创空间通过种群内外竞争和制度关系等路径影响大众参与创业
			系统驱动	地方制度	地方制度生态系统通过金融、供应链、产品网络和组织开发等影响创客参与创业
				环境生态	创业生态环境可以通过资源获取、优胜劣汰和价值交换三大机制有效连接生态系统中的各个要素和主体并影响其参与创业

创业类型	研究层面	研究视角	驱动要素	驱动机制
社会型创业	个体层面	社会心理	动机驱动	共享和商业两种逻辑主导着大众参与社会创业
	组织层面	组织治理	治理驱动	新兴管治形式如平台合作治理和开放式创新项目中心，是促进大众参与社会创业的重要力量
	环境层面	文化环境	文化驱动	开放性、市场和制作三个文化领域是驱使大众参与社会创业的神秘力量

资料来源：笔者根据相关资料整理所得。

2.3.1 经济型创业相关研究

2.3.1.1 个体层面

在个体层面，学者们主要从社会心理视角出发，探讨了大众参与创业的社会心理关联机制。该视角的研究建立在自我决定理论和使用与满足理论等动机相关理论基础上，研究主题聚焦于创客参与创业的内外部动机，研究内容围绕线下实体创业和线上互联网创业两个方面的动机。

（1）线下实体创业动机。线下实体创业动机方面，学者们分别讨论了线下个体民宿创业、同辈合作创业和众创空间创业的差异化动机。其一，生意和生活兼顾是大众参与线下个体民宿创业的核心诉求。学者们指出，不同动机的创客有差异化的民宿创业绩效感知（业绩、成长、满意），其中，生意和生活兼顾的理想主义型创客的绩效满足感最强，而以生意为诉求的利润导向型创客的满足感最低（吴琳等，2020）。

其二，自动机、自规制和自组织是大众参与线下同辈合作创业的关键动力。已有研究认为，核心创造者、情境贡献者和狂热者参与同辈合作创新创业主要受三个因素影响，即自动机（self-motivation）、自规制（self-regulation）和自组织（self-organization）。在其影响下，不同类型创客会分别关注系统、产品和创意等不同路径来实现创业收益（Aryan et al.，2020）。

其三，发现商机、获取报酬、创立企业等是大众参与众创空间创业的主要动机。已有研究发现，内部动机如享乐、义务是促进创客参与创新的决定因素，而发现商机、获取报酬、创立企业等是激发他们进行商业化创业的决定因素，这些因素会通过个体的选择机制及创客社区的培育机制发挥不同作用（Halbinger，2018；Hausberg & Spaeth，2018）。另外，沉浸需要、自我效能、感知有用性、感知易用性、社区激励和社会因素也能够激励大众参与创业，而自尊需要和能力提升则不能激励大众参与创业（田剑等，2018）。

（2）线上互联网创业动机。线上互联网创业动机方面，学者们就互联网创业活动和网络创客社区的参与动机等展开了讨论。首先，在线社交动机是影响大众参与互联网创业融资活动的主要因素。学者们指出，在线社交网络使用的寻求动机和人脉获取动机有利于互联网创业融资成功，情感获取动机则存在不利影响（赵坤等，2018）。另外，机会挖掘、资源整合、团队组建和项目开发也会影响互联网创业活动的展开（胡贝贝等，2015）。其次，使用价值动机是驱使大众参与网络创客社区创业的关键。已有研究发现，金钱报酬和地位机会动机会影响创客的自我创造，使用价值动机才是影响其参与社区创业的关键因素，而内部愉悦感对自我和社区创业参与没有影响（Kwon & Lee，2017）。

综上所述，国内外学者一致认为，外部动机如发现商机和寻求经济回报是驱动创客参与创业的关键，而内部因素如享乐、义务和愉悦追求并不会促进大众参与创业。但是，外部经济回报驱动的创业却比内部享乐等驱动的创业带来更低的绩效满足感。

2.3.1.2　组织层面

在组织层面，学者们分别从资源能力和组织管治两个视角来解析大众参与创业的驱动机制。其中，资源能力视角的研究主要建立在互补性资产、社会资本理论和赋能理论基础上，分别从资源维度和能力维度加以展开。

（1）资源能力视角。第一，资源维度。资源维度的研究聚焦于智力资本、社会资本和财务资本三个方面的影响。① 智力资本方面，众创空间智力协同可以有效促进大众参与创业。有学者基于智力资本"H-S-R"三维视角，从知识资源匹配，知识资源吸收、转移和交互以及知识增值三个阶段分析了众创空间的智力资本协同影响创客创新创业服务能力的协同机制（田颖等，2018）。② 社会资本方面，众创空间社会资本会通过知识和资源共享影响大众参与创业。学者们着重研究了创客空间社会资本的形成机制及其影响机理，发现创客空间内外部社会资本的形成主要受社区自治和创客网络社群影响，而其社会资本会以强弱联系、互惠规范和信任、共同价值观与愿景等形式，通过为创客提供知识共享和资源获取环境，帮助大众参与创业（李振华和任叶瑶，2018）。③ 财务资本方面，会员费和亲友资助是影响大众参与创业的首要财务资本。学者们强调，促进在线黑客社区中创客创业的财务资本主要来源于会员费，其次是公司和个人捐赠以及政府补贴（Moilanen，2012）；而影响线下创客创业的财务资本则主要来源于家人和朋友，其次是个人存款、众筹和私人投资等（Doussard et al.，2018）（见表 2 – 12）。另外，布劳德等（Browder et al.，2017）则系统地分析了创客运动中的数字化、经济化、合作化和用户创新如何驱动物质、社会和知识资本为创客提供创业机会的机制（如图 2 – 6 所示）。

表 2 – 12	创客财务资本来源统计	单位：%
财务资本来源		创客使用的份额
亲朋好友		35
个人储蓄		33

续表

财务资本来源	创客使用的份额
众筹（如 Kickstarter）	21
私人投资	18
公共的和非营利的借贷项目	15
日常工作	11
创业竞赛	8
个人借贷	5

资料来源：杜萨尔等（Doussard et al.，2018）。

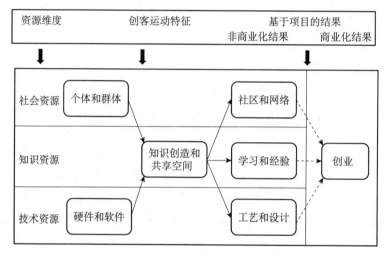

图 2-6 大众参与创业的驱动机制

资料来源：罗素等（Russell et al.，2019）。

第二，能力维度。基于能力维度的研究更关注创客空间和创客运动对创客的赋能作用。一方面，平台与主体赋能是众创空间促进大众参与创业的主要赋能手段。从平台赋能视角，有学者对比了众创空间资源赋能和服务赋能两种形式对众创空间创新创业行为与创业培育绩效的影响。发现资源赋能会通过提供科技支撑和投融资对接等服务影响创业者的创新绩效，但不能提升其创业绩效；而服务赋能会通过引进创业导师、举办创客嘉年华和创客马拉松等创新创业活动、提供创业教育和培训课程等促进创业者创业，却不能帮助其创新（周必彧和邢喻，2020）。从主体赋能视角，有学者提出"多维协同、一体两翼"的企业、高校、科研、金融机构和中介服务机构等多维主体资源协同赋能机制（崔海雷和吕爽，2020），并且深入探讨了不同创客个体和企业之间通过社会云制造（social cloud manufacturing）和社会平台制造（social platform manufacturing）两种赋能方式进行合作的机制（Hamalainen & Karjalainen，2017）。

另一方面，要素和结构赋能是创客运动影响大众参与创业的重要赋能方式。有学者基于要素赋能，分别从数字化（digitization）、经济化（economization）、协作化（collaboration）、用户创新（user-innovation）等创客运动中的关键要素出发，讨论了不同要素如何通过社会、知识和技术资源赋能创客参与创业（Russell et al.，2019），并对比了这些差异化的资源如何通过竞争和联盟两种方式赋能于两种创客空间（Fablab & Tetalab）创客的机制（Guthrie，2014）。有学者基于结构赋能，提炼了价值共创情境下的众创空间动态能力结构，讨论了由共创发起能力、共创运作能力和价值实现能力组成的价值共创动态能力对众创空间创业参与和孵育价值的作用（李燕萍和李洋，2020）。

综上所述，资源视角的研究中，国内学者比较关注智力资本和社会资本对大众参与创业的驱动作用，而国外学者更关心金融资本和财务资本对大众参与创业的驱动效应。能力视角的研究中，学者们聚焦于平台、主体、要素和结构对创客的外部赋能机制，而非创客本身的自主赋能机制。

（2）组织管治视角。从组织管治视角对大众参与创业的研究主要基于治理理论，围绕创业治理和日常运营管理加以展开。

其一，创业治理方面。现有研究聚焦于政治治理、经济治理和社会治理三种治理模式对大众参与创业的影响。首先，基于政治治理的研究认为金融政策对创客创业有较强的支持效应。其中，国外学者更加关注金融支持效果，研究了金融政策对创新创业产出的重要影响；国内学者则更关注金融支持结构和金融支持环境的影响，探究了众创空间或孵化器的融资方式、信贷结构、政策环境等对创新创业的影响（姚登宝和秦国汀，2020）。另外，有学者系统讨论了创业支持政策（包括金融支持政策、公共服务政策和间接支持政策）对创客空间创业孵化绩效的影响，发现金融支持政策、公共服务政策和创业孵化绩效之间呈倒"U"型关系（黄聿舟等，2019）。其次，基于经济治理的研究提出众创经济治理应该包含创新治理和创业治理。其中，创新治理应该包括创新主体、创新激励和创新结构等治理要素，这些治理要素与众创治理能力的有序平衡有助于众创经济发展（胡海鹏，2019）；创业治理则应该充分利用股权配置、自主配置和收益配置等作用链来提升创业执行质量（朱仁宏等，2018）。最后，基于社会治理的研究强调平台和社区两种合作治理的作用。学者们提出，一种基于数字调节和民主自治的新兴平台合作模式对大众参与创业有重要影响（Langley et al.，2017），而创客社区不同治理方式对同辈合作创新创业影响较大（Jeremy et al.，2018）。

其二，日常运营管理方面。学者们分别针对常见的和特定的众创空间讨论了其差异化运行和管理对大众参与创业的影响。他们分析了常见的众创空间的"四众"融合促进创新创业的运行机制，包括基于众包的资源组织机制、基于众扶的能力提升机制、基于众创的产品价值创造机制和基于众筹的风险控制机制（王丽平和刘小龙，2017）；以及核心企业主导型众创空间的资源汇聚与整合机制、价值共创机制和生态系统代谢机制（项国鹏和钭帅令，2019）。

综上所述，关于组织管理层面大众参与创业的驱动机制研究比较关注政治、经济和社会方面的外部治理，而关于文化和科技治理的研究比较匮乏。其中，学者们更重视公共服务政策和金融支持政策对创客的政治激励作用，而其他政策的外部驱动机制鲜有涉及。也有部分研究比较关注创业主体内部的运行管理机制，但大多数学者只是从普遍意义上分析了一般性众创空间的运行，而针对不同类型众创空间如何运行管理以促进大众参与创业的研究比较有限。

2.3.1.3　环境层面

在环境层面，学者们主要从生态系统视角探究了大众参与创业的驱动机制。该视角的研究主要运用社会网络力量、共生理论、产业组织生态学等理论，着重探讨了创业生态网络的协同机制和创业生态系统的驱动机制。

第一，在创业生态网络的协同研究方面，学者们更关注生态网络主体之间的协同共生和价值共创机制。一方面，网络嵌入、网络耦合和网络协同是众创空间影响大众参与创业的重要推手。有学者从网络交互视角，研究了众创空间网络嵌入包括结构嵌入和关系嵌入（王庆金和李如玮，2019），以及众创空间知识网络和合作网络之间的双重耦合对创客创业的影响机制（张卓和魏杉汀，2020）。也有学者从网络协同视角，探讨了众创空间社会网络中资本网络、市场网络、技术网络、专业服务网络、媒体网络和制度网络等的网络协同和共生演化对创客创业的作用机理（冯海红和曲婉，2019；赵坤等，2018）。另一方面，价值共创和价值增值体系是促进大众参与创业的重要力量。基于创新生态系统的价值共创和增值，学者们提出，要激励创新创业网络中各主体参与创业，就应该通过开放协作机制满足各参与主体的价值获取目标和生态系统整体目标，实现价值共创（戴亦舒等，2018）；还应该从组织管理、交流共享、教育培训、融资服务和商业服务等方面帮助创业参与者提升其价值增值体系，包括技术价值、环境价值、政策价值和商业价值（李子彪等，2018）。

第二，在创业生态系统的驱动研究方面，学者们分别从产业组织、地方制度和生态环境三个维度讨论了创业生态系统的创设和运行机制。首先，从产业组织生态学维度，刘建国（2018）将我国众创空间划分为政府驱动型和市场驱动型两个种群，提出一个基于种群内外竞争和制度关系为基础的众创空间创设生态机制及其对众创空间创业绩效的影响路径。其次，从地方制度生态学维度，学者们则强调研究地方制度生态系统（localized institutional ecosystems）的创建及其通过金融、供应链、产品网络和组织开发等影响创客转化为大规模生产者的转化机制（Doussard et al.，2018）。最后，从环境生态学维度，学者们解析了创业环境的构成，提出创业环境应该由创业培训环境、信息化环境、技术供给环境、人才支持环境、金融支持环境、市场环境等组成（蔡莉等，2007；姚梅芳等，2010）。学者们也从不同要素和阶段讨论了创业环境对创客创业的驱动机制，提出创业生态环境可以通过资源获取、优胜劣汰和价值交换三大机制有效连接生态系统中的各个要素和主体（汪群，2016），而这些要素和主体也可以在创业不同阶段与外部环境互动并影响创客创业（王海花等，2020）。综上所述，国内学者倾向于从创业网络和生态系统不同观点研究各个主体、要素和环境如何交互合作影响创客创业，而国外涉及这方面的研究较为有限。

2.3.2　社会型创业相关研究

国内外目前关于大众参与社会创业的研究正处于初始阶段，研究成果比较有限，研究内容涉及个体动机、组织管治和文化环境三个方面的影响。

第一，个体动机方面。共享和商业两种逻辑主导着大众参与社会创业。学者们强调，在转化为社会企业和社会创业者过程中，创客会受两种相互矛盾和冲突的创业逻辑影响：共享逻辑和商业逻辑（如图2-7所示）。为了缓解这种矛盾和冲突，创客会采取四种策略：一是降低一个逻辑的中心性；二是增加两个逻辑的兼容性；三是降低关节中心度，增加相容性；四是接受有争议的逻辑（Langley et al.，2017）。

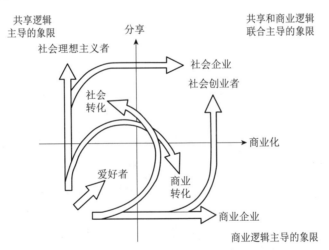

图 2 - 7　大众成为社会和经济创业者的转化机制

资料来源：兰利等（Langley et al.，2017）。

第二，组织治理方面。新兴管治形式如平台合作治理及开放式创新项目中心是促进大众参与社会创业的重要力量。学者们认为，社会创业的治理应区别于经济创业。经济创业的治理旨在创造经济价值，而社会创业面临着经济和社会目的的权衡问题，需要一些新兴的治理形式，如基于数字调节和民主自治的平台合作治理（platform cooperative model），来促进社会和经济目标之间的平衡（Langley et al.，2017；Scholz，2016）。在开放式创新创业中，创客创新和技术项目中心（the centres for maker innovation and technology programme）如教育型（education）、行业型（industry）和住宅型（residential）项目中心的创建和管理也是一种很好的管治手段（Murray et al.，2010；Rayna & Striukova，2019）。

第三，文化环境方面。开放性、市场和制作三个文化领域是驱使大众参与社会创业的神秘力量。现有研究指出，不同的文化领域能够影响大众成为不同类型的创客，并驱使其产生差异化的社会效益。例如，开放性、市场和制作三个文化领域塑造了五种类型创客，即理想客（utopian makers）、实用客（pragmatic makers）、社会客（social makers）、做市客（making to market makers）和主流客（mainstream makers）。其中，社会客对社会包容性活动（如解决数字鸿沟问题）更有帮助，那些市场导向的创客如做市客对工作创建、企业创新和经济变革更有影响，理想客则对社会价值及其价值观的转变有很大影响，与开放性文化相关的创客如实用客能够影响开源软件、共享范式等，而主流客则影响着大多数文化和社会领域（Unterfrauner et al.，2020）。

综上所述，国内外关于大众参与社会创业的驱动机制研究十分有限，学者们主要发现社会共享逻辑、平台合作治理、开放式创新项目中心的管理和文化领域的影响四个重要驱动力。这些研究仍处于新概念提出阶段，缺乏更为广泛和深入的探讨。

2.4 研究述评

综上所述，已有研究主要基于个体、组织、环境三个层面，探讨了大众参与创新和创业的个体动机、组织管理及环境治理等。个体动机方面，现有研究从创客的心理因素出发，基于自我决定理论和社会感知理论，考虑了创客的心理动机和心理感知，并探讨了其对创客、创新、创业行为和绩效的影响。组织管理方面，现有研究主要基于空间的类型和功能，从众创空间运行机制和平台赋能的视角，探究了众创空间如何提供各项资源与服务，为创客参与创新创业活动提供动力、能力和机会支持，提升创客对众创空间的价值感知，从而促进创客的参与行为和创新创业绩效，增进了我们对大众参与创客运动的系统理解。环境治理方面，学者们从网络和系统的视角出发，将众创空间视为一个拥有众多外部网络资源的创新创业生态系统，分析了其如何通过生态网络协同和价值共创机制来驱动大众参与创客运动和创新创业。

现有研究对于大众参与创新创业的个体、组织、环境已有丰富的成果，但仍有一些局限与不足亟待完善与解决。第一，在创客参与创新创业的个体动机研究方面，存在些许局限。（1）对于创客参与创新创业动机的划分标准并未统一。动机划分类型不同，相同动机的内在含义也不一样，这可能导致相同动机对创客参与创新创业的意愿的研究存在不一致甚至相反的结论。例如，在内部动机方面，汉等（Han et al.，2017）和张建民等（2020）认为，内部动机提升创客对众创空间的持续使用意愿，而其他学者则发现，有些内部动机与参与意愿无显著相关（Hausberg & Spaeth，2020；Kwon & Lee，2017）。在外部动机方面，也存在不一致的观点，有学者提出外部动机影响创造（Kwon & Lee，2017），也有学者发现外部动机与用户的贡献努力无显著相关，并指出不同类型的内在化外部动机对参与行为影响方向不同（Hausberg & Spaeth，2020）。因此，从本质上厘清创客自身有哪些动机，动机之间是否会相互转移转化，对于创客运动的可持续性发展有着关键影响作用，值得系统、深入探究。（2）未能识别影响大众参与创新创业的关键前因。大众参与创新创业的意愿受到哪些关键前因的影响，其中，创客参与创新创业的动机作为影响创客参与创客运动的关键因素，会如何影响创客的参与行为和参与绩效，其中的影响机制有待进一步探讨。

第二，在众创空间的组织管理研究方面，存在一些问题需要进一步解决。（1）未考虑空间主体与创客的异质性。对于不同主体空间，由于面对的创客群体不同，其影响创客参与的能力提升、机会增加、兴趣激发的因素不尽相同，而已有研究并没有识别并且区分出这些不同主体空间的主要影响因素。（2）未揭示空间服务影响大众参与创新创业的内部机制。对于空间的资源与服务，已有研究没有明确提出不同类型的空间服务影响大众参与创新创业的能力提升机制、机会增加机制、兴趣激发机制等，难以对众创空间该如何进行服务提升提出有建设性的政策建议。（3）忽视了一些重要外部资源对众创空间内创客创新创业绩效的影响。现有对于众创空间管理的研究大多探讨智力、社会和财务资本对大众参与创新创业的驱动作用，而对于一些政治资源如政府主导的创新创业大赛，以及一些市场资源如企业风投等如何影响众创空间内创客的创新创业绩效，在这些方面的研究比较匮乏。

第三，在创新创业的环境研究方面，也有一些不足亟待更深入的研讨。（1）忽视了众创空间物理环境对创客创新绩效的影响。学者们更关心众创空间组织管理和服务设施的完善，对于其物理环境的设计关注较少。作为创客进行日常工作的环境，众创空间物理环境的设计是影响创客创新创业的关键因素，但缺乏实证研究验证其对促进大众参与创新创业的作用机制和效果。（2）对于创客所处的社会环境的关注不够深入、全面。一方面，部分学者聚焦于组织内部的文化氛围，但未区分不同的文化氛围、什么样的文化和理念能够促进大众参与创新创业，也未分析文化和理念是通过何种机制促进大众参与创新创业的可持续发展；

另一方面，学者们对于创客所处的外部社会环境的关注度也不够，如开放式创新市场、创新创业政策、社区创业文化等外部环境要素对大众参与创新创业的研究较为稀缺。（3）随着线上线下创客社区和众创空间的兴起，如何驱动大众参与线上线下的创客活动，促进线上线下创客的双向迁徙，实现线上线下的互补与均衡，值得更为深入的研究。

　　总体而言，现有关于大众参与创客运动驱动机制的研究还比较零散，缺乏一个综合的分析框架，难以精准识别驱动大众参与创客运动的主要影响因素；同时，现有研究对于个体、组织和环境等要素如何驱动创客参与创新创业的机制尚不明确，且多以质性研究为主，缺乏实证探讨各类影响因素对大众参与创新创业的影响机制和作用效果。

第3章 大众参与创客运动驱动机制的探索性研究

3.1 问题提出

　　全球范围内蓬勃发展的创客运动正在重构传统制造和创新活动的边界，悄然推动着创新创业发生深刻的变革，即将掀起新一轮的产业革命。一方面，创客运动的发展为传统制造业提供了新的创业就业机会。创客利用 3D 打印等硬件技术和开源软件等数字技术，将小批量微型生产产品带到市场，这一过程挑战了关于传统制造商通常只会在有明确界定的、规模可观的市场存在的情况下生产产品这一论断。因此，传统制造商可以通过与创客合作，向创客学习，或为有前途的创客提供空间、物流、技术或基础设施支持，探索尚未开发的新市场，创造出新的创业就业机会。另一方面，创客运动中信息技术资源的自由流通和制造技术资源的共享赋予每一个草根创客发明创造的能力，促进了创新主体的日趋大众化，拓展了创新创业活动的边界，提升了整个社会的创新创业潜能。因此，创客运动的发展将创新创业带入了一个崭新的时代。

　　在西方创客浪潮的影响下，我国创客运动迅速发展。在中国政府的政策引导和支持下，我国创客运动呈现出既与国际接轨又具有中国特色的发展态势。2015年，我国政府结合国情提出要大力建设结合西方创客空间的创造功能和国内孵化器孵化功能的新型创业服务平台——众创空间。众创空间的提出促进了国内各省市创客空间的建设和发展，为创客运动在中国的蓬勃发展提供了强有力的支持。根据《中国火炬统计年鉴》数据显示，2017 年，我国注册备案的众创空间有4298 个，2019 年达 8000 个，我国的众创空间数量在两年内翻了一番。但目前，我国的创客运动仍处于发展期，创客文化尚未得到广泛认同和尊重。如何引导大众积极参与创客运动以提高本国的创新能力，是我国政府面临的一个重大现实问题。

　　大众参与创客运动，是指大众在实体和虚拟的创客空间内参与创新创业的活动，参与创新创业成为创客的人多了就形成了创客运动。从内涵来看，大众参与创客运动既包括大众在创客空间内利用新兴技术创造新产品，也包括大众利用创客空间的平台和资源进行创业。从外延上看，大众参与创客运动包括大众参与创新创业的学习、竞赛、协作和创造的全过程。从实践上来看，我国政府对促进大众参与创客运动非常重视，相关管理部门也制定了一系列的激励和优惠政策。然而，一些政策的实际结果并没有完全达到预期效果。我国各级政府为"大众创业、万众创新"提供了丰富的政策支持，那为何大众参与创新创业的热情仍然不足？影响大众参与创客运动的深层次因素及其驱动机制是什么？大众参与创客运动又会如何影响创新和创业？对于这些问题，国内外学者已开展了一系列的研究，但仍不够系统，理论和实证的探讨仍然比较缺乏，还尚未对其展开系统深入的理论和实证研究。基于上述的现实需求及理论研究的不足，本书将从一个整合性视角，对驱动大众参与创客运动进行多维度探讨，探究其内外部影响因素及其对大众参与意愿、行为和结果的作用机制，并基于研究结论，提出符合我国国情的引导大众参与创客运动的政策建议。

具体而言，本章将基于 MOA 理论框架，探究驱动大众参与创客运动的影响因素、作用机制及行为结果，并为后续章节的研究问题和研究内容提供系统的理论指导。既有文献表明，MOA 理论能够很好地解释组织或者个体行为发生的可能性（Maclnnis et al.，1991）。因此，基于 MOA 理论框架，以我国多省份众创空间的创客为访谈对象，通过对其进行深度访谈，获取了丰富的一手资料，并利用扎根理论方法对访谈材料进行编码和解读，在此基础上提炼出大众参与创客运动的关键影响因素及驱动机制，并建构出本书的研究框架模型。该框架模型为大众参与创客运动的驱动机制研究提供了理论指导。

3.2　研究设计

3.2.1　扎根理论

扎根理论是格拉泽和施特劳斯（Glaser & Strauss）于 1994 年提出的一种定性研究方法。它强调以原始资料为基础，充分挖掘并逐步提炼其中的核心概念，最终形成新的理论体系（王璐和高鹏，2010）。这一方法适用于早期相关文献较少、理论支撑不足的研究领域。"双创运动"是一种新的实践现象，缺乏系统的理论研究，用扎根理论研究法对其进行探究是一种较为合适的方法。

扎根理论的操作通常包括五大步骤。第一步，明确研究问题。一个明确的研究问题是进行扎根理论研究的基础，它决定了后续操作流程的方向与重点。第二步，进行文献述评。通过对相关文献的总结，研究人员可以了解如下内容：已有研究是否已对上一步所提出的研究问题进行了解答？如果已有解答，是如何解答的？新的研究和已有研究的不同点在哪里？如果没有解答，新的研究又将从哪个角度进行探讨？只有对上述内容有全面的了解，研究人员才能更加有针对性地进行资料的收集与整理。第三步，收集原始资料。由于使用扎根理论的目的是建构新的理论。因此，在资料收集阶段，研究人员需要保持一定的理论敏感度，尽可能收集有代表性的、与研究视角紧密相关的原始资料。第四步，进行三级编码。三级编码包括开放式编码、主轴编码和选择式编码。在这一步中，研究人员需要保持高度的理论敏感度，注意捕捉原始资料中的概念线索。此外，研究人员还需比较这些概念，找寻概念之间的关系，并以某种方式连接这些关系。第五步，建立初步理论。经过三级编码，相关概念以及概念之间的关系已基本明晰，初步理论基本形成。此时，研究人员需要将初步理论代回原始资料中进行理论饱和度检验，并不断优化现有理论使之更加完善（陈向明，1999）。

在扎根理论研究法的操作步骤中，资料的收集、分析与检验可谓其核心步骤。其中，资料分析中的三级编码又是扎根理论研究法中最为核心的一步，包括一级编码（也称开放式编码）、二级编码（也称主轴式编码）和三级编码（也称选择式编码），这三级编码的具体内容如下。

一级编码，也称开放式编码，其目的是在杂乱且无逻辑的原始材料中（一般为访谈对话）获得尽可能多的初始概念，并将众多的初始概念进行归纳合并，确定每一个初始概念的所属范畴（王建明和王俊豪，2011）。在这个阶段，研究人员应以一种开放的、不带任何偏见的心态对待每一份原始资料，做到不偏不倚。同时，为了保证概念编码的完整性，研究人员需要阅读数以万计的文字材料，还需要认真细致地阅读每一份原始资料，尽量不遗漏任何信息。编码初始概念的方法主要是，在原始材料中选取高度概括性的词句，对文段内容进行归纳概括。若原文段中实在没有现成的概括词，可适当进行拔高概括，但也不可脱离文段原意。

二级编码，也称主轴式编码，其目的是确立各范畴之间的关系（邢小强等，2019）。常见的关系类型有从属关系、因果关系、相似关系等。比如，一个范畴在内涵与外延方面与另一个范畴重合，但另一个范畴又包含其他的内涵与外延，这时，前一个范畴就从属于后一个范畴。如果两个范畴在某些内涵与外延方面重合，但在另外少数内涵与外延方面不重合，那么这两个范畴之间就是相似关系。如果一个范畴的产生是由另一个范畴所引起的，那么这两个范畴之间就是因果关系；前一个范畴为果，后一个范畴为因。在建立范畴关系时，研究人员可以先随机指定某个范畴作为中心范畴，再将其他范畴与这一中心范畴进行一一对比，以明确其他范畴与这一中心范畴之间的关系。之后再重复上述步骤，直到明确所有范畴之间的关系。

三级编码，也称选择式编码，其目的是根据主轴式编码中所确定的主范畴来确定核心范畴，并以故事线的形式描绘范畴之间的关系（王建明和王俊豪，2011）。核心范畴的确定有赖于第一步所选取的研究问题，是对研究问题的进一步回答。确定的核心范畴应满足两个要求：第一，核心范畴所包含的信息应该在原始资料中反复出现，如不同的受访对象都对该核心范畴进行了一定程度的阐述；第二，与核心范畴相关的范畴之间的关系应较为明显，如范畴间的因果关系可以从受访者的谈话中直接获得，且因果关系的方向与因和果的确定均可从原始资料中获悉。在确定好核心范畴后，研究人员还需根据原始资料阐述核心范畴之间的关系。

3.2.2　数据收集

本章采取非结构化访谈的方式，从全国有代表性的众创空间中随机选取了一些创客作为访谈对象，并对这些受访者进行一对一的深入访谈。在正式访谈前，研究者首先拟定了如下提纲：（1）您是如何定义创客的？（2）您当时参加或者接触创客活动的原因是什么？（3）在您所参与的创客活动中，遇到的障碍有哪些？您目前最需要解决的问题是什么？（4）您的朋友、工作单位甚至政府对创客活动的态度对您有什么影响？（5）在您参与的创客活动中，您做了哪些尝试？（6）您的相关背景，在什么行业工作或者学习？在正式访谈时，除了提问访谈提纲中已经列出的问题，研究者还会根据访谈情况对受访者进行适当的追问，或者让受访者进行适当的补充，以确保信息获取的丰富性。除了丰富性以外，访谈资料的完整性也是影响编码质量的重要因素。为此，在获得受访者同意的基础上，研究者对访谈过程进行了全程录音，随后对录音内容进行了转文字处理。

在受访者的选取方面，主要基于典型性与易得性两大原则选取了深圳和长沙两个城市的创客。考虑到深圳市创客运动的典型性与先进性，研究者选取了部分深圳市的创客作为访谈对象。在易得性方面，由于研究者常驻长沙，因此可以较为方便地联系到长沙市的创客。由于部分创客无法实现面对面的访谈，于是采取了以线下访谈为主、线上访谈为辅的访谈形式。最终研究者访谈了 24 名创客，形成了 23 万字的原始资料。24 名被访者的详细资料见表 3 - 1。研究者随机选择了 2/3 的被访者（即 16 人）的访谈资料进行编码与理论建构，其余 8 名被访者的访谈资料则用作理论饱和度检验。访谈人数的确定满足了理论饱和原则，即新增加的访谈对象所带来的信息已无法编码出新的概念。

表 3 - 1　　　　　　　　　　　被访者基本资料

序号	被访者	性别	年龄	职业	访谈方式	用途
A01	江先生	男	22	公司职员	线上深度访谈	理论构建
A02	陈先生	男	40	创业者	线下深度访谈	理论构建

续表

序号	被访者	性别	年龄	职业	访谈方式	用途
A03	杜先生	男	35	公司职员	线下深度访谈	理论构建
A04	唐先生	男	35	公司职员	线下深度访谈	理论构建
A05	耿先生	男	30	创业者	线下深度访谈	理论饱和度检验
A06	金先生	男	30	教师	线上深度访谈	理论构建
A07	李先生	男	20	学生	线上深度访谈	理论饱和度检验
A08	李先生	男	26	创业者	线下深度访谈	理论饱和度检验
A09	毛先生	男	24	公司职员	线下深度访谈	理论构建
A10	文先生	男	20	学生	线上深度访谈	理论饱和度检验
A11	张先生	男	20	学生	线下深度访谈	理论饱和度检验
A12	谢先生	男	21	学生	线上深度访谈	理论饱和度检验
A13	谢先生	男	19	学生	线上深度访谈	理论构建
A14	徐先生	男	29	创业者	线下深度访谈	理论饱和度检验
A15	严先生	男	30	创业者	线下深度访谈	理论构建
A16	袁先生	男	21	学生	线上深度访谈	理论饱和度检验
A17	张先生	男	22	学生	线下深度访谈	理论构建
A18	孙先生	男	29	创业者	线下深度访谈	理论构建
A19	朱先生	男	43	创业者	线下深度访谈	理论构建
A20	孟先生	男	22	创业者	线下深度访谈	理论构建
A21	启先生	男	46	管理者	线下深度访谈	理论构建
A22	李先生	男	45	创业者	线下深度访谈	理论构建
A23	张先生	男	23	创业者	线下深度访谈	理论构建
A24	李先生	男	30	公司职员	线下深度访谈	理论构建

资料来源：笔者根据访谈资料整理所得。

此外，在开始编码前，利用文本分析方法对访谈得到的文本数据进行了初步的描述性分析。词云分析和语义分析是文本数据挖掘里面常用的两种方法，词云分析可以对文本中出现的高频词进行可视化呈现，语义分析可以刻画出语义词之间关系，从而推断出文本中的重要信息。因此，主要运用这两种方法来对访谈文本进行客观分析。首先对访谈文本的清洗和整理之后，对文本进行标记化处理。标记化是指将文本中的句子分解成单个的词。利用 Jieba Toolkit 处理所有文本数据的标记化和停用词删除，同时借鉴了中文程序员开发的 Python 中文分词模块方法（该方法已广泛应用在文本挖掘的中文单词中和搜索引擎中的细分中）。然后通过主题词分析删除其中的无意义文本，提取出主题词和词频，并生成共现短语列表。最后运用 Gephi 对词频和共现短语进行可视化转化，使主题词和主题词的语义关系更加直观。文本的可视化结果如图 3 - 1 所示。

由图 3 - 1 词云分布结果可知，创客在文本中的提及频率最高，主要的关键词还包括钱、学、玩、创业、技术和产品等。由图 3 - 2 词云共现结果可知，围绕创客的关键词是创业、产品、创新、兴趣和市场，提的关键信息包括：创客—创业、创客—兴趣、创客—产品、创客—创新。基于上述情况，通过词云分析和语义关联分析获取了对文本数据的客观描述性分析，提炼了产品、创业、创新、兴趣、市场等关键词，为后续扎根理论分析奠定了工作基础。

图 3-1　访谈文本的词云分布

资料来源：笔者根据访谈资料绘制。

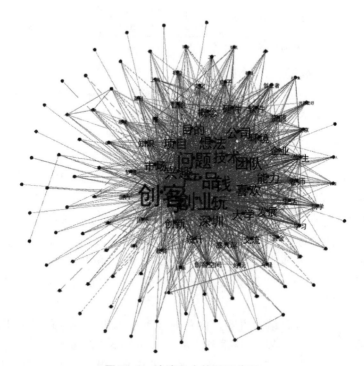

图 3-2　访谈文本的词云共现

资料来源：笔者根据访谈资料绘制。

3.3　范畴提炼

根据扎根理论的分析方法，借鉴王建明和王俊豪（2011）和邢小强等（2019）的编码方案，采用三级编码的方式来提取访谈文本中的初始范畴，识别范畴的性质，并厘清范畴之间的关系。

3.3.1　开放式编码

开放式编码是一个对原始资料进行逐句解读、对资料中的相关要点进行初始概念化的过程。这个过程的目的是获得尽可能多客观的初始概念（孙晓娥，2011）。因此，为保证编码结果的完整性与客观性，一方面，研究者对访谈原始材料进行了逐字逐句的解读，尽量将每句话都进行概念化，以确保编码结果的完整性；另一方面，研究者在对初始概念命名时，也尽量使用原始访谈材料中的原词，以确保编码结果的客观性。除了原始材料概念化外，在开放式编码阶段，研究者还需将杂乱的初始概念范畴化。在进行范畴化时，研究者剔除了相互矛盾的初始概念。表 3 - 2 呈现了开放式编码的结果。

表 3 - 2　　　　　　　　　　　开放式编码

范畴	初始概念	原始语句
商业成功	成为知名企业家	A06 虽然可能不太现实，但是我想说，我想成为像马云那样的家喻户晓的知名企业家
	产品爆红	A09 肯定还是想把这个东西拿去商业化，要是运气好，我这个产品能爆红就更好了
	考虑市场需求	A18 难道每一个人都能创造东西吗，还是要结合商业和市场的需要，只有市场需要的产品才会有市场
		A23 市场需要什么就做什么
获取融资	拉投资	A23 希望投资人能突然找到我，一夜暴富……国家在提创客这个概念，就标榜自己是创客，然后做些东西去拉投资
创业赚钱	赚钱	A04 我想找一个能让自己快乐又可以赚到钱的事情
		A18 为什么现在的创业者热衷于做创客，不就是想赚钱嘛，没有多少人是真的想做产品的
	创业	A06 创客同样需要创业
		A09 我现在在创业，一直在创业
		A17 也有人有创业项目，组个队做做……
		A17 他们当年是因为感觉需要做些东西出来，然后就把那个东西整套做出来了，然后他们发现这个套件有很大的市场价值，然后就创业去了
		A19 创客毕竟还是以效益、以规模为前提的，以利益为前提的创客……你可以把这样的创客通俗理解为创业者，我们现实当中是这么理解的

范畴	初始概念	原始语句
创业赚钱	获取财富	A20 走出校门以后，我们就面临着生存的问题，要生存的话，我们要么找工作，要么自己创业，只有这两条路，不可能吃家里边的，这是富二代的事，如果创业的话我们就得找一些我们做过的产品，或者说我们已有的技术来产生一些新的创意，通过将创意变成产品来获取自己的财富
		A21 我也希望我的这些东西能够卖出去，有一定的积蓄和财富
改善生活	过上好生活	A09 让我和家人的生活过得更好，就是这样一个基本的出发点
		A15 想过上更好的生活
助力工作	转换成工作	A09 不完全是兴趣爱好，也可以转换成工作的东西……这些技术辅助手段肯定能够更好地解决这个问题，但是只是说可以做这方面的尝试
	用在工作上	A12 也可以用在工作上
沉没成本	不给退款	A03 坚持待在南杰是因为交了 9000 块钱，他不给你退款
	入场费	A04 因为交了入场费，所以就算不想去的时候也还是会去
组织归属	找到组织	A03 这方面就感觉是找到组织了，找到跟自己很像的人，大家都对技术感兴趣，对技术都有执着的追求，也就是说，和自己比较合得来
亲社会性	解决社会问题	A02 我做一个东西的时候，不会过度地考虑怎么去盈利，可能会考虑这个东西有什么用，能解决什么社会的问题
	创造社会价值	A02 其实你做一个事情的时候，他的目标是多维的，是多个维度的，我当时有很多的维度，比如说社会价值
	改变他人生活	A02 我要做出一种能够改善人们生活的东西
	提高安全意识	A03 （我）觉得大学生的安全意识确实很差，需要有个东西帮他们提高一下
	帮助他人	A06 （我）发现自己内心想做的，还是一些能够真正影响和帮助年轻人不发生这些问题的事情
		A17 （我）特别热心公益这一块，我感觉那一段的活动对我后来做创客是有帮助的，因为我在那段经历里面总结出来一点就是，去帮助别人有很多种方式，改变别人也有很多方式，所以我后来做创客的时候，包括带学弟学妹做创客的时候，我跟他们强调最多的一点就是，你做的每一个小小的改变都是对创客进行了一个拓展和延伸
同行认可	获得认可	A20 一种赞许的眼光，之前我们做平衡车，直立的平衡车，自己造了一辆，学校转了一圈以后，非常拉风。后来又做了个独轮的，又帅爆了。对于我来讲，我特别想得到别人的认可
	留名	A17 后来他跟我们说，其实你们这样挺好的，他本科生的时候就没有这样，他说你们做出来的东西会影响学弟学妹，你们就应该有这种想法，就是要留下点东西给学弟学妹。我也是为了这个想法，我在乎的是名声，我不在乎钱
社会交往	交流	A03 我觉得好啊，可以去跟别人交流总是好的嘛……接触了很多以前完全没有见过的人
	认识他人	A09 还有机会认识广州美术学院的工业设计师，听听他们的想法，以及对产品的理解
	结识朋友	A13 就是希望可以在创元素结识一群志同道合的朋友

续表

范畴	初始概念	原始语句
主观规范	随大流	A03 我就是随大流，身边有人在搞，就一起搞了
	融入集体	A09 主要是受室友影响，我有三个室友，有两个都在做，当时大一，为了尽快融入他们，所以我也就参与了
	怕不合群	A20 我的朋友们都在那边，我感觉我不一起的话有点不合群
兴趣爱好	喜欢	A01 我比较喜欢电子类产品和软件编程，很巧就进了 DFRobot，成为创客的一员
		A17 我自己本身就喜欢做这一块的东西，因为我是工科生，从小喜欢拆东西，家里能拆的电器基本上都拆了，然后装不回去，还有自己的一些小玩具赛车什么的
		A18 突然觉得这个东西"有趣"，然后就来做了
		A24 就是一句话，喜欢
	爱好	A04 我进入这个行业，是因为一直以来我就是一个这方面的爱好者
	兴趣	A13 就是参加活动，然后感兴趣就留下了
		A15 自己主要是基于兴趣，做一些电子方面的小作品
		A17 我们当时接触创客完全是出于兴趣，至少我是因为兴趣哈
		A20 兴趣，兴趣是最大的动力
	感到有趣	A13 当时我同学在朋友圈里发了创元素的仪器设备和作品，我感到很有趣，于是主动去找那位同学，就这样加入了创元素
自我肯定	信心	A04 一种信心
		A13 我们自己也有信心
	自信	A17 我们还是挺自信的
	相信自己	A15 我既然能解决别的问题，那我想我肯定也能做好这件事
经验学习	交流学习	A03 跟优秀的人在一起，能提高自己，每一个人都有值得学习的地方，所以我就希望跟他们一起交流，多学习
		A13 今天来的主要目的是希望能够跟大家交流交流，互相学习
		A13 每个星期，这里都会定期举行读书会，大家一起交流学习，然而，学校往往没有这样的学习氛围，我看中的是有这样一个学习的氛围……我感觉我可以在创元素里学到很多东西，于是选择加入创元素
	学习过程	A04 玩到这个程度，实际上你已经学会了很多东西，举个例子，你要会单面机操作，你要会舵机的操作或者是负极电机的操作，你要学会电路的设计，你要会学计算机程序设计，你还需要数学的计算，学会力矩，学会各种各样的物理问题，等你把这个玩完以后，你已经可以到一个公司去做机械工程师了，甚至你也可以到一个工厂去做 PBC 的工程师，这是一个学习的过程
	技术知识	A015 因为可以学习技术，可以有机会实践，就不是单纯的学习考试了……对，大家会交流知识，像我一个工科的学生，可以学习更多技术知识
	课外知识	A13 电子制作，可以自己做有趣的事，学到很多学校学不到的东西
	开阔视野	A17 开阔视野，觉得不能把自己局限在学校里面，面向需求才能知道自己应该要学什么
	学习	A18 大多数人就是来学习一下
	学经验	A23 也是想来学习东西，但是当时是想跟着一个创业团队，跟着一个实际的项目去学习，可能很多大学毕业生都是这么考虑的，就是刚开始跟着大团队学经验，很多人都是这么想的，我自己也是这么想的

续表

范畴	初始概念	原始语句
求异思想	不一样	A02 我这一生就要与别人过得不一样
	与众不同	A20 想要去改变世界，改变自己，让自己看起来与众不同
自我满足	满足感	A02 其实你做一个事情的时候，目标是多维的，而我当时有很多的维度，比如说获取满足感和成就感，以及实现社会价值
	满足心愿	A03 即使大家不接受不认可，我也会继续做下去，因为我做东西是为了满足自己的心愿
	成就感	A02 对过程的享受，以及完成之后的一种成就感
		A03 把这个3D打印机做好了，并且使之能打印出来东西，就是一件非常有成就感的事情
价值实现	自身价值	A06 创客本身更应该关心的是如何发现和实现自己的价值
	个人价值	A19 为了实现个人价值，凸显个人能力
线条	椭圆形	A03 会议室的桌子都是那种椭圆形的，大家可以围坐在一起，有时讨论想法，有时候讨论模型，有时候还会一起玩玩桌游放松一下，都是很方便的
	尖角	A20 我们的那个办公桌的角很尖，刚好可以用来辅助做模型
	线条感	A21 是设计吧，因为我们想吸引的都是一些比较有活力、比较好的团队，他们也挺重办公环境的，一些国外的团队过来这里，他们都觉得这里线条感很强，很现代，很漂亮，很适合他们工作
色彩	冷色调	A02 空间整体的色调有点偏冷
	办公桌颜色	A06 一般的办公桌都是那种灰白色的，我们的就很不一样，我们的是那种实木红，感觉还挺特别的
	色彩搭配	A15 我们的工作环境也特别好，整体的颜色搭配很好看，会给我一些灵感和刺激，特别是墙上的那些挂饰，都是经过了特别的挑选和设计的，我很喜欢待在这个环境里。我的朋友们也特别愿意来这里和我一起创作
声音	噪音	A18 我们空间其他地方都挺好，就是环境噪声比较大，长期待在这里挺不舒服的。我已经很多次向负责人反映过这个问题了，他们也承诺一定会给我们解决
	安静	A09 因为我们这儿位置比较偏，所以人和车不多，还挺安静，有些时候需要思考一些事情的时候就很方便
温度	很热	A20 这里就有一点不好，没有空调，我们当时是夏天进来的，你知道长沙夏天又很热，只有个风扇吹，一天下来，整个衣服都湿透了
气味	厕所味道大	A23 要说有什么吐槽的地方的话，就是厕所卫生不好，老是有味
制度激励	考核制度	A06 我们版主会有考核制度，考核合格会获得一定的商城券
创新氛围	思维碰撞	A03 如果有个很好的氛围，比如说在P8，就是大家真的是一群我以前没有见过的那样思维的人，因为每个人都会有自己的思维，然后做出来的东西可能都有局限性，我跟他们交流，这个氛围可能就是融合了很多个文化在里面，就能做出来更让大家觉得满意、更惊喜的一个东西，所以氛围真的很重要
	氛围浮躁	A23 绝大多数是比较浮躁的一个动机，真正在这里沉下心来做东西。在这里聊技术，有这种氛围的人非常非常少，这就是实际情况
政策激励	国家扶持	A06 这个也是目前的热点话题，国家也在扶持
		A20 正好也赶上了国家扶持创业的潮流
		A24 现状是，创客空间多，国家有扶持政策之类的
	政策支持	A06 政府对于创业或者是创客，据我所知，是有很多政策的，然后也有很多支持的部分

续表

范畴	初始概念	原始语句
政策激励	国家认可	A20 因为有政策在，所以出现了很多所谓的创客空间和孵化器，大环境特别好，对于这件事情的认可度也高了，我们的压力和阻碍也小了，这些对我们是有促进作用的
	政府提倡	A24 政府大力提倡创新，提倡创客运动，提倡创业，整个环境相较以前来讲确实改善了很多……从整个大环境来看，国家的确在扶持小微企业，提供这么好的政策，相当不错了，我可以讲，政府在这方面做得相当不错
融资支持	创业资助	A08 创业有大学生扶助……我们以前是 5 万多块钱，可用于租房，另外就是不用交税
	风投入驻	A21 我们这有一些风投也入驻进来了，都是做投资的，主要是投资创业者
		A24 在创客空间或者柴火空间找到资金，找到投资商了
政务效率	流程简化	A19 政府把一些办公程序、注册程序简化了
	备案麻烦	A15 第一个障碍就是备案，当时中国网络环境下，网站是需要备案的，备案挺麻烦的，备案需要把自己的个人信息、身份证复印件等全部提交上去，提交完之后，那边没有核实，核实不清楚，然后又被打回来了，打回来之后又要重新填，时间很紧张……但是现在备案好像不一样了，那是 2008 年的时候，现在可能需要开账户，还要等一个星期
创业氛围	创业环境好	A17 深圳的创业环境很好，创业文化特别丰富
	创业热情	A19 上海其实是一个国际金融、贸易中心，那边的人创业热情高
市场环境	供应商	A18 深圳是最多的，我不是做软件的，深圳的硬件绝对占统治地位，因为周围工厂多，我要生产一个什么东西，深圳搞不定，其他地方更搞不定，所以，深圳最适合，周围工厂多，那我做智能硬件的肯定就在这，再加上离香港近
		A20 比如说像我们做这些展柜里的电路板的，想要实现社会价值，只能是来深圳这边做，深圳的创新氛围太好了。我和我的天使投资人考察了很多次以后发现，还是尽快来深圳吧，然后我们就迁过来了，就是来这边申请专利的，随便来这边的孵化园，进来一问，发现这个机会太好了
		A24 在深圳是有这个好处，元件在这儿很快就能找齐，你在北京是很少能找齐的，北京很缺这样的土壤，深圳是很适合发展创客的一个土壤
	商业气息	A18 商业气息很浓我可以解读成，大家都按照商业规则来办事，这其实更简单，大家都按照合同办事，先谈好，签合同，大家按规矩来，也不用请客吃饭，请客吃饭很正常，但是不会像之前那样，吃饭喝酒就可以搞定所有事情，所以我们更多的是契合需求，相互合作，做贸易，就是实打实，商业气息浓不是坏事
	挤占市场	A18 现在是个人都来创业，可能会变得不好……其他进来的人挤占了我们的空间，我们国内，你还没成名之前，更多的不是靠产品说话，更多的是靠关系说话，谁资源多，谁就厉害
	产业链	A22 尤其在深圳，周边的产业环境很好，所以有很多想法想出来之后马上可以去实践，马上可以去做，但是在美国就很难有这么集中的一个创客环境
		A22 北京是北京的环境，北京跟我们不一样，周边并没有这么多大大小小的工厂来支撑，换句话说，北京的产业链不成熟

范畴	初始概念	原始语句
教育环境	教学方式	A20 别的国家的小孩就是出去玩，比如带孩子去认识蝴蝶，认识花，而中国的孩子就是翻开课本，第 23 页第几行这是蝴蝶，记住了吗，记不住抄 50 遍，而不像国外的体验式教学，所以整个教育环境不一样，这个人成长的路线也是不一样的
金融环境	投资风格	A18 北京是政治经济中心，你创业需要资金的话，北京相对资源更好，更加方便，创业氛围也浓厚。另外，深圳和北京的投资风格有南北差异，北京比较大方，毕竟是首都，也是政治中心，就是说，可以理解成，深圳这边因为制造集群，所以这边繁荣，而北京那边可能是资本的集中
	投资人多	A18 选择深圳的原因就是这边商业繁荣，能够找到更多人的投资
人才环境	招人困难	A20（请列举一下你们来深圳的原因）主要是配套的供应链，你要什么都有，基础设施、人才、原材料，我们招一个工程师都很难的
	人才聚集	A20 北京也有北京的优势，北京是首都，人才也比较聚集
	年轻人多	A18 深圳还有一点就是，这是一个新兴城市，几乎没有或仅有比较少的本地人，一方面是人比较少，另一方面，本地人都不工作，他们足够有钱，绝大多数都是外地人，全是移民到这里的人，这些外地人相对来说更年轻，想法也更新潮，也更开放，年轻人多的话，做事更有朝气，像我们这种团队比较老了，现在很多新的团队都是由年轻的小伙子组成的
		A18 我觉得深圳比较好的地方就是年轻人比较多，大家都是客人，年轻人多的话，那活动就多，活动多的话，相互沟通交流的机会就比较多，思想碰撞起伏比较多，我们可以听他们的一些想法，也可以从别人那里得到借鉴，还可以跟别人合作，或者想办法让优秀的人加入自己的团队
创新支持	资源支持	A01 公司小伙伴的想法，大家都感觉不错，就可以做，公司可以直接给予需要的资源
	平台支持	A03 真正的创客的投入还是比较大的，现在去了 P8 以后，P8 会给你提供一个平台
	资金支持	A03 因为做的过程中肯定会有一些花费，学校就会通过比如餐旅费的形式给报销，这样可能可以节省一两万块钱
	设备/工具支持	A03 Daniler 那儿有很多我梦寐以求的东西，比如说 3D 打印机，切割机，还有光敏打印机
		A13 空间里的设备很少，感觉就是给别人提供办公场地而已
		A23 创客空间的一个好处就是工具免费使用，材料都不是很贵，就几十块钱，不是那么贵
		A24 创客空间里有这些工具，比如我做一个电子产品，可能需要电导体，可能需要吹风机，可能需要贴片机，可能需要激光的机械，你一个人准备这些材料是比较难的，而空间会帮你准备好这些材料
		A24 在前面的阶段，设备、器材等各方面都需要自己去找，现在就很简单了，一个创客空间里面该有的都有了
	老师指导	A03 我的导师是做操作系统这方面的，然后那方面的内容他也不是很懂，但是他会跟你一起去学习，毕竟他的阅历比我们丰富很多，所以说，他看完以后能给我们提供很多建议，当我们不想做这个东西的时候，他就回来督促一下我们，然后鼓励我们继续把它做下去

续表

范畴	初始概念	原始语句
空间培训	导师讲座	A01 蘑菇云活动是这样的，所有人员围坐在一个桌子周围，一个老师讲解，周围的人跟着做和提问题，当场解决问题和互动
	展会参观	A20 我们做出了一两代自主飞行器以后，我们就去各大展会参观，在人比较少的地方也展示一下，也会吸引很多人来围观，这里边也包含很多投资人，以及一些其他的创业团队，从那以后，我们开始不断地接触投资者和创客们，不断在这个圈子里边认识新的朋友，尤其是在北京的那一段时间，认识了很多硬件的创业者，也让自己的思路开始慢慢地理清了
	技能提升活动	A23 我八九月份的时候参加过两次活动，这边的活动主要有两种，一种是教编程以及基本的硬件使用，另一种是讲座，就是会请到国外很优秀的团队过来，比如说在互联网上面众筹成功的团队讲自己的创客经验
	定期聚会	A24 现在很多创客空间也会做一些这样的活动，为了让大家相互了解……对，也就是知识分享，分享概念、想法之类的，是定期的小聚会，前些年这些活动很少，现在就越来越多了，这是一个非常好的趋势，最起码大家愿意拿出来讲，愿意去一块做这个事情，这已经比前些年好很多了
	参加活动	A17 他了解了我们之后，就不停地邀请我们去参加活动，特别是参加活动这一块，在某种程度上分散了我们的精力
知识基础	懂各种知识	A08 我觉得创业需要对软件、硬件、电气、机械等有一定的了解
	接触过技术	A18 之前有接触过这一块的技术，有这方面的想法，还有一些这方面的资源、人员，可以刚好做出这种东西，才会去做
知识利用	利用别人的源代码	A23 比较复杂的问题就会去找深圳 DIY，简单的就自己搞定，一般都可以自己搞定。其实国外的资源非常多，基本上你能想到的、遇到的问题都能找到答案。就是这个资源，因为它是开源的，所以资源是非常丰富的。比如说上次的那个沙盘，我们尝试过自己写代码，搞了一个多月，没有什么进展，然后用它的源代码可能一晚上就调出来了，开源的东西可以加快你的开发
	变为己用	A17 别人做好的东西，我们在短时间内把它吸收了，并且让它成为自己的东西
	吸纳并应用他人建议	A03 如果我们解决不了的话，首先是去网上问一下，去知乎上问，但是最主要的可能还是去找一些自己的老师或者认识的大神去咨询一下，其他人给我们的建议我们都会记着，然后根据他们的建议去找相应的资料，再把我们看到的东西应用到我们的后续研发中
创新思维	天马行空	A01 创客是一个统称，没有绝对的划分界限，但是有些类似的特征，就像前面说的，脑洞大开，天马行空
	联想	A17 比如说我掌握了软件那一块的知识，我更熟悉一点，然后我旁边那个人对硬件更了解一些，我们两个就突然有一个想法，然后大家获得另外一种想法
		A18 更多的是拓宽，我技能多的话，我就会将两种毫不相关的东西相结合，做出一个新的东西，会有这方面的帮助。视野宽，见得广，像我们这位就是智能硬件全部都懂，那他的想法就会更宽泛，那他做出新东西的机会就比见识少的人更大一点

范畴	初始概念	原始语句
创新思维	做没有的东西	A04 我们想做的是现在还没有的东西，这才是我们的目的，而不是说人家做一个东西，然后我们去抄人家的，当然可以模仿，在他们的基础上发散思考，但是也必须有价值。比如说人家做一个东西成本也许1万美金，那我们做出1000美金，那么我们就成功了，就是这个意思。那如果别人做出一台机器人，我们也做一台机器人，对不起，对于我们来说没有任何兴趣，我们觉得这是小朋友做的
	追求个性化	A18 可能这个人群相对来说更不喜欢工作上班，或者说在体制里面去做某一块工作，或是做很多年差不多天天一样的事情，相对来说，这个群体更个性化一点
理论转化	把想法变成现实	A03 创客可能是真正把自己的想法付诸实践，然后去努力地把自己的想法变成现实的人……把想法变为现实的能力吧
	做出来	A04 比如说刚才高二学生的那个项目，其实他那个项目要真正做出来很难很难
竞赛活动	参加比赛	A13 我们一直在努力地做一些东西，包括参加一些比赛。在今年的全国电子设计大赛中，省一等奖和全国一等奖我们都拿到了，之后就更想去更加广阔的天地试一试身手了
		A17 我们正好就把这些东西拿过去做"华为杯"用，那个比赛下来之后，学校推荐了我们后就不会推荐别人了，学校会这么想，你们做的东西做得这么好了我干嘛不让你们去，当时也是感觉好玩，然后就做了
		A20 我参加过这种大学生的比赛，比如机器人比赛
	创客大赛	A22 在深圳，几乎每个月，你总会看到一些创客大赛，我会经常参加，去年还在保能科技园做过一次评委
机会识别	前瞻性	A17 喜欢DIY东西的人，能够尊重技术，有一定前瞻性和眼光眼界
	把握行业趋势	A19 在2013年，我们就发现，除了手机以外的智能产品倾向于细分市场和行业定制。发现这个趋势以后，我在2014年就开始探索，找一个出路，我就萌生了自己出来创业的想法……我对前景的把握、对产品的把握、对行业动态的把握，有了这个基础，我觉得我应该到了出来做的时候，所以我就自己出来拉团队了
	了解痛点	A22 后来我们做了大量的市场调研，了解了这些养花种菜的人的一些痛点，把这些痛点总结起来之后，我们觉得这个市场是非常适合我们的，所以就做了这个项目
问题应对	克服困难	A03 去克服每一个困难
	解决技术难题	A03 其实技术刚开始会成为最大的障碍，但最后的障碍肯定不是技术，就是你经过自己的挖掘，你会发现，技术上的问题都可以解决
		A18 首先我们肯定有一个分工，比如技术类问题出现，本身我们对产品有一个规划，我要做一个什么东西，就分解出来，然后实现哪一功能，这些功能需要哪些技术和材料，就想办法把它弄出来，再比如说，哪里不行，要改进，或什么公司会有专人进行开会讨论，其他问题，如资金、市场，也是一样的
	解决问题	A24 你如果连这个都没有办法解决的话，你敢叫自己创客吗？你需要把自己想的东西做出来，那么我有很多方法，如果我找不到，我可以在论坛里面请教人，我可以看看曾经的人是怎么做的，去查查资料，现在资料其实不缺，很全的，我还可以找这个行业里面的人帮我做，甚至我花钱都可以，所以某些程度来讲，没有不能解决的问题

范畴	初始概念	原始语句
方案选择	分析判断	A24 找到这些资料之后，我去分析，然后去判断，然后找到方法去解决它
	选择方法	A17 因为一个问题有很多解决方法，我选择的是这种方法，然后我不知道这条路走下去会怎么样，而他其实是另外一种方法，然后我们在这当中形成一种共识，把这个问题最好、最快地去解决
获取知识	获取知识和经验	A02 有时候会上知乎看一些别人对于创业领域的一些分析、对于创业模式的设计……我就是利用这些资源多获取了知识和经验
		A20 他会形成创客的圈子以及创业这个圈子，有了这个圈子之后，你会走得更快，交流之后，你就可以避免走其他人走过的弯路
		A24 我从我身边的这些资源找到我想要的东西
	咨询他人	A03 技术就是一点一点钻研咯，因为网上也有很多资料，找不到的话那就去找国外的技术大牛，去找他们问
		A03 如果我们解决不了的话，首先是去网上问一下，去知乎上问，但是最主要的可能还是去找一些自己的老师或者认识的大神去咨询一下
		A17 别人做好的东西，我们在短时间内把它吸收了，并且让它成为自己的东西
	向他人学习	A20 技术问题我们就靠网络自己去学习，还有跟一些认识的技术大牛去学习，最主要是靠自己了
	网上搜寻资源	A23 比较复杂的问题就会去找深圳 DIY，简单的就自己搞定，一般都可以自己搞定。其实国外的资源非常多，基本上你能想到的、遇到的问题都能找到答案。就是这个资源，因为它是开源的，所以资源是非常丰富的。比如说上次的那个沙盘，我们尝试过自己写代码，搞了一个多月，没有什么进展，然后用它的源代码可能一晚上就调出来了，开源的东西可以加快你的开发
知识共享	公开个人知识	A03 我已经把我之前做的这个项目的所有源码贴到我的博客上了，已经公开了，但是一些具体细节，可能还真的没办法说，因为每一个东西不一样，因人而异，我遇到这个问题，你可能会遇到别的问题，如果有人在下面留言，这个东西怎么弄，我也会告诉他
	回答他人问题	A17 他在我们的群里，或者单独私下里问我问题，我不会因为没时间而不回答他，我肯定会抽时间，而且很详细地解答，让他得到一个很满意的答案
	开源建设	A03 我觉得这也是对我的一个认可，如果你不知道怎么弄就会很着急，如果别人告诉你你会感激，你就设身处地想一下，如果别人想知道的问题答案，你也刚好知道的话，就会发自内心地想要帮助他一把，就这样，算是开源建设吧
	经验分享	A17 我们是从东西做出来之后才参加了好多活动，湖南省很多活动我们都参加了，比如说湖南省第一届创客展览会，湖南省有很多创客空间，他们会邀请我们过去做分享
		A23 在这个地方，你可以和不同行业的工程师交流，那些人可能是你平时接触不到的成功的人，比如说造这个录音笔，各个行业的工程师一起来把它做出来，这种知识分享的氛围是很强烈的
		A24 分享也很重要，这东西我没有，那你帮我，我们大家一起去做一做，那么这才是一个真正的创客精神

范畴	初始概念	原始语句
探索式 创新	国内首创	A17 比如说我们当时搞出来的那个算法，那一套的东西，其实不难，但是几乎没有人搞出来，老师说了国外也没有人搞出来，至少我没查到，但是国内确实是没人搞出来
	全国第一款	A19 目前来讲，这样的产品是全国第一款，所以外观结构，软件功能全部申请了专利
利用式 创新	缺乏原创	A22 深圳这些创客在原创这个理念上面缺了一点东西，超前一步的能力还是差，就是说做从 0 到 1 的事情，或者是从无到有的事情
	借鉴他人做法	A22（也就是说，你的这个产品是根据别人的已有成果，然后根据市场需求去做的）大致是这样子，因为我还是借鉴了他们的一些做法
	抄袭	A24 国内你看到更多的，反而是一些 "copy"，就是抄袭
产品 商业化	找市场	A02 出了新的东西，我再去找相对应的市场
	成本控制	A03 我们是打算卖给学生，所以说成本肯定不能太高
	商业化意愿	A17 冲击了我们的观念，我们以前就是分享，好玩，做有意义的事情，但现在某种程度上我也会考虑，这玩意儿能不能赚钱
	转化	A18 有一部分会转化，会从第一部分转化到第二部分，因为你再怎么玩，也要钱来支持的
	网上售卖	A20 我们把我们做的这个东西放在网上去卖，在淘宝上开一家店，一个月的出货量也就是一两万吧
		A20 像这种，做无人机，到网上去售卖，然后回笼一部分资金，来不断运转，最后可能资金越来越多，能够维持我们的运转
创造力	打开思路	A13 那次创新大赛真是让我开了眼，也打开了思路
	产生灵感	A17 不知道为什么，我坐在家里就想不出来，一去空间坐着，就会有好的灵感
创客创 新绩效	运用前沿技术	A02 像现在比较火的人工智能、大数据、物联网，我们都有关注，在做模型的时候也会尽可能地去往这边靠，毕竟热嘛，大家都很关注，国家也重视
产品创新 绩效	想法有趣	A13 我们的 idea 还是有很多人认可的，普遍都觉得还是个很有意思的东西
	商业价值	A24 创客做的很多东西是没有价值的，是没有商业价值的
	大赛获奖	A22 我们这个项目在去年的双创大赛上是获过奖的
产品销量	买的人多	A02 是有市场的，有很多老客户催着让我们生产，客户反馈都很好，买的人也不少
	销量不高	A18 目前销量还不太高，我们现在主要是做口碑，走质量而不是走数量
互动行为	创客互动	A01 创客活动除了展示不同的作品之外，还有一个特点就是会现场教你怎么做个东西，会有很多互动，这个我觉得挺好的
		A01 自己如果不会做可以找研发部门和软件部门的小伙伴帮忙
	交流知识	A17 大家会交流知识，像我一个工科的学生，可以学习更多技术知识
	交流联系	A23 柴火空间和现在的社区让创客之间有更多的联系，让大家有更多的交流
持续参与	坚持	A03 坚持待在蓝杰
	持续创新	A20：（你们一直在持续吗？那你们为什么会一直持续呢？）兴趣，兴趣是最大的动力

续表

范畴	初始概念	原始语句
创新速度	进度加快	A06 他们的支持，让我玩得更嗨，进度加快……他们支持以后，我玩东西的速度也加快了
	产品研发速度	A20 什么都可以在网上买，但是需要两三天，每一个零件都两三天的话，这个时间会很长，如果在这儿的话，我拎着一个书包去华强北，一条街，从这头走到那头，我要买的东西就齐了，两个小时解决两天或者三四天物流解决的问题，这样我的企业的成长，包括研发的进度周期会大大加快

注：A×× 为第 ×× 位被访者的回答。

资料来源：笔者根据访谈资料整理所得。

通过开放式编码，研究者编码了 147 个初始概念，并最终归纳为 55 个范畴，分别为：商业成功、获取融资、创业赚钱、改善生活、助力工作、沉没成本、组织归属、亲社会性、同行认可、社会交往、主观规范、兴趣爱好、自我肯定、经验学习、求异思想、自我满足、价值实现、线条、色彩、声音、温度、气味、制度激励、创新氛围、政策激励、融资支持、政务效率、创业氛围、市场环境、人才环境、教育环境、金融环境、创新支持、空间培训、知识基础、知识利用、创新思维、理论转化、竞赛活动、机会识别、问题应对、方案选择、获取知识、知识共享、探索式创新、利用式创新、双创大赛参与、产品商业化、创造力、创客创新绩效、产品创新绩效、产品销量、互动行为、持续参与、创新速度。

3.3.2　主轴编码

主轴编码是对开放式编码过程中所获得的范畴进一步整理和归纳，弄清每个范畴所属性质并挖掘范畴之间关系类型，进而得到主范畴的过程（Corbin & Strauss，1990）。这一步骤的目的是为了确立各范畴之间的关系。在上一步开放式编码的过程中，研究者仅仅对原始资料中所蕴含的概念和范畴进行了简单罗列，并未仔细挖掘范畴之间的关系，而在主轴编码这一步中，研究人员就需要进一步思考范畴之间的关系，常见的关系类型有从属关系、因果关系、相似关系、结构关系等。如通过开放式编码形成的"商业成功""获取融资""创业赚钱""改善生活""助力工作""沉没成本"等初始范畴，可整合出如下"轴线"：在创客运动的背景下，大众或为了创业赚钱，或为了改善生活，或为了助力工作，或为了获得融资，或为了商业成功，而主动参与创客运动，抑或是大众为了避免产生沉没成本而被动参与创客运动。基于上述分析，这 6 个初始范畴可被整合为经济动机这一主范畴。在主轴编码中，研究者对开放式编码中所获得的 55 个范畴进行了进一步的梳理，最终归纳得到了 11 个主范畴。这 11 个主范畴分别为：经济动机、社会动机、物理环境、文化环境、政治环境、经济环境、社会环境、学习能力、创新能力、行为和绩效。主轴编码的结果见表 3 – 3。

表 3 – 3　　　　　　　　　　　　　　主轴编码形成的主范畴

主范畴	对应范畴	关系的内涵
经济动机	商业成功	创客为了获得商业领域的成功而参与创客运动
	获取融资	创客为了获得融资而参与创客运动
	创业赚钱	创客为了获取金钱报酬而参与创客运动
	改善生活	创客为了改善现有的生活状态而参与创客运动
	助力工作	创客为了更好地助力自己的日常工作而参与创客运动
	沉没成本	创客因不愿损失已交付的成本而被动参与创客运动
社会动机	组织归属	创客为了寻求组织归属感而参与创客运动
	亲社会性	这类创客参与创客运动是为了创造社会价值，他们常常以社会问题作为创意的来源，试图帮助他人，改变他人的生活，如提高大学生的安全意识
	同行认可	创客出于求名、获得同行业者的认可的目的而参与创客运动
	社会交往	创客出于认识他人、结识朋友的目的参与创客运动
	主观规范	创客因受到社会主观规范的压力而被迫参与创客运动
	兴趣爱好	创客受非经济回报激励，主要为了实现自己的内在兴趣和爱好而进行创新创造，如黑客、DIY 爱好者、学生和教育工作者等
	自我肯定	创客由于对自我的肯定、信心与认可参与创客运动，具有这种目的的创客的自我效能一般较高
	经验学习	创客出于学习新知识（如技术知识、课外知识、其经验等）的目的参与创客运动，具有这种目的的创客非常享受在创造中学习的过程
	求异思想	创客为了凸显自身与他人的不同而参与创客运动
	自我满足	创客为获取成就感，进行自我满足而参与创客运动
	价值实现	创客为了实现自我的人生价值而参与创客运动
物理环境	线条	创客进行双创活动时所处环境内的建筑物的曲度
	色彩	创客进行双创活动时所处环境的颜色
	声音	创客进行双创活动时所处环境的声音
	温度	创客进行双创活动时所处环境的温度
	气味	创客进行双创活动时所处环境的气味
文化环境	制度激励	政府或众创空间为激励大众参与创客运动所制定的激励制度
	创新氛围	创客在众创空间中对组织鼓励其进行创新的感知，是对组织文化环境的一种主观认知
	创业氛围	创客进行双创活动所在地民众的创业热情、创客积极性以及对创业的认可程度
	创新支持	政府或众创空间为保障创客创造活动的正常进行所提供的支持，包括活动赋能、资源支持、设备/工具支持、平台支持、资金支持、聘请老师指导创客等
政治环境	政策激励	政府为激励大众参与创客运动所制定的激励性政策
	政务效率	政府在和创客运动相关的政府服务方面的效率

续表

主范畴	对应范畴	关系的内涵
经济环境	融资支持	政府或众创空间为保障创客成功进行产品商业化所提供的支持,包括为创客提供创业资助、邀请风投入驻众创空间等
	金融环境	创客融资的难易程度、投资人的聚集程度以及投资人的风格
	市场环境	创客进行双创活动所在地的产业环境,包括供应商环境、竞争环境、市场氛围等
社会环境	人才环境	创客进行双创活动所在地的人才资源的丰富程度与人才聚集的程度
	教育环境	创客进行双创活动所在地的教育理念与教育方式
学习能力	空间培训	创客通过参加众创空间举办的关于政策解读、技能提升等培训活动获取新知识
	知识基础	创客所具备的技术、管理、金融等开展双创运动所必需的知识,这些知识有利于创客对新知识的吸收与内化
	知识利用	创客将所获取的知识用于后续的创新创造中的能力
	获取知识	创客从各类知识获取渠道中获取知识的能力,创客常用的知识获取方式有咨询他人、向大牛学习、网上搜寻资源等
	知识共享	创客将自身知识或从他人处吸收得来的知识传授给他人的能力
	机会识别	创客把握行业发展趋势、洞察潜在机会的能力
	问题应对	创客解决创新创业过程中所遇到的各类问题的能力
	方案选择	创客通过分析判断,从各个备选方案中选择最优方案的能力
创新能力	创新思维	创客进行发明创造所需要具备的思维,包括发散性的思维、联系性的思维等
	理论转化	创客将想法变为现实的能力
	竞赛活动	国家、众创空间或企业等为鼓励大众参与双创运动而举办的创新创业大赛
行为	探索式创新	探索式创新需要打破公认的思维模式,并寻找超越既定方向的知识,以克服内部搜索的局限性
	利用式创新	利用式创新战略的个人在既定框架内产生想法,并主要在其已有的知识库中寻找知识
	双创大赛参与	创客参与国家、企业或众创空间等各类主体举办的创新创业大赛的行为
	产品商业化	创客通过找寻市场、挂网售卖等方式将制作出来的产品进行商业化的行为
	互动行为	创客之间互相交流、互相帮助,以实现知识交换的行为
	持续参与	创客持续参与创客运动,继续进行创新活动的行为
绩效	创造力	创造力是指产生原创和有价值想法的能力,可分为发散型创造力和聚合型创造力。发散型创造力是对一个问题产生尽可能多的想法的能力。聚合型创造力是指对各种概念进行整合并使用聚合思维鉴别最佳想法的能力
	创客创新绩效	创客运用各种工具创作出具有创新性的产品的能力
	产品创新绩效	创客所创造出来的产品的新颖性、趣味性、前沿性等
	产品销量	创客创造出来的产品在消费市场上的销量
	创新速度	创客制出一个创新产品所需要的花费的时间

资料来源:笔者根据相关资料整理所得。

3.3.3　选择性编码

选择性编码是从主轴式编码中所确定的主范畴中选取核心范畴,并以故事线的形式描绘核心范畴与主范畴之间关系的过程。首先，结合原始资料对 11 个主范畴的内涵进行分析。研究者发现，"经济动机" 和 "社会动机" 两个主范畴是大众参与创客运动的关键动力所在，可归纳为 "动机"；"物理环境" 和 "文化环境" 两个主范畴能够反映大众参与创客运动所面临的外部机会，可归结为 "机会"；"学习能力" 和 "创新能力" 两个主范畴是大众参与创客运动所必备的两种基本能力，可归纳为 "能力"；"行为和绩效" 对应 "大众参与创客运动" 这一核心范畴。其次，基于上述分析，研究者得到动机、机会、能力和大众参与创客运动这四个核心范畴。由这四个核心范畴所构成的故事线如下：动机、机会和能力这三个核心范畴均对大众参与创客运动存在显著影响，其中，动机和能力是内部影响因素，机会是外部影响因素，它们都直接影响大众参与创客运动；同时，环境和能力还会调节动机与大众参与创客运动之间的关系。选择性编码结果见表 3 - 4。

表 3 - 4　　　　　　　　　　主范畴的典型关系结构

典型关系结构	关系结构的内涵
动机——大众参与创客运动	动机是影响大众参与创客运动的内驱因素（内因）
能力——大众参与创客运动	能力是影响大众参与创客运动的内驱因素（内因）
环境——大众参与创客运动	环境是影响大众参与创客运动的外部因素（外因）
环境 ↓ 动机——大众参与创客运动	环境是大众参与创客运动的外部情境条件，它影响动机—大众参与创客运动之间的关系强度和关系方向
能力 ↓ 动机——大众参与创客运动	能力是大众参与创客运动的内部情境条件，它影响动机—大众参与创客运动之间的关系强度和关系方向

资料来源：笔者根据相关资料整理所得。

3.3.4　理论饱和度检验

在选取 2/3 被访者（即 16 人）的原始访谈资料进行三级编码后，研究者又接着对其余 1/3 的被访者（即 8 人）的原始访谈资料进行了三级编码，以用于理论饱和度检验。检验结果显示，新增加的 8 份原始访谈材料已无法编码出更多的范畴，这说明已有范畴已经能够囊括剩余材料中的所有理论线索。此外，研究者也未能从新增加的材料中挖掘出各范畴之间的新的关系，这说明已有对范畴关系的界定已足够饱和。综上所述，"动机—机会—能力" 的整合理论模型是饱和的，由此，提出了如图 3 - 3 所示的理论模型。

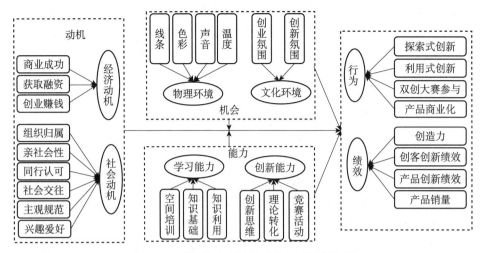

图 3 - 3　大众参与创客运动的驱动机制模型

注：图中实线为本书实证研究的内容。

3.4　主要研究发现

通过前面的分析发现，基于"动机—机会—能力"的整合模型可以有效地解释大众参与创客运动的驱动机制。具体来说，大众参与创客运动的影响因素可以归纳为三个主范畴，即动机、机会、能力，但它们对大众参与创客运动的作用机制（即它们影响大众参与创客运动的方式和路径）并不一致。下面围绕动机、机会和能力影响大众参与创客运动的方式和路径展开具体的阐述。

3.4.1　动机对大众参与创客运动的作用分析

动机是指个体想满足其内在需要和利益的欲望和准备程度（Gruen et al.，2005）。个体自身的这种欲望和驱动力越强，其动机越强，参与行为发生的可能性就越高。从本章节的扎根理论研究可知，经济动机和社会动机是大众参与创客运动最主要的两大影响因素。

3.4.1.1　经济动机

经济动机是指个体希望通过参与创客运动改善其所处的内在和外在环境，以获得更多的经济利益，包括商业成功、获取融资、创业赚钱等。个体对这些经济利益的渴望越强烈，其参与创客运动的可能性越高。

一部分创客主要受商业成功动机所驱动。例如，A06 提出，"虽然可能不太现实，但是我想说，我想成为像马云那样的家喻户晓的知名企业家（成为知名企业家——商业成功）"。A09 说，"肯定还是想把这个东西拿去商业化，要是运气好，我这个产品能爆红就更好了（产品爆红——商业成功）"。

一部分创客参与创新创业主要是为了获得融资。例如，A23 指出，"希望投资人能突然找到我，一夜暴富……国家在提创客这个概念，就标榜自己是创客，然后做些东西去拉投资（拉投资——获取融资）"。

一部分创客则旨在赚更多钱。例如，A05 表明，"当时最重要的原因实实在在地说就是想挣钱（赚钱——创业赚钱）"。A19 表示，"创客毕竟还是以效益、以规模为前提的，以利益为前提的创客……你可以把这样的创客通俗理解为创业者，我们现实当中是这么理解的（效益和利益——创业赚钱）"。

3.4.1.2　社会动机

社会动机是指个体希望通过参与创客运动帮助他人、回报社会，提高社会福利，履行作为良好公民的社会责任。社会动机既包含帮助他人的利他动机，也包含自我价值实现的利己动机。根据马斯洛的层次需求理论，个体在满足了生理、安全等基本需求之后，会追求更高层次的尊重需求和自我实现需求，而参与创客运动可能会为他们带来良好的声誉，提升创客的社会形象和地位，满足他们的尊重需求和自我实现需求。通过本书的深度访谈和扎根研究发现，大众参与创客运动的社会动机包含了组织归属、亲社会性、同行认可、社会交往、主观规范和兴趣爱好等，获取这些利益的欲望越强，大众参与创客运动的可能性越高。

第一个社会动机是找到组织，获得组织归属。例如，A03 所言，"这方面就感觉是找到组织了，找到跟自己很像的人，大家都对技术感兴趣，对技术都有执着的追求，也就是说，和自己比较合得来（找到组织——组织归属）"。A15 也强调说，"我特别开心来到这里，大家都互相帮助，很像一个大家庭，即使是刚开始来的新人，也能感受到这种归属感（大家庭——组织归属）"。

第二个社会动机是解决社会问题，受亲社会性所驱动。例如，A02 强调，"我做一个东西的时候，不会过度地考虑怎么去盈利，可能会考虑这个东西有什么用，能解决什么社会的问题（解决社会问题——亲社会性）"，而且，"其实你做一个事情的时候，他的目标是多维的，是多个维度的，我当时有很多的维度，比如说社会价值（创造社会价值——亲社会性）"。另外，A17 认为，"（我）特别热心公益这一块，我感觉那一段的活动对我后来做创客是有帮助的，因为我在那段经历里面总结出来一点就是，去帮助别人有很多种方式，改变别人也有很多方式。所以我后来做创客的时候，包括带学弟学妹做创客的时候，我跟他们强调最多的一点就是，你做的每一个小小的改变都是对创客进行了一个拓展和延伸（帮助他人——亲社会性）"。

第三个社会动机主要是为了获得同行认可。例如，A20 指出，"一种赞许的眼光，之前我们做平衡车，直立的平衡车，自己造了一辆，学校转了一圈以后，非常拉风。后来又做了个独轮的，又帅爆了。对于我来讲，我特别想得到别人的认可（同行认可）"。另外，A17 提到，"后来他跟我们说，其实你们这样挺好的，他本科生的时候就没有这样，他说你们做出来的东西会影响学弟学妹，你们就应该有这种想法，就是要留下点东西给学弟学妹。我也是为了这个想法，我在乎的是名声，我不在乎钱（留名——同行认可）"。

第四个社会动机是想结识更多朋友，满足社会交往需求。例如，A13 提出，"就是希望可以在创元素结识一群志同道合的朋友（结识朋友——社会交往）"。A09 表示，"还有机会认识广州美术学院的工业设计师，听听他们的想法，以及对产品的理解（认识他人——社会交往）"。A03 也指出，"我觉得好啊，可以去跟别人交流总是好的嘛……接触了很多以前完全没有见过的人（交流——社会交往）"。

第五个社会动机主要是想融入集体，满足自身主观规范。例如，A09 表明，"主要是受室友影响，我有三个室友，有两个都在做，当时大一，为了尽快融入他们，所以我也就参与了（融入集体——主观规范）"。A03 表示，"我就是随大流，身边有人在搞，就一起搞了（随大流——主观规范）"。A20 也提出，"我的朋友们都在那边，我感觉我不一起的话有点不合群（怕不合群——主观规范）"。

第六个社会动机主要涉及自身兴趣爱好，旨在满足自身喜好和享乐需求。例如，A17 表示，"我自己本身就喜欢做这一块的东西，因为我是工科生，从小喜欢拆东西，家里能拆的电器基本上都拆了，然后装不回去，还有自己的一些小玩具赛车什么的（喜欢——兴趣爱好）"。A13 也强调说，"当时我同学在朋友圈里发了创元素的仪器设备和作品，我感到很有趣，于是主动去找那位同学，就这样加入了创元素（有趣——兴趣爱好）"。

综合上述分析，大众不管是出于经济动机（为了获取商业成功、融资、创业赚钱等经济利益）还是社会动机（为了满足组织归属、亲社会性、同行认可、社会交往、主观规范和兴趣爱好等社会利益），都可能会做出参与创客运动的行为决策，其经济动机或者社会动机越强，就越可能参与到创客运动中来。而且在实际参与的过程中，个体的经济动机和社会动机具有交叉性，作为"理性人"和"感性人"并存的个体所做出的决策往往是考虑了多方面因素的综合结果。如 A04 所言，"我想找一个能让我自己快乐又可以赚到钱的事情（兴趣爱好、赚钱）"。A20 则提出，"首先是要追随自己的兴趣，有梦想，是想要去改变世界，改变自己，让自己看起来与众不同（兴趣爱好）。走出校门以后，我们就面临着要生存，要生存的话我们就要么是找工作，要么是自己创业，只有这两条路，不可能吃家里边的，然后如果创业的话我们就得找一些我们做过的产品，或者说我们有过的技术来产生一些新的创意，通过创意变成产品来掌握自己的财富（获取财富)"。

3.4.2 机会对大众参与创客运动的作用分析

机会是指大众参与创客运动的外部环境。外部环境越有利于大众参与创客运动，大众参与创客运动行为发生的可能性就越高。从扎根理论分析的结果来看，大众参与创客运动的机会主要包括大众所处的众创空间物理环境和文化环境，两者会直接影响大众参与创客运动。其中，物理环境包括众创空间的线条、色彩、声音和温度等，文化环境包括创业氛围和创新氛围等，物理环境越舒适和文化环境越浓厚，大众参与创客运动的可能性就越高。

3.4.2.1 物理环境

物理环境包括众创空间内的线条设计、色彩的冷暖、温度的高低、环境声音的大小、空间的宽窄、环境的优美程度等，它能够在不知不觉中使创客的创作心情、创作心理和工作状态等受到感染或影响，从而对创客的创新创业产生影响。物理环境是创客进行正常工作的基本物理空间，也是众创空间为创客参与空间活动实现高效管理的前提。通过深度访谈和扎根理论研究发现，影响大众参与创客运动的物理环境主要包含线条、色彩、声音和温度等。众创空间的物理环境越舒适，大众参与创客运动的积极性越高。

在线条方面，创客更关注众创空间的室内设计及设备设施的外观。受访者的一些代表性观点如下：A03 提出，"会议室的桌子都是那种椭圆形的，大家可以围坐在一起，有时候讨论想法，有时候讨论模型，有时候还会一起玩玩桌游放松一下，都是很方便的（圆形桌子——线条设计）"。A21 则强调，"是设计吧，因为我们想吸引的都是一些比较有活力、比较好的团队，他们也挺看重办公环境的，一些国外的团队过来这里，他们都觉得这里线条感很强，很现代，很漂亮，很适合他们工作（外观—线条设计）"。

在色彩方面，创客们比较关心众创空间物理环境中的颜色搭配。例如，A15特别指出，"我们工作地方环境也特别好，整体的颜色搭配很好看，会给我一些灵感和刺激。特别是墙上的那些挂饰，都是经过了特别的挑选和设计的，我很喜欢待在这个环境。我的朋友们也特别愿意来这里和我一起创作（颜色搭配——色彩）"。

在声音方面，创客更在意的是众创空间的环境是否有噪音、是否安静等。如A18 表示，"我们空间其他地方都挺好，就是环境噪声比较大，长期待在这里挺不舒服的。我已经很多次向负责人反映过这个问题了，他们也承诺一定会给我们解决（噪音——声音）"。A09 表示，"因为我们这儿位置比较偏，所以人和车不多，就还挺安静，有些时候需要思考一些事情的时候就很方便（安静——声音）"。

在温度方面，创客们也比较在意众创空间的冷暖设备设施的配置。例如，A20 表示，"这里就有一点不好，没有空调。我们当时是夏天进来的，你知道长沙夏天又很热，只有个风扇吹，一天下来，整个衣服都湿透了（没有空调——温度）"。

3.4.2.2　文化环境

文化环境是群体在长期交流过程中形成的一种相对稳定的精神文化观念体系，主要是指整个社会中营造出的创新创业导向的文化氛围以及众创空间内部的创新氛围，即大众所感受到的创客空间所传递的各种有关创新创业的信息。良好的文化环境是促进大众参与创客运动、提升创新创业绩效的关键。

关于创新的文化氛围，受访者的一些代表性观点如下：A03 提出，"如果有个很好的氛围，比如说在 P8，就是大家真的是一群我以前没有见过的那样思维的人，因为每个人都会有自己的思维，然后做出来的东西可能都有局限性。我跟他们交流，这个氛围可能就是融合了很多个文化在里面，就能做出来更让大家觉得满意、更惊喜的一个东西，所以氛围真的很重要（思维碰撞——创新氛围）"。A23 表示，"绝大多数是比较浮躁的一个动机，真正在这里沉下心来做东西，在这里聊技术，有这种氛围的人非常非常少，这就是实际情况（氛围浮躁——创新氛围）"。

关于创业的文化氛围，受访者的一些代表性观点如下：A17 指出，"深圳的创业氛围特别浓，创业文化特别丰富，它的创客或者创业，尤其是能孵化的那种东西，他们不可能做创客的过程就考虑到一些可能的发展空间在里面。这个东西，就比如说我有一个好的想法，就是你给我分析一下发展前景（创业文化——创业氛围）"。A19 认为，"上海其实是一个国际金融、贸易中心，那边的人创业热情高（创业热情——创业氛围）"。

物理环境和文化环境不仅是直接影响大众参与创客运动的外部情境因素，同时也是经济动机和社会动机得以实现的强化因素，即物理环境和文化环境是动机和创客运动参与行为之间的调节因素。良好的物理环境和文化环境会极大程度地促进大众创新创业效率的提升。有受访者表示，创新氛围能够强化社会动机对创新行为的影响。例如，A20 指出，"比如说像我们做这些展柜里的电路板的，想要实现社会价值，只能是来深圳这边做，深圳的创新氛围太好了。我和我的天使投资人考察了很多次以后发现，还是尽快来深圳吧，然后我们就迁过来了，就是来这边申请专利的，随便来这边的孵化园，进来一问，发现这个机会太好了"。受访者也强调，创业氛围也能够强化经济动机对创新创业绩效的影响。例如，A18 表示，"北京是政治经济中心，你创业需要资金的话，北京相对资源更好，更加方便，创业氛围也浓厚。另外，深圳和北京的投资风格有南北差异，北京比较大方，毕竟是首都，也是政治中心，就是说，可以理解成，深圳这边因为制造集群，所以这边繁荣，而北京那边可能是资本的集中"。

3.4.3 能力对大众参与创客运动的作用分析

能力是指个体参与创客运动、完成创新活动所需要具备和积累的知识、技巧和经验等。从扎根理论研究结果来看，学习能力和创新能力是影响大众参与创客运动最主要的两大能力因素。良好的学习能力和创新能力不仅有利于大众参与创客运动，也极大程度上促进了大众创新效率的提升。

3.4.3.1 学习能力

学习能力是指大众对已有知识的整合和新知识的获取、吸收和利用。大众通过学习获得复杂的、多样性的知识基础，不仅可以降低创客运动技术准入的限制，提升大众参与创新创业活动的意愿，同时还可以提高其创新创业绩效。通过深度访谈和扎根研究发现，首先，个体参与培训活动越多，就越能提升其新知识的获取进而提升其学习能力；其次，个体的知识基础越好，其学习能力也越强；最后，对新旧知识的吸收利用率越高，其学习能力也越强。因此，影响大众参与创客运动的学习能力包括培训活动、知识基础和知识利用。

第一，培训活动方面，技能课程的设置和讲座的举办等是影响创客创新创业的关键要素。例如，A23 提出，"我八九月份的时候参加过两次活动，这边的活动主要有两种，一种是教编程以及基本的硬件使用，另一种是讲座，就是会请到国外很优秀的团队过来，比如说在互联网上面众筹成功的团队讲自己的创客经验（技能课程——培训活动）"。

第二，知识基础方面，同行的知识经验分享和专业知识的普及是影响创客创新创业的重要因素。例如，A02 表示，"有时候会在知乎上看一些别人对于创业领域的分析、对于创业模式的设计……我就是利用这些资源多获取了知识和经验（获取经验——知识基础）"。A08 则强调，"我觉得创业需要对软件、硬件、电气、机械等有一定的了解。如果你一个人做的话，这些东西你都要懂，才能提升你的绩效（懂各类知识——知识基础）"。

第三，知识利用方面，开源资源的共享以及专家的建议等也会影响大众参与创客运动。例如，A23 指出，"比较复杂的问题就会去找深圳 DIY，简单的就自己搞定，一般都可以自己搞定。其实国外的资源非常多，基本上你能想到的、遇到的问题都能找到答案。就是这个资源，因为它是开源的，所以资源是非常丰富的。比如说上次的那个沙盘，我们尝试过自己写代码，搞了一个多月，没有什么进展，然后用它的源代码可能一晚上就调出来了，开源的东西可以加快你的开发（利用开源资源——知识利用）"。A03 表示，"如果我们解决不了的话，首先是去网上问一下，去知乎上问，但是最主要的可能还是去找一些自己的老师或者认识的大神去咨询一下，其他人给我们的建议我们都会记着，然后根据他们的建议去找相应的资料，再把我们看到的东西应用到我们的后续研发中（吸纳建议——知识利用）"。A17 提出，"别人做好的东西，我们在短时间内把它吸收了，并且让它成为自己的东西（变为己用——知识利用）"。

3.4.3.2　创新能力

创新能力反映了个体创造新产品的水平，是指个体通过对新知识或对已有知识的新组合或者新应用，进而产生能够创造出有价值的技术或者产品的能力。创新能力高的个体由于竞争力强，会对大众参与创客运动有直接的影响作用。通过深度访谈和扎根研究发现，发散性和联系性的创新思维越强，个体的创新能力越高；个体的理论转化能力越强，创新能力越高；个体参与创新创业等竞赛活动越多，也会提升其创新能力。因此，影响大众参与创客运动的创新能力包括创新思维、理论转化和参与竞赛活动等范畴。

其一，创新思维会影响大众的创新能力。受访者的一些代表性观点如下：A18 提出，"更多的是拓宽，我技能多的话，我就会将两种毫不相关的东西相结合，做出一个新的东西，会有这方面的帮助。视野宽，见得广，像我们这位就是智能硬件全部都懂，那他的想法就会更宽泛，那他做出新东西的机会就比见识少的人更大一点（联想——创新思维）"。A04 表明，"我们想做的是现在还没有的东西，这才是我们的目的，而不是说人家做一个东西，然后我们去抄人家的，当然可以模仿，在他们的基础上发散思考，但是也必须有价值。比如说人家做一个东西成本也许 1 万美金，那我们做出 1000 美金，那么我们就成功了，就是这个意思。那如果别人做出一台机器人，我们也做一台机器人，对不起，对于我们来说没有任何兴趣，我们觉得这是小朋友做的（发散思考——创新思维）"。

其二，动手实践及理论转化是影响大众创新能力的重要因素。例如，A03 强调，"创客可能是真正把自己的想法付诸实践，然后去努力地把自己的想法变成现实的人……把想法变为现实的能力吧（动手实践——理论转化）"。A04 指出，"比如说刚才高二学生的那个项目，其实他那个项目要真正做出来很难很难（做出来——理论转化）"。

其三，创新创业相关竞赛活动也是影响大众创新能力的关键因素。比如，A13 指出，"我们一直在努力地做一些东西，包括参加一些比赛。在今年的全国电子设计大赛中，省一等奖和全国一等奖我们都拿到了，之后就更想去更加广阔的天地试一试身手了（参加比赛——竞赛活动）"。A22 也提出，"在深圳，几乎每个月，你总会看到一些创客大赛，我会经常参加，去年还在保能科技园做过一次评委（创客大赛——竞赛活动）"。

此外，学习能力和创新能力不仅是直接影响大众参与创客运动的内部因素，也是经济动机和社会动机得以实现的强化因素，即学习能力和创新能力是动机和参与创客运动之间的调节因素。当学习能力或者创新能力提高时，会大大促进无论是出于经济动机还是出于社会动机的大众创新创业参与行为和绩效。受访者A19 就表示，学习能力能够强化经济动机对创业的影响，他说，"在 2013 年，我们就发现，除了手机以外的智能产品倾向于细分市场和行业定制。发现这个趋势以后，我在 2014 年就开始探索，找一个出路，我就萌生了自己出来创业的想法……我对前景的把握、对产品的把握、对行业动态的把握，有了这个基础，我觉得我应该到了出来做的时候，所以我就自己出来拉团队了"。

本章研究表明，经济动机、社会动机、物理环境、文化环境、学习能力和创新能力对大众参与创客运动存在显著影响。其中，经济动机和社会动机是前置变量，物理环境和文化环境是外部情境变量，学习能力和创新能力是内部情境变量。在此基础上，本书探索性地构建了上述 6 个范畴对大众参与创客运动的作用机制模型，即动机—机会—能力（MOA）整合模型。这一模型与 MOA 理论模型吻合。MOA 理论认为，个体行为是受个体动机、外部机会和自身能力影响的结果（MacInnis et al.，1991）。与麦肯尼斯等（MacInnis et al.，1991）的模型不同的是，本书研究在 MOA 的理论基础上进行了如下拓展：（1）个体经济动机和社会动机对参与创客运动的影响不仅受到外部情境因素的调节（物理环境和文化环境），而且受到内部情境因素（学习能力和创新能力）的调节。（2）进一步探索了经济动机、社会动机、物理环境、文化环境、学习能力和创新能力等范畴的形成机制和构成因子，对探索大众参与创客运动的驱动机制具有重要的理论贡献和现实指导意义。但是，由于本章提出的大众参与创客运动的驱动机制模型是基于探索性研究得出的，其信效度、推广度尚未经过实证检验。因此，未来研究可以对模型中涉及的变量范畴进行概念化并进行实证检验，以得出模型中各变量之间的确切关系。

第4章 大众参与创客运动的动力激发机制研究

自 2014 年 9 月李克强总理在夏季达沃斯论坛上提出"大众创业、万众创新"以来，国内"双创"运动开展如火如荼，推动大众参与创新创业日益成为深入实施国家创新驱动发展战略的重要支撑、深入推进供给侧结构性改革的重要途径。如今，"大众创业、万众创新"正向更大范围、更高层次和更深程度推进。我国经济也由高速增长阶段转向高质量发展阶段，对推动"大众创业、万众创新"提出了新的更高要求，进一步激发大众参与创新和创业的动力则日益成为国家推动创新创业高质量发展、打造"双创"升级版的重要工作。

动力决定了行为和结果。创新是引领发展的第一动力，是建设现代化经济体系的战略支撑。那么，激发大众参与创新和创业的动力是什么呢？我们又该如何激发大众参与创新和创业的动力呢？利益是人类行动的一切动力。正如诺贝尔奖得主约翰·哈萨尼（John Harsanyi）所言，"人们的行为在很大程度上可以从两个主要利益来解释：经济利益和社会认可"。基于此，本章着重探讨推动大众参与创新和创业的经济动机和非经济动机（包括社会动机）及其作用机制。

创新与创业既相互关联又有所区别。创新和创业是国家和企业发展的动力之源，也是富民之道、公平之计、强国之策。创新活动更多是发生在创客运动的前端，更注重将创意变成现实，以实现自身创新创造需求；创业活动则更多是发生在创客运动的后端，更在乎将创新性的新技术、产品和服务等商业化和市场化，以创造经济和社会收益。考虑到创新和创业的差异，本章区分了大众参与创新的动机和参与创业的动机。其中，4.1 节研究了经济动机和社会动机如何影响创客参与创新，包括探索式创新和利用式创新。4.2 节分析了不同经济动机和非经济动机驱动的创意客和创利客如何参与创业活动，特别是创新创业大赛。

4.1 创客参与创新的动机研究

种瓜得瓜，种豆得豆：经济动机与社会动机对创客二元创新的影响

4.1.1　引言

创客运动正在全球范围内如火如荼地进行。在创客运动中，创客们从事各类物品的创造性生产，并与物理或数字社区的其他人分享其产品和经验（Browder et al.，2019；Dougherty，2012；Halverson & Sheridan，2014；Hatch，2013）。众创空间作为创客开展创新活动的主要载体，正在全球范围内迅速增加，吸引了越来越多的创客加入创客运动。这一趋势在新兴市场更为明显。近年来，中国、印度和南非等国家在大力推进创客运动，兴建了多种多样的众创空间，并不断鼓励大众广泛地参与创新活动，引发了大规模的草根创新浪潮。

在中国双创政策的大力推动下，2019 年，中国已有超过 8000 家众创空间，超过 23 万个创客团队参与了其中的创新创业活动，这些创客所持有的有效知识产权在 2019 年也已经达到 13.43 万件。① 有趣的是，众创空间的创客在创新产出类型上存在很大差异。有的创客更倾向于进行利用式创新，即在现有知识的基础上，通过改进现有产品或服务来满足现有客户或者市场的需求。例如，一个旨在帮助医院临床医生开发新工具的创客团队在一项调查中表示，他们产生的创新想法中有 95% 的方案是专注于修改现有设备或者程序的某一个微小的方面，从而帮助临床医生安全高效地完成现有工作（Svensson & Hartmann，2018）。相反，有的创客更倾向于进行探索式创新。探索式创新需要新知识或背离现有知识库，通过远距离地搜索和利用知识满足新客户或新市场的需求。例如，海恩特斯（Hienerth，2006）发现，一群皮划艇用户参与了小规模社区，以进行全新的设计。他们的创新完全重构了皮艇的艇身构架，创造性地大幅度扩大了艇身中部的体积。在众创空间中，探索式和利用式这两种类型的创新都很普遍。那么，是什么因素驱使创客参与不同类型的创新行为是值得我们思考的命题。

截至目前，已有的研究已经确定了一些与创客创新产出显著相关的特征因素，如人口统计特征（von Hippel et al.，2012）或人格特征（Stock et al.，2016），但尚未充分探讨创客参与创新的动机对个体不同创新行为的影响（Acar，2019；Lakhani & Wolf，2005；Roberts et al.，2006；Stock et al.，2015）。与这些现象有关的被忽视的问题是，众创空间中的创客出于什么样的动机参与创新活动，以及不同类型的动机如何影响创客的差异化创新行为。理解这一问题并挖掘其内在机制具有重大的理论意义。首先，不同的动机通过不同的认知过程，会导致不同的行为模式（Ryan & Deci，2000b；Stock et al.，2015）。其次，关于动机对创新影响的许多研究都将创新看作一个整体，也即将探索式创新与利用式创

---

① 科学技术部火炬高技术产业开发中心：http://www.chinatorch.gov.cn/fhq/tjnb/202012/a4ec6b6755
3d4c35acc9655bf536ec63.shtml.

新视为一个集体捆绑，尚未阐明动机与不同类型创新行为之间的关系。最后，创客的动机可能受到众创空间不同类型政策的影响，也就是说，众创空间可以设计不同的政策，以引导具有不同动机的创客参与不同的创新。因此，更好地理解动机和创新行为之间的关系可以使众创空间更有效地管理创客的创新过程。

基于对来自中国 5 家创客创意社区的 139 名个人创客的问卷调查，本节内容旨在探讨创客不同类型的动机与探索式创新和利用式创新的关系。具体而言，本节侧重于探讨众创空间中创客的两个特殊动机，即经济动机和社会动机对探索式创新和利用式创新的差异化影响。出于经济动机的创客主要是想利用众创空间提供的资源和支持，使其能够成功获得商业化利益或者职业发展。同时，随着众创空间为创客提供了互动和合作的社会环境（von Krogh et al.，2012），也有大量的创客主要出于社会动机加入空间参与创新活动。具有社会动机的创客将自己视为社区成员，并以符合群体规范的方式行事（Acar，2019；Hars & Ou，2002；Lakhani & Wolf，2005）。研究结果表明，创客参与创新活动的动机确实会影响创客进行不同类型的创新行为。具体而言，经济动机会对利用式创新产生积极影响，但是会对探索式创新产生负面影响，因为经济动机迅速形成了以绩效为导向的模式，促使创客将重点放在获得更确定性的结果上和更低风险更有可能成功的项目上。相反，社会动机与探索式创新呈正相关，然而却与利用式创新负相关，因为社会动机会驱使创客更集中于以提升能力为导向的目标，从而导致倾向于挑战更新的项目和愿意承担更高的风险。

4.1.2　理论基础与假设发展

4.1.2.1　众创空间中的创客

创客是一群具有多种身份的人，包括业余爱好人员、工程师、建设者、程序员、初学者、工匠、艺术家和企业家等（Maker Media Intel，2012）。他们聚集在众创空间中，使用空间为他们提供的专业级工具（如 3D 打印设备和激光切割机等）来创造、生产独特的新产品，并在空间内分享他们的经验和创作（Anderson，2012；Dougherty，2012；Halverson & Sheridan，2014；Hatch，2013；Kwon & Lee，2017）。众创空间为创客开展创新活动提供了肥沃的土壤，空间内的基础设施与配套服务吸引大量的创客加入并在其中进行创新创业。因此，众创空间是创客研究最重要的研究情境（Browder et al.，2019；Halbinger，2018；Lang，2013；Svensson & Hartmann，2018）。

已有研究发现，众创空间中的创客会表现出更多的创新行为。一是源于"选择效应"，也即更具创新性的个体本身就倾向于加入众创空间进行创新。哈尔宾格（2018）发现，专业的创新个体会因为众创空间的协作环境主动地选择加入众创空间。二是源于"处理效应",也就是说,众创空间为创客提供的工具、知识和资源等有助于帮助创客提高自身的创新能力。首先,众创空间能够为创客提供有形工具和机器(如激光切割机和 3D 打印设备),明显降低了创客们的创新成本,从而增加了其创新数量(Croidieu & Kim,2018;Lang,2013)。其次,众创空间还提供各种培训课程和不同类型的咨询服务,以帮助创客培养对创新而言至关重要的技能。最后,众创空间营造出开放的知识交流氛围,使创客能够自由地互动、合作和分享项目(Forest et al.,2014;West,2016),这种环境使创客能够获得多种多样的信息,如需求和解决方案,因此可以促进他们的创新行为(von Hippel,1994)。

4.1.2.2 创客在众创空间创新的动机

动机在驱动个人从事创新活动方面发挥着重要作用(Roberts et al.,2006)。根据自我决定理论(self-determination theory,SDT),个体执行任务或从事活动是由外在动机和内在动机共同驱动的(Davis et al.,1992;Deci & Ryan,1985;Ryan & Deci,2000b)。出于内在动机的个体从事一项活动,是因为他们能够从该项活动本身获得自发的满足感与快乐的体验(Deci & Ryan,1985;Gagne & Deci,2005)。典型的内在动机包括乐趣(Osterloh & Rota,2007)、义务、利他主义等(Hausberg & Spaeth,2019;Yu et al.,2007)。出于外在动机的个体会从事可以获得确定性结果的活动或倾向于避免与期望结果不一致的活动(Gagne & Deci,2005)。根据这一定义,与所创造的产出相关的经济效益(如商业化收益)或获得职业发展等可被归类为外在动机(von Krogh et al.,2012)。

创客动机相关的文献主要讨论了创客基于享乐的内在动机(Hausberg & Spaeth,2019;Hertel et al.,2003;Milne et al.,2014;vonKrogh et al.,2012)。20 世纪 80 年代出现"黑客文化"的关键驱动因素之一,是黑客从硬件和软件实验中享受乐趣(Levy,1984;Torvalds & Diamond,2002)。随着众创空间成为创客运动的重要载体(Nonaka & Toyama,2003),研究人员陆续发现,也存在其他内在动因可以解释创客加入众创空间、参与创客运动进行创新活动。与独立创客不同的是,众创空间的创客与空间内的其他创客会形成社会联系。因此,研究人员开始关注与创客社会性相关的内在动机,如社区认同(Bonaccorsi & Rossi,2006;Hars & Ou,2002)。学者们认为,社区认同(也被定义为亲属友好性)是个人为开源社区做出贡献的重要动机(Halbinger,2018;Lakhani & Wolf,2005;Zeitlyn,2003)。喜欢成为社区一部分的创客,会将社区的其他成员视为亲朋,从而愿意与他们进行交流和互动,甚至互相帮助对方完成创新想法(Hars & Ou,2002)。

现有的创客相关研究也挖掘了一系列的外在动机,主要包括声誉(Lerner & Tirole,2002)、互惠(David & Shapiro,2008)和获得经济利益(Hienerth et al.,

2014；Stock et al.，2015）等。已有研究表明，创客群体普遍关注的是创新结果本身（为了业余爱好或自用），与金钱无关。然而，在众创空间中，金钱动机不容忽视。越来越多的创客加入众创空间是为了实现其创新成果的商业化（Halbinger，2018）。目前，已经有研究人员开始注意到创客与金钱相关的外在动机（Browder et al.，2019；Halbinger，2018；Maker Media Intel，2012）。具体来说，这些为了获得经济回报而进行创新的创客通常会出售他们创造的产品来获得经济结果（Acar，2019；Hienerth，2006）。其中一些创客认为，创客的活动是职业成功的一种手段，如获得未来的工作机会或获得商业公司的股份（Hausberg & Spaeth，2019；Lerner & Tirole，2002）。因此，布劳德（Browder，2019）呼吁学者在对创客运动文献进行回顾时探讨创客运动中的商业行为。

已有研究注意到不同动机与创客个人创造力表现的关系（Acar，2019；Lakhani & Wolf，2005；Roberts et al.，2006）。例如，基于享乐的动机是影响创客贡献水平的主要因素，而为获得个人效用而创新的动机会降低创客对创客社区的贡献（Hausberg & Spaeth，2019）。进一步地，阿卡尔（Acar，2019）发现，出于较强学习动机和亲社会动机而进行创新的创客往往无法提出更加合适的方案。学者们分别从创客风险承担倾向（Dewett，2007）、目标设定（Stock et al.，2015）、评价焦点（Mehta et al.，2017）和注意力（Acar，2019）等方面的差异来揭示其中的影响机制。

然而，不同动机类型对创新行为影响的具体机制尚未进行实证探讨。现有研究中，将创客不同类型的动机与其不同类型的创新行为（探索式创新和利用式创新）联系起来的相对较少。大多数文献都讨论了不同的动机如何与个人的努力水平、贡献和创新能力有关，并没有将不同类型的动机与不同的创新行为联系起来。然而，不同类型的动机在本质上是不同的。通过不同的心理过程，不同动机一定会导致差异化的行为模式（Ryan & Deci，2000b；Stock et al.，2015）。因此，本节将探讨创客参与创新的经济动机和社会动机如何影响不同类型的探索式创新和利用式创新行为。

4.1.2.3　创客进行探索式—利用式创新的权衡

学者们经常将探索式创新和利用式创新看作是两种不同的创新行为（Levinthal & March，1993；March，1991）。第一，探索式创新与利用式创新是个体层面生成创新想法的不同思维过程（Audia & Goncalo，2007）。探索式创新需要个体打破公认的思维模式（Audia & Goncalo，2007），寻找超越既定方向的知识，以克服内部搜索的局限性（Fleming，2001；Rosenkopf & Nerkar，2001）；而利用式创新主要需要个体在既定框架内产生想法（Audia & Goncalo，2007），并主要在其已有的知识库中寻找知识（Hagedoorn & Duysters，2002）。第二，探索式创新与利用式创新的关键差异在于这两种创新行为的不确定性和风险水平不一样。与利用式创新相比，探索式创新在成功率和可能的回报方面与更高的风险有关（Levinthal & Mach，1993；March，1991）。因此，当创客参与创新的动机驱使创客更多地承担风险时，可能会增加创客的探索式创新行为；而当动机驱使个人追求更多的确定性结果时，则会诱导其利用式创新行为。第三，利用式创新和探索式创新的思维模式和搜索过程完全不同。同一个人很难同时进行探索式创新和利用式创新，或者在利用式创新和探索式创新的例程之间自如切换（Gupta et al.，2006）。这意味着，同一创客在进行这两种类型的创新之间存在一种权衡，而动机在其中起到了重要的驱动作用。

基于博娜可尔西和罗西（Bonaccorsi & Rossi，2006）提出的框架，本书发现，创客在众创空间中从事创新活动主要有两种典型动机：经济动机与社会动机。经济动机是外在的，创客从事创新活动是为了经济、商业上的利益；社会动机是相对内在的，指创客在空间中产生了归属感与身份认同。成就—目标定向理论提出，不同类型的动机会以不同的方式影响个体从事活动中关注的目标，进而可能影响他们的行为（Stock et al.，2015）。具体而言，出于经济动机的创客在创新过程会更加关注从创新活动中获得成绩（Lee et al.，2003），从而关注确定性结果的获得，这使得他们对风险相对更加敏感，倾向于在更有可能成功的项目上工作，进而会选择从事能够保证获得确定性结果的创新活动——利用式创新。而探索式创新需要进行远距离搜索，且无法保障确定成功的结果（Audia & Goncalo，2007）。因此，提出如下假设。

假设1（H1）：众创空间中，出于经济动机参与创新的创客会表现出更多的利用式创新行为。

假设2（H2）：众创空间中，出于经济动机参与创新的创客会表现出较少的探索式创新行为。

社会动机驱使的创客会将自己视为社区的成员，并以符合群体规范的方式行事（Acar，2019；Hars & Ou，2002；Lakhani & Wolf，2005）。林登堡（Lindenberg，2001）证明，社会关系在基于享受的内在动机中起着核心作用，因此保持与组织规范的一致也是内在动机的一种。出于社会动机进行创新的创客会更加关注创新过程中的目标实现（Cerasoli & Ford，2014）。以完成目标为导向的个体会表现出更倾向于选择具有挑战性的任务，并在面对失败时也会表现出会坚持完成目标的决心（Elliot & Harackiewicz，1996）。在这种涉及个人能力的创新任务中（Dweck，1986；Lee et al.，2003），出于社会动机参与创新的创客可能会具备冒险精神，尝试新领域的知识搜索（Dewett，2007），从而可能更愿意尝试风险更大的探索式创新。因此，提出如下假设。

假设3（H3）：众创空间中，出于社会动机参与创新的创客会表现出更多的探索式创新行为。

假设 4（H4）：众创空间中，出于社会动机参与创新的创客会表现出较少的利用式创新行为。

基于上述内容，本书提出了如图 4 - 1 所示的研究模型。

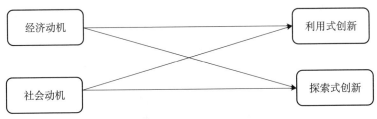

图 4 - 1　创客动机对二元创新的影响模型

4.1.3　数据收集与变量测量

4.1.3.1　数据收集

本节采用随机抽样的方式，对湖南省众创空间的创客进行实地问卷调查以收集数据。首先，从湖南省科技厅众创空间管理委员会随机获得了湖南省 4 家国家级众创空间、4 家省级众创空间的名单与负责人联系方式。其次，通过电话和邮件向 8 家空间的负责人取得联系后，对空间内的创客进行了实地调研，面对面地向创客发放了调查问卷，共发放 200 份问卷，最终收到 193 份答复。由于超过 6% 的数值缺失，54 份样本被剔除，因此留下了 139 份有效问卷，占答复总数的 72%。总体而言，参与者的平均年龄为 26.7 岁，大多数受访者都有高等教育学位，受访者成为创客的时间从 2 个月到 3 年不等。

4.1.3.2　变量测量

本节中使用的调查问卷均参考已有研究使用过的成熟测量量表，为了与本节具体的研究问题相匹配，根据前期对创客的访谈对量表进行了修改。基于以往学者的成熟测量问项，与创新和管理方面的专家相互合作对其进行翻译和反译（英汉—汉英），确保了被翻译题项在跨文化环境中的有效性。所有题项都采用 7 点李克特（Likert）量表，表达从"非常不同意"到"非常同意"。

（1）经济动机和社会动机。经济动机的测量量表主要改编自哈尔宾格（Halbinger，2018）和海恩特斯等（Hienerth et al.，2014）研究使用的量表。结合众创空间和创客的特性，本节对量表进行了适当修改和删除，最终测量量表包括 4 个题项，分别为："我在众创空间里参与创新活动是为了商业成功""我在众创空间里参与创新活动是为了发现商机""我在众创空间里参与创新活动是为了赚钱""我很在乎我的创新成果是否具备经济价值"（Cronbach's $\alpha = 0.906$）。

社会动机的测量量表改编自博克等（Bock et al.，2005）和特温格等

（Twenge et al.，2010）的研究。6 个测量问项分别为："我在众创空间里参与创新活动是为了获得别人的尊重""我在众创空间里参与创新活动是为了获得别人的认可""我在众创空间里从事创新活动是为了扩大我在创客群体中的交往范围""我在众创空间里从事创新活动是为了增强其他创客对我的认同""我希望通过在众创空间里从事创新活动结识更多的创客""我在众创空间里从事创新活动是为了强化我与其他创客之间的联系"（Cronbach's α = 0.932）。

（2）探索式创新与利用式创新。本节使用探索式创新和利用式创新来评估创客个体的创新行为（Jansen et al.，2006）。探索式创新的测量问项包括 4 项："我能在产品（或服务）开发过程中有计划地实施创造性的想法""我在创造全新的东西""我会尝试试验较远市场上的新事物""我从事创新活动时会积极寻找全新的知识、技术和工具"（Cronbach's α = 0.939）。

利用式创新的 4 个题目包括："我的创新工作大多是对现有产品或服务""我会尝试对现有产品或服务进行小规模调整""我会在本领域内尝试更新现有技术""我一般会在我知道的领域内搜索知识"（Cronbach's α = 0.942）。

（3）控制变量。本节分析中共包含 5 个控制变量。第一，性别。男性用"1"表示，女性则用"0"表示。第二，年龄。现有研究中，年龄已被发现是影响用户创新和个人行为方面重要的个人特征之一（Faullant et al.，2012），因此控制了样本的年龄。第三，创客创造力的自我感知。采用 10 项量表控制了自我感知的创造力，包含"我会用新方法来完成目标""我会用新颖可行的方法改善工作绩效"和"我会寻求新的工艺、流程、技术或产品（或服务）创新"等。第四，受教育程度。知识相关变量可能会影响观察到的创新结果，因此控制了创客的受教育程度。受访者被要求填写他们的最高学术成就水平，从"不到高中"到"博士"六个层次，然后将其分别从"1"编码至"6"。第五，受访者成为创客的时长也被控制了，因为这可能会影响创客的创新质量（Mack & Landau，2020）。表 4-1 为构念测量问项。

表 4-1	构念测量问项			
构念与问项	标准化因子载荷	Cα	CR	AVE
经济动机（Halbinger，2018；Hienert et al.，2014）		0.906	0.9061	0.7103
1. 我在众创空间里参与创新活动是为了商业成功	0.888			
2. 我在众创空间里参与创新活动是为了发现商机	0.940			
3. 我在众创空间里参与创新活动是为了赚钱	0.794			
4. 我很在乎我的创新成果是否具备经济价值	0.734			

续表

构念与问项	标准化因子载荷	Cα	CR	AVE
社会动机（Bock et al.，2005；Twenge et al.，2010）		0.932	0.9311	0.6947
1. 我在众创空间里参与创新活动是为了获得别人的尊重	0.747			
2. 我在众创空间里参与创新活动是为了获得别人的认可	0.734			
3. 我在众创空间里从事创新活动是为了扩大我在创客群体中的交往范围	0.802			
4. 我在众创空间里从事创新活动是为了增强其他创客对我的认同	0.815			
5. 我希望通过在众创空间里从事创新活动结识更多的创客	0.953			
6. 我在众创空间里从事创新活动是为了强化我与其他创客之间的联系	0.925			
利用式创新（Jansen et al.，2006）		0.942	0.9426	0.8043
1. 我的创新工作大多是对现有产品或服务	0.866			
2. 我会尝试对现有产品或服务进行小规模调整	0.929			
3. 我会在本领域内尝试更新现有技术	0.909			
4. 我一般会在我知道的领域内搜索知识	0.882			
探索式创新（Jansen et al.，2006）		0.939	0.9401	0.7969
1. 我能在产品（或服务）开发过程中有计划地实施创造性的想法	0.884			
2. 我在创造全新的东西	0.900			
3. 我会尝试试验较远市场上的新事物	0.916			
4. 我从事创新活动时会积极寻找全新的知识、技术和工具	0.870			
创造力自我感知（Zhou & George，2001）		0.963	0.9628	0.7216
1. 我会用新方法来完成目标	0.865			
2. 我会用新颖可行的方法改善工作绩效	0.890			
3. 我会寻求新的工艺、流程、技术或产品（或服务）创新	0.874			
4. 我会用新方法来提高产品（服务）质量	0.860			
5. 我经常有很多创新的想法	0.824			
6. 我会把握机会，将我的创意运用到工作任务上	0.815			
7. 我会对我的创意实施进行合理的计划与进度安排	0.841			
8. 我经常有新的点子和创新性想法	0.815			
9. 我能够以新的角度提出问题	0.862			
10. 我能够以新的方法来执行任务	0.845			
11. 我常使用新的方法来完成工作任务	0.865			

注：Cα 表示 Cronbach's α 系数，CR 表示组合信度，AVE 表示平均提取方差值。

4.1.4 数据分析与结果讨论

4.1.4.1 描述性统计分析

为了确保所使用量表的信度和效度，在假设检验之前进行了几次信效度检验。首先，使用克朗巴哈系数（Cronbach's α）来评估测量量表的信度。结果表明，本量表的克朗巴哈系数为 0.90~0.96 不等，达到了标准水平（Babin et al.，2010），具有较高的信度。此外，所有构念的组合信度均高于 0.7，这说明构念测量可靠性较高。其次，为了检验每个构念问项的一致性和收敛性，进行了探索式因子分析（EFA）和验证性因子分析（CFA）。在 p 值为 0.01 的统计显著性水平上，所有测量题项的因子载荷均显著高于 0.7（Bagozzi & Yi，1988），且其平均提取方差值（AVE）均大于 0.5，这表明本节中各构念的测量具有较好的聚合效度。最后，各构念的 AVE 平方根均大于该构念与其他构念之间的相关系数，这表明本节中各构念的测量具有较好的区分效度（Fornell & Larcker，1981）。综上所述，本量表具有较高的信度和效度。构念测量问项信效度检验结果见表 4-1。此外，本节关键变量的描述性统计和皮尔逊（Pearson）相关系数矩阵也被展示于表 4-2，其中，对角线上是 AVE 的平方根。

表 4-2　　　　　　　　　描述性统计与相关系数矩阵

变量	均值	标准差	1	2	3	4
1. 经济动机	5.491	1.286	0.843			
2. 社会动机	5.170	1.222	0.228***	0.833		
3. 探索式创新	5.288	1.107	-0.479***	0.152*	0.897	
4. 利用式创新	5.302	1.102	0.071	0.430***	0.494***	0.893

注：对角线下半部分是原相关系数矩阵，对角线上是 AVE 的平方根。***p < 0.01，**p < 0.05，*p < 0.1。

4.1.4.2 假设检验

为了检验经济动机与社会动机对创客二元创新行为的直接效应，采用逐步回归分析方法对其进行假设检验（Aiken & West，1991）。对于因变量创客二元创新行为的两个维度——利用式创新与探索式创新，分别进行回归分析。第一步，以利用式创新或者探索式创新为因变量，加入所有控制变量（模型 1 和模型 3）进行初始回归，以避免混淆主要影响（Irwin & McClelland，2001）。第二步，在第一步基础上分别加入自变量，即经济动机与社会动机，以探讨这两种动机对探索式创新或者利用式创新的差异化作用。回归结果见表 4-3。

表 4-3　　　　　　　　　回归结果分析

变量	因变量：利用式创新		因变量：探索式创新	
	模型 1	模型 2	模型 3	模型 4
经济动机		0.373***		-0.149**

续表

变量	因变量：利用式创新		因变量：探索式创新	
	模型 1	模型 2	模型 3	模型 4
社会动机		− 0.161 **		0.296 ***
性别	− 0.009	− 0.006	− 0.214	− 0.264 **
年龄	0.004	− 0.013	− 0.004	0.004
教育程度	− 0.026	0.023	− 0.030	− 0.025
成为创客时长	0.025	0.003	− 0.019	0.012
创造力自我感知	0.716 ***	0.703 ***	0.684 ***	0.591 ***
N	139	139	139	139
R^2	0.543	0.661	0.476	0.549
Adj − R^2	0.526	0.643	0.456	0.525

注：*** p < 0.01，** p < 0.05，* p < 0.1。

第一组回归包含对假设 H1 与假设 H2 的检验，经济动机作为自变量。结果表明，经济动机正向影响利用式创新（β = 0.373，p < 0.01），负向影响探索式创新（β = − 0.149，p < 0.05）。因此，假设 H1 与假设 H2 均得到验证。

第二组回归包含对假设 H3 与假设 H4 的检验，社会动机作为自变量。结果表明，社会动机正向影响探索式创新（β = 0.296，p < 0.01），负向影响利用式创新（β = − 0.161，p < 0.05）。由此，假设 H3 与假设 H4 均得到验证。

由于经济动机、社会动机及两种创新行为的测量数据均来自创客的自我报告，因此可能存在共同方法偏差的风险。因此，本节在用于检验假设模型的结构模型中加入了一个共同方法因子，它包含了受访创客的自我报告测量的所有项目，有利于控制假设检验中的常见方法方差。为了实现模型收敛，将方法因子的所有负荷设为相同的大小，从而反映了共同方法偏差对所有项目的影响相等的假设。此外，方法因子被指定为与其他构念不相关，反映了共同方法偏差的程度与创新行为无关的假设（Homburg et al.，2011）。在使用此方法后，检验结果依然保持稳定。表 4 − 4 列出了估计模型的拟合优度指数。具体而言，模型 2 的拟合程度比模型 1 差（即 CFI 降低 0.001，NNFI 下降 0.003，RMSEA 为 0.001，SRMR 增加 0.05）。因此，共同方法偏差在此研究中不构成威胁。

表 4 − 4　　　　　　　　　　共同方法偏差分析结果

拟合优度指数	推荐值	1 全模型	2 全模型 + 方法因子
χ^2/df	≤ 3.00	1.846	1.864
CFI	≥ 0.90	0.938	0.937
NNFI	≥ 0.90	0.928	0.926
RMSEA	≤ 0.08	0.078	0.079
SRMR	≤ 0.08	0.059	0.109

注：CFI 为比较拟合指数（comparative fit index）。NNFI 为非规范拟合指数（non-normed fit index）。RMSEA 指的是近似的均方根误差（root mean square error of approximation）。SRMR 是指标准的均方根残差（standard root mean-square residual）。

4.1.4.3　结果讨论

创客运动是一种日益增长的全球现象。在创客运动中，各种创客可以从事创造性活动，并与物理或数字社区的其他人分享其产品和经验（Browder et al.，2019；Dougherty，2012；Halverson & Sheridan，2014；Hatch，2013）。然而，在众创空间从事创新活动的创客往往会表现出不同类型的创新行为，有的青睐于探索式创新，而有的更青睐于利用式创新。由于探索式创新和利用式创新的思维方式和搜索例程大相径庭，同一个人很难同时擅长探索和利用，或者在探索和利用之间自如切换（Gupta et al.，2006）。因此，探讨驱使创客产生不同创新行为的动机是非常必要的（Roberts et al.，2006）。

本节研究结果表明，经济动机对利用式创新有积极的影响，但是对探索式创新有负面影响；相反，社会动机会正向影响探索式创新而负向影响利用式创新。其中的解释机制是，出于经济动机这种外在动机而进行创新的创客会更加关注能够获得确定性的成绩（如收入、职业晋升等），这导致他们对风险感知更加敏感，倾向于在更有可能成功的项目上进行创新，同时会选择避免那些有可能失败的或者结果不确定性较高的创新活动（Dweck，1986；Locke & Latham，2006）。因此，出于经济动机的创客可能更倾向于参与利用式创新，因为这将保证更多的确定性结果，同时能够降低失败的风险。此外，社会动机驱动的创客会表现出较低水平的利用式创新和较高水平的探索式创新。具体而言，出于社会动机参与创新的创客更关注创新过程中的目标实现（Cerasoli & Ford，2014），为了实现目标，他们会不断学习、提升自己的技能，尝试较远距离的知识搜寻，并且不在乎可能面对的失败风险（Dewett，2007）。因此，在创新活动中，出于社会动机而创新的创客们会更具冒险精神，更倾向于探索式创新。本节中的研究结果表明，不同动机会驱动创客表现出不同的创新行为，同时揭示了其心理机制。

4.1.4.4　局限与未来研究

虽然本节的研究为动机和创新的相关问题提供了新的见解，具有较强的理论和实践意义，但它也有一些局限性。第一，所选取的样本仅限于中国湖南的众创空间。新兴经济体在创客运动中有许多共同的特征，因此，中国背景下的众创空间适用于研究新兴经济体的大众参与创新相关问题（Sheng et al.，2011）。然而，新兴经济体在其文化发展阶段差别很大，不同的文化背景也可能会引发差异化的结果。因此，后续研究可以针对不同文化背景和发展阶段的经济体展开详细的调查，以测试不同文化背景的效应。第二，本节中所有变量都是采取问卷调研来测量的。未来研究可以进行纵向研究，以更强健地建立因果联系，从而进一步验证相关研究结果。第三，未来研究可以借鉴其他既定的动机框架来确定新的动机。总而言之，未来研究可以继续探索新兴经济体中创客运动面临的文化环境会如何差异化影响创客参与创新的动机、参与创新的行为及其绩效。

4.2　大众参与创业的动机研究

兴趣还是金钱？创意客和创利客如何参与创新创业大赛

4.2.1　引言

2018 年，国务院颁布了《关于推动创新创业高质量发展打造"双创"升级版的意见》，强调"大众创业、万众创新"正持续向更大范围、更高层次和更深程度推进，创新创业与经济社会发展深度融合，对推动新旧动能转换和经济结构升级、扩大就业和改善民生、实现机会公平和社会纵向流动发挥了重要作用，为促进经济增长提供了有力支撑。当前，我国经济已由高速增长阶段转向高质量发展阶段，对推动"大众创业、万众创新"提出了新的更高要求。其中一个重点便是"继续扎实开展各类创新创业赛事活动"，吸引和促进更广泛的创客参与创新创业大赛。

"双创运动"是所有下一个伟大发明和创新发生的地方（Hatch，2013）。创客，作为这一运动的主要参与者，在全球创新创业中扮演着重要角色（Sadler et al.，2016；Rayna & Striukova，2019）。创客是指那些努力将想法变为现实的人（Anderson，2012）。在创客运动中，目前主要存在两种类型的创客：一是创意客。创意客是指那些受非经济回报激励，主要为了实现自己的内在兴趣和爱好而进行创新创造的创客（Anderson，2012；Hamalainen & Karjalainen，2017）。在成熟的市场经济体，如欧洲和美国，存在许多此种类型的创客。二是创利客。创利客主要指那些受外部经济或商业利润驱动进行创新创造的创客（Halbinger，2018）。这种类型的创客在金砖四国（巴西、俄罗斯、中国和印度）等新兴经济体中比较常见。创意客和创利客都是下一轮经济和社会发展大潮的重要驱动力，但是，哪种类型创客更愿意参与创新创业大赛以及参与大赛后其创新结果如何尚不清楚。

自 2015 年党中央、国务院推广"大众创业、万众创新"双创运动以来，全国上下各政府部门和各企事业单位纷纷通过举办各种各样的创新创业大赛来吸引和促进各种创意客和创利客参与创新创业。例如，由教育部与地方政府、各高校和企业共同主办的、目前参与规模最大的中国"互联网＋"大学生创新创业大赛，自 2015 年起累计吸引了 375 万个创业团队的 1577 万名大学生参赛，最终累计落地创办企业超过 7 万个，创造就业岗位超过 60 万个，间接带动就业超过 400 万人（新华社，2020）。由此可见，创新创业大赛旨在吸引尽可能多的创客参与创新创业。但问题是，现实中还是有很多创客不愿意参加创新创业大赛。

综上所述，创客更大范围地参与创新创业大赛对于推动我国"双创"升级至关重要。但是，创新创业大赛管理者似乎面临着一个创客参与困境，即创新创业大赛想要更多的创客参与，但是很多创客却不愿意参与。因此，为了帮助解决这个问题，本节从创客参与创新创业大赛的过程视角，着重研究了两个关键问题：第一，在参与前阶段，探讨了什么动机驱动的创客更愿意参与创新创业大赛，是内部兴趣爱好驱动的创意客还是外部经济利益驱动的创利客。第二，在参与后阶段，探究了不同创客参与创新创业大赛后的创新结果如何。

4.2.2 理论基础与假设发展

4.2.2.1 创客参与创新创业

关于创客参与创新创业的文献分别从个体、组织和环境三个层面研究了创客如何参与创新或者创业。特别是，在关于创客参与创业方面，学者们主要从四个视角加以展开。一是个体层面的社会心理学视角。该视角的研究运用自我决定理论和使用与满足理论等着重分析了线下实体创业（Aryan et al.，2020；Halbinger，2018；Hausberg & Spaeth，2018；田剑等，2018；吴琳等，2020）和线上互联网创业（Kwon & Lee，2017；胡贝贝等，2015；赵坤等，2018）两个方面的参与动机。二是组织管理层面的资源能力视角。该视角的研究主要建立在互补性资产、社会资本理论和赋能理论基础上，主要讨论了智力资本、社会资本和财务资本三个方面资源（Doussard et al.，2018；Moilanen，2012；李振华和任叶瑶，2018；田颖等，2018），以及众创空间的资源和服务两种赋能方式（周必彧和邢喻，2020）对大众参与创业的影响。三是组织管理层面的治理理论视角，该视角探讨了众创空间的政治治理、经济治理和社会治理三种治理模式（Langley et al.，2017；胡海鹏，2019；姚登宝和秦国汀，2020；），以及众创空间的日常运营管理对大众参与创业的影响。四是生态环境层面的生态系统视角。该视角的研究主要运用共生理论、产业组织生态学等理论，分别从产业组织、地方制度和生态环境三个维度讨论了创业生态系统的创设和运行（Doussard et al.，2018；刘建国，2018；王海花等，2020）。

综合国内外创客相关研究来看，已有文献大多把创客当作一个整体，分别研究了创客参与创新或者创业，但是缺乏分类比较不同动机驱动的创意客和创利客如何参与创新创业大赛。此外，学者们从社会心理、资源能力、组织管治和生态环境视角分别研究了大众参与创业的行为或者结果，但是没有从过程视角探讨不同参与阶段（如参与前期和参与后期）不同创客是如何参与创新创业大赛及其后果的。因此，为了帮助研究者进一步理解创客参与创新创业大赛的过程表现和结果、帮助政府和企业家们有针对性地解决其面临的创客参与困境，本节研究探讨了参与前阶段创意客和创利客在创新创业大赛中的差异化参与，以及参与后阶段创新创业大赛对这两类创客创新结果的影响。

4.2.2.2 自我决定理论

自我决定理论（self-determination theory，SDT）是一种研究人的动机和人格的方法（Ryan & Deci，2000），被广泛用于讨论动机相关的问题。该理论的基本假设是人的动机可以被划分为内在动机和外在动机。内在动机是指基于内部兴趣和享受而对其创新创造活动付出努力的愿望，强调自我调节（Grant & Berry，2011；Mitchell et al.，2020；Ryan & Deci，2000）。外在动机描述的是为了外部事物而进行创新创造的动机，如来自外部的经济奖励或社会认可，并强调外部调节（Hausberg & Spaeth，2018；Mitchell et al.，2020；Zheng et al.，2011）。该理论还认为，一些外在动机可以被内化，这可以被叫作可内化的外在动机，包括对声誉的关注、学习意向和不满等（Galati et al.，2020；Ryan & Deci，2000）。

图 4 - 2 简要描绘了个体处于不同自我决定状态时的行为、动机、调节方式、感知的归因点以及相关的调节过程和特点等。值得注意的是，受内在动机驱动的人自我决定程度最高，通常采用内部调节方式来调整自我状态，而且其感知的归因点更多是内部的要素。相比之下，外在动机驱动的个体自我决定程度比较低，最常运用外部调节方式来调整自我状态，并且会把很多问题归因于外部要素。图 4 - 3 则进一步详细对比了在不同类型的内、外部动机中，大众通常会受何种动机驱动参与企业举办的众包创新大赛。

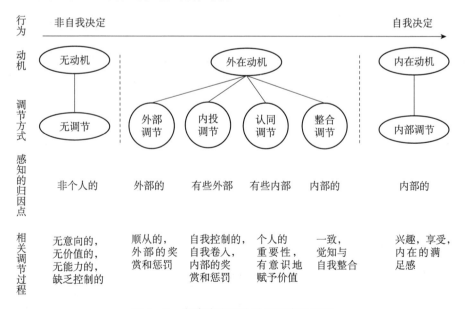

图 4 - 2 自我决定理论关键要素及关系

资料来源：瑞安和迪西（Ryan & Deci，2000）。

外在动机	内投动机	认同动机	整合动机	内在动机
1.金钱回报 (Archak, 2010；Bayus, 2010；DiPalantino & Vojnovic, 2009；Horton & Chilton, 2010；Stewart et al., 2010)	1.获得同行认可 (Brabham, 2008；2010)	1.获得荣耀 (Archak, 2010)	1.虚拟社区感 (Brabham, 2010；Zhong et al., 2011)	1.感受的享乐 (Brabham, 2008；2010；Stewart et al., 2010)
2.提升工作前景 (Brabham, 2008；2010)	2.感觉有用性 (Zhong et al., 2011)	2.社会认同 (Lakhani & Wolf, 2005)	2.过去的经验 (Bayus, 2010)	2.开发个人技能 (Brabham, 2010；Zhong et al., 2011)
3.互惠	3.一般的信任 (Zheng et al., 2011)	3.独特的信任 (Zheng et al., 2011)	3.归属感	3.好奇和兴趣 (Brabham, 2010)
4.向潜在雇主展示能力 (Lakhani & Wolf, 2005)	4.主观规范	4.任务要求和配合	4.个人义务和承诺	4.自我肯定 (Zhong et al., 2011)
				5.消遣 (Ipeirotis, 2010)
				6.利他主义

图 4-3　影响众包创新的动机相关研究汇总

料来源：赵和朱（Zhao & Zhu, 2014）。

　　基于上述理论和研究基础，本节研究利用自我决定理论识别了两种类型的创客：创意客和创利客。"创客"一词最早由安德森提出，专门指那些努力将想法变为现实的人（Anderson, 2012）。其中，创意客即为传统意义上的创客，主要指那些受到非经济回报所激励，受内在兴趣和爱好的驱使而进行创新创造的创客（Anderson, 2012），如黑客、DIY 爱好者、学生和教育工作者等。这些创客在新一轮工业革命浪潮中崭露头角，他们享受自己的兴趣爱好，愿意创造和分享，并努力将创意转化为有趣和独特的技术和产品（Dougherty, 2016）。相比之下，创利客的创新创造动机主要来自对经济或商业利润的外在渴望，主要包括原型企业家和企业创客（Halbinger, 2018）。这类创客是创客运动全球化背景下在新兴经济体中普遍存在的创客，他们与创业和商业密切相关，主要致力于新技术和新产品的商业化以获取经济利益。本节研究基于已有文献，归纳对比了创意客和创利客的特征，见表 4-5 和图 4-4。

表 4-5	创意客和创利客特征对比	
特征	创意客	创利客
典型代表	DIY 爱好者，黑客，学生和教育工作者，内容创作者	原型企业家，创业团队，企业内部创客，个体经营的小企业主

续表

特征	创意客	创利客
时间配置	更多是兼职	更多是全职
动机	非经济利益驱动； 专注于实现自身创意想法； 更不关心市场需求	经济利益驱动； 专注于创新项目的商业化； 更关注市场需求
行为	共享知识	保护知识产权
能力	更强的技术创新能力	更强的商业化能力
情境依赖	更弱的情境依赖	更强的情境依赖，如依赖于众创空间和 创新创业政策扶持

资料来源：笔者根据相关资料整理所得。

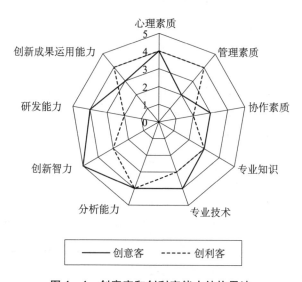

图 4 - 4　创意客和创利客能力结构雷达

资料来源：曾婧婧和龚启慧，2017。

4.2.2.3　概念模型

为了帮助政府和企业管理者解决创客参与创新创业大赛的困境，本节从创客参与创新创业大赛的过程视角，着重研究了参与前阶段什么动机驱动的创客更愿意参与创新创业大赛？是内部兴趣爱好驱动的创意客还是外部经济利益驱动的创利客？此外，本节还探究了参与后阶段创意客和创利客参与创新创业大赛后的创新结果如何？基于上述问题，提出了图 4 - 5 所示的概念模型。

4.2.2.4　假设发展

（1）创客类型与创新创业大赛。创意客和创利客是受不同的动机驱动，因

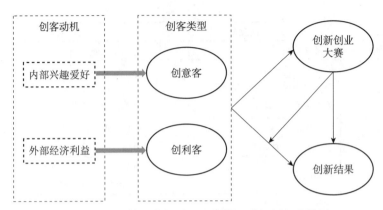

图 4 - 5　创客参与创新创业大赛的驱动机制研究模型

此他们参加创新创业大赛的意愿也会不同。自我决定理论等动机理论认为，动机可以解释人的意愿及行为（Fayolle et al.，2014；Taormina & Lao，2007）。创意客是受内在动机所驱使，他们主要根据自己的兴趣和爱好进行创新创造（Grant & Berry，2011）。受内在动机的影响，创意客专注于将自己的创意转化为现实的技术和产品，以满足自己的兴趣和爱好追求。也就是说，创意客是更自我调节的（Ryan & Deci，2000），对外部环境的依赖程度较低（Armanios et al.，2017），这也就使得他们本身更不会受创新创业大赛这些外部刺激的影响。因此，创意客不太会参加创新创业大赛。

相比之下，创利客是受外在动机所驱动的，也就是说，他们渴望创新之外的外部的东西，特别是经济回报和商业利益（Mitchell et al.，2020；Zheng et al.，2011）。这意味着创利客是更外部调节的（Hausberg & Spaeth，2018），其具有更强的外部环境依赖性（Armanios et al.，2017），这会使得他们更依赖于创新创业大赛。尤其是，他们会更依赖于创新创业大赛所能提供的外部资源，如商业机会和渠道，专业技术、技能和经验，以及风险投资等（Boudreau et al.，2010；Michael et al.，2009）。因此，创利客会更愿意参加创新创业大赛。综上所述，提出如下假设。

假设 5（H5）：与创利客相比较，创意客更不愿意参与创新创业大赛。

（2）创客类型与创新结果。创意客与创利客的创新结果存在比较大的差异。创意客是受内在动机驱使并根据自己的兴趣和爱好进行创新创造的创客（Grant & Berry，2011）。受内在动机影响，创意客会更倾向于追求产品新颖性（Chen et al.，2018；Mack & Landau，2018）。瑞安和迪西（Ryan & Deci，2000）总结了30 年来的自我决定理论相关研究，发现内在动机增加了人们对"新颖性活动"的关注。产品新颖性反过来意味着创意客更倾向于从事不太熟悉和更意想不到的创新活动（Silvia，2008；Grant & Berry，2011），例如，使用新的研发设施来创造新产品。新颖性和不熟悉性会增加创意客创新结果的不确定性和风险（Röth & Spieth，2019），因此，他们的最终创新结果较差。

相比之下，创利客主要受外部经济和商业利益所驱动，也就是说，他们更渴望创新之外的外部收益，如经济回报和商业利益（Mitchell et al.，2020；Zheng et al.，2011）。受外部动机影响，创利客会更关注其产品的实用性（Grant & Berry，2011）。因此，他们更有可能开发出对他人有用、满足他人商业需求的新产品。为了确保产品的实用性和更高的经济和商业效益，创利客更愿意参与他们更熟悉的创新活动（Kacperczyk & Younkin，2017），例如，他们可能会使用他们比较熟悉和擅长的软件和工具来开发互联网产品。熟悉性有助于规避创利客创新的风险和不确定性（Tzabbar & Margolis，2017）。因此，创利客创新结果会更好。综上所述，提出如下假设。

假设 6（H6）：与创利客相比较，创意客的创新结果更差。

（3）创新创业大赛与创客创新结果。创新创业大赛会影响创意客和创业客的创新结果。首先，创新创业大赛可以降低创意客的创新风险，提高他们的创新结果。创意客的创新具有高度的风险和不确定性，因为他们会受内在动机驱动去寻求产品的新颖性（Mack & Landau，2018；Röth & Spieth，2019）。他们热衷于创新，但是他们自身的创新资源十分有限，因此难以降低这些创新风险。作为一个重要的创新创业平台，创新创业大赛汇集了各种资源和机会（Balka et al.，2014；Renard & Davis，2019），包括来自政府、企业、技术专家和资本投资者的创新资源（Boudreau et al.，2010）。这些资源可经由创新创业大赛传递给创意客，帮助提高其创新能力和技能（Lakhani & Wolf，2003；Leimeister et al.，2009），并进一步降低创新风险和不确定性，从而提高其创新绩效。

相比之下，创新创业大赛并不能提升创利客的创新绩效。诚然，创新创业大赛提供的资源可以增加创利客学习、交流和发展的机会。然而，创新创业大赛同时也会增加创利客创新理念和项目被模仿和复制的风险（Al-Hasan et al.，2017；Bauer et al.，2016），这些风险将超过创新创业大赛为创利客带来的优势，并对其创新绩效产生负面影响。原因在于，创新创业大赛是开放的、竞争性的创新创业平台（Renard & Davisb，2019），这种类型的平台会要求参赛的创利客披露其创新理念和项目（Füller et al.，2014）。这种信息披露将导致创利客的创新性想法被竞争对手模仿和复制，从而增加他们的创新风险和不确定性（Al-Hasan et al.，2017；Park et al.，2020）。因此，创利客的创新结果将受到负面影响。这种模仿风险对创利客创新结果的影响会比对创意客的影响更为不利，因为创利客是受外部经济利益驱动的，而他人的模仿会损害他们的经济利益和创新热情。综上所述，提出如下假设。

假设 7（H7）：相较于创利客，创新创业大赛更能够提升创意客的创新结果。

4.2.3 数据收集与变量测量

4.2.3.1 样本与数据收集

本节研究使用的是一个包含 29823 名创客样本的二手面板数据。这些样本数据随机抽样于中国一个线上众创空间，即青少年三维创意社区（i3done.com）。青少年三维创意社区是中国第一个面向年轻创客的在线创客社区，专注于三维创意设计、立体印刷和创新教育。另外，还从这个众创空间收集了 51 个创新创业大赛样本。这些创客和创新创业大赛的样本是独一无二的，非常适合本节的研究，因为它们包含不同类型的创客和创新创业大赛，能够助力于探索创新创业大赛对不同创客创新能力的影响。

本节的二手数据主要通过 Python 编写的网络爬虫程序所收集，该程序持续跟踪了超过 4 个月的数据。由于本节探索的是创新创业大赛与创客创新之间的关系，该研究也基于创客信息进一步匹配了创客与创新创业大赛的样本。最后，获得了一个包含 17987 个有效创客样本和 53537 个观测值的面板数据集，并用于估计拟研究的模型。这些样本来自中国 300 多个城市，形成于 2015 年 7 月至 2019 年 8 月。

4.2.3.2 变量测量

（1）创新结果。创新结果反映了创客创造的新产品成果。根据李和鸿耋吉马（Li & Atuahene-Gima, 2001）以及詹和李（Zhan & Li, 2010）的研究，本书使用创客在 1 个月内推出的新产品数量的自然对数来衡量其创新结果。在此研究中，1 个月被用作时间窗口，因为大多数创客更新他们新产品的周期基本上以月为单位，而非每周。为了进行因果推断并控制双向因果偏差，在自变量与因变量之间设置了 1 个月的滞后期。

（2）创客类型。本节研究考虑了两种类型的创客。一类是创意客，他们是受到非经济动机驱使，主要由自身内部的兴趣和爱好推动创新；另一类是创利客，他们的创新动机主要来自对外部经济或商业利润的驱使。由此可见，经济效益是区分这两类创客的关键因素。因此，本节将创客类型处理为虚拟变量。如果一个创客在在线众创空间出售自己的产品以获得经济和商业回报，则将其编码为"0"。如果一个创客没有销售自己的产品来获得经济和商业收益，则将其编码为"1"。

（3）创新创业大赛。创新创业大赛是由组织者或个人举办的限时竞赛，旨在解决特定的创新挑战（Adamczyk et al., 2012；Bullinger & Möslein, 2010）。创客在创新创业大赛中的参与是用一个虚拟变量来衡量的。如果一个创客至少参加了一次创新创业大赛，则将其编码为 "1"。如果一个创客没有参加任何创新创业大赛，其被编码为 "0"。

（4）控制变量。在创客层面、产品层面和众创空间层面控制了一些可能影响创客创新能力的关键变量。首先，在创客层面，控制了创客年龄、创客经验、专家支持、创客兴趣领域、创客优秀产品占比等；其次，在产品层面，产品大小和产品品牌被控制了；最后，在众创空间层面，众创空间赋予创客的奖章数量也被控制了。

4.2.4　数据分析与结果讨论

4.2.4.1　描述性统计分析

本节研究所涉及变量的描述性统计和皮尔逊（Pearson）相关系数矩阵见表 4－6。数据表明，样本中的创客在青少年三维创意社区这个线上创客空间的创新创造经验不高（M = 2.87）。这些创客大多是独立自主地参与创新创业，仅有 13％ 的创客受到专家指导和支持。参与创新创业大赛的创客数量不多，占比 8％ 左右。而且，这些创客更多的是把自己的注意力分配到某一个特定的创新项目（M = 0.97），而花费较少的注意力到更多的创新项目上去（M = 0.3）。

4.2.4.2　假设检验

（1）主效应检验。本节研究首先验证了创客类型对创新创业大赛参与意愿的影响。由于因变量创新创业大赛是一个二元选择变量，本节研究使用了 Logit 回归来验证相关假设。表 4－7 提供了估计结果，由模型 1 可知，创客类型对创新创业大赛有显著的负面影响（β = －3.133，p < 0.1）。这表明，与创利客相比，创意客更不愿意参加创新创业大赛。因此，假设 5 得到支持。

本节研究也分析了创客类型对创新结果的影响。由于创新结果是一个离散的计数变量，应该使用泊松回归或负二项回归来估计模型。似然比检验表明，创新结果的数据是过度分散的（$\chi^2 = 22000$，p < 0.001），而且其标准差显著大于其均值（M = 17.78，S.D. = 62.65）。因此，本节用负二项回归而非泊松回归来估计创客类型对创新结果的影响。表 4－7 的模型 2 表明，创客类型对创新结果有显著的负向影响（β = －0.123，p < 0.001）。假设 6 得到支持。这些结果也说明了创意客的创新结果显著低于创利客。

表 4-6   描述性统计和相关系数矩阵

变量	样本量	均值	标准差	最小值	最大值	1	2	3	4	5	6	7	8	9	10
1. 创新结果	53540	17.78	62.65	1	5003	1									
2. 创客类型	40051	1.00	0.07	0	1	-0.226	1								
3. 创新创业大赛	40051	0.08	0.27	0	1	0.208	-0.093	1							
4. 创客经验	40051	2.87	1.74	0	14	0.256	-0.036	0.416	1						
5. 专家支持	53540	0.13	0.34	0	1	0.041	0.012	0.089	0.191	1					
6. 产品大小	52232	3.13	8.01	0.02	245.34	0.020	-0.039	0.082	0.011	-0.007	1				
7. 奖章数量	40051	5.35	6.91	0	47	0.299	-0.111	0.500	0.792	0.169	0.042	1			
8. 兴趣领域	53537	1.15	0.77	0	2.48	0.274	-0.088	0.297	0.487	0.175	-0.019	0.514	1		
9. 注意力深度	28606	0.13	0.97	0	113.11	0.203	-0.064	0.067	0.082	0.012	0.007	0.097	0.108	1	
10. 注意力广度	53359	0.50	0.3	0	0.9	0.192	-0.038	0.198	0.365	0.152	-0.033	0.364	0.913	0.075	1

（2）调节效应检验。本节研究进一步验证了创新创业大赛对创客与创新结果之间关系的调节效应。如表 4 - 7 中模型 3 所示，创新创业大赛显著地正向调节创客类型对创新结果的效应（β = 0.222，p < 0.001），表明相较于创利客，创新创业大赛更能够提升创意客的创新结果。因此，假设 7 也得到支持。

表 4 - 7　　　　　　　　　　　Logit 回归和负二项回归结果

变量	模型 1 创新创业大赛	模型 2 创新结果	模型 3 创新结果
创客类型	- 3.133 * (1.695)	- 0.123 *** (0.023)	- 0.276 *** (0.040)
创新创业大赛		0.054 *** (0.020)	- 0.338 *** (0.076)
创客类型 × 创新创业大赛			0.222 *** (0.048)
创客经验	2.043 *** (0.171)	0.035 *** (0.005)	0.036 *** (0.005)
专家支持	- 0.377 (0.448)	- 0.040 ** (0.016)	- 0.041 ** (0.016)
产品大小	0.153 *** (0.013)	0.000 (0.001)	0.000 (0.001)
奖章数量	0.698 *** (0.038)	0.022 *** (0.001)	0.022 *** (0.001)
兴趣领域	5.106 *** (0.699)	1.541 *** (0.016)	1.537 *** (0.016)
注意力深度	0.113 (0.100)	0.007 *** (0.002)	0.007 *** (0.002)
注意力广度	- 0.633 (1.567)	- 0.899 *** (0.040)	- 0.896 *** (0.040)
观测值	19413	19413	19413
χ^2	1886.70	39261.15	39453.35

注：*** p < 0.01，** p < 0.05，* p < 0.1；括号内汇报的是标准误。

4.2.4.3　稳健性检验

为了提高研究结果的可靠性，本节研究进行了几个稳健性检验。首先，使用其参数估计方法来验证模型。考虑到创新创业大赛和创新结果这两个因变量间估计误差的潜在相关性，使用了似不相关回归（seemingly unrelated regression，SUR）来估计创客类型对创新创业大赛和创新结果的影响。其次，运用分组回归方法来检验创新创业大赛的调节效应，结果见表 4 - 8，本节研究仍然得到较为一致的结论。

表 4 - 8 回归分析结果

变量	模型 1 创新创业大赛	模型 2 创新水平	模型 3 创新水平	
			没有参与创新创业大赛	参与创新创业大赛
创客类型	- 0.300 *** (0.037)	- 0.311 *** (0.088)	- 0.171 * (0.073)	0.196 * (0.100)
创客经验	0.034 *** (0.001)	0.143 *** (0.003)	0.033 *** (0.005)	0.094 *** (0.021)
产品大小	0.000 (0.000)	- 0.002 *** (0.000)	- 0.004 *** (0.001)	- 0.010 *** (0.002)
奖章数量	0.043 *** (0.002)	0.133 *** (0.005)	0.026 *** (0.001)	0.008 * (0.004)
创客年龄	0.000 *** (0.000)	0.001 *** (0.000)	0.002 *** (0.000)	0.002 *** (0.000)
兴趣领域	0.013 *** (0.003)	1.024 *** (0.007)	0.935 *** (0.007)	0.992 *** (0.054)
专家支持	0.006 (0.004)	- 0.023 * (0.010)	- 0.006 (0.014)	0.276 *** (0.048)
优秀产品占比	0.345 *** (0.010)	- 0.286 *** (0.024)	0.105 *** (0.028)	0.480 *** (0.099)
产品品牌	0.001 (0.013)	0.139 *** (0.030)	0.018 (0.029)	0.035 (0.024)
常数	0.122 *** (0.038)	0.398 *** (0.089)	0.544 *** (0.074)	- 0.214 (0.160)
观测值	53537	53537	36968	4091
R^2	0.280	0.768	0.737	0.529

注：N = 17987；*** $p < 0.001$，** $p < 0.01$，* $p < 0.05$；括号内显示的是标准误。

4.2.4.4 结果讨论

创客是全球"创客运动"浪潮的关键推动者。本节研究识别了两种类型的创客，即创意客和创利客。在此基础上，进一步探讨了哪种类型的创客更愿意参与创新创业大赛及其参与创新创业大赛后的创新结果。基于自我决定理论和来自在线众创空间的大样本数据集，研究发现，与创利客相比，创意客在创新创业大赛中的参与度较低。以往对创客的研究普遍认为，内在动机驱动着创客参与创新。例如，海迈莱伊宁和卡加莱宁（Hamalainen & Karjalainen，2017）以及霍斯勃格和斯佩思（Hausberg & Spaeth，2018）认为，基于爱好和享乐的内在动机是影响创客创新参与的主要因素。相反，研究结果表明，内在动机驱动的创意客更不愿意参与创新创业大赛，而由外在动机驱动的创利客更愿意参与创新创业大赛。这些发现说明，外部经济利益是创客参与创新创业大赛的关键驱动力，而不是内在的兴趣爱好。

研究还发现，创利客的创新结果明显优于创意客。沃尔夫·鲍尔斯等（Wolf-Powers et al.，2017）调研后发现，在微型制造商（micromakers）、全域创新者（global innovators）和新兴的地方制造商（emerging place-based manufactur-ers）三类创客企业中，新兴的地方制造商对城市经济发展影响最大。不同于他们基于空间的创客企业识别，本节研究以创新者为研究对象，基于人类行为的根本驱动力来区分两类创客。研究发现，创意客和创利客对创新结果存在差异化的类型效应，而这种差异主要源于内在动机驱动的创意客更追求产品的新颖性，而外在动机驱动的创利客更侧重产品的实用性。

此外，本节研究也在创客与创新创业大赛之间发现一种非常有趣的关系。研究发现，虽然创意客比创利客更不愿意参与创新创业大赛，其创新结果也更差，但创新创业大赛能使创意客的创新结果优于创利客。以往的研究表明，创新创业大赛可以积极影响组织层面的企业众包创新（Dissanayake et al.，2018；Cohen et al.，2008；Boudreaub et al.，2011）。本节研究基于个人层面的用户创新，发现相较于创利客，创新创业大赛对创意客的创新结果更有利。本节研究证实，目前的创新创业大赛正面临一个创客参与不足的难题，即大赛可以提升创意客的创新结果，但难以吸引他们参与。

4.2.4.5　局限与未来研究

本节研究着重探讨了创客运动背景下创意客和创利客两种类型创客如何参与创新创业大赛及其参与后的创新结果如何。事实上，中国创新创业大赛存在两个主要参与主体，包括代表知识要素的参与方和代表资金要素的参与方，即作为知识载体的参赛者与作为资金载体的创业投资家（孙炜，2016）。本节研究主要讨论了作为知识载体的创客参与行为和结果，而未讨论作为资本载体的创业投资家在创新创业大赛中的作用。因此，未来研究可以考虑不同类型的创业投资家是如何参与创新创业大赛，并且他们是如何影响创意客和创业客的创新创业行为和绩效的。

4.3　研究结论与管理建议

4.3.1　研究结论

动力是人类行为和结果的根源所在。在我国"大众创业、万众创新"的"双创运动"转型升级背景下，本章分别讨论了大众参与创新和创业的主要动机及其作用机制。一方面，针对 5 个线下众创空间的 139 位创客进行了实地调研，探讨了经济动机和社会动机如何影响大众参与探索式创新和利用式创新；另一方面，采用 Python 网络爬虫技术收集了线上众创空间的 29823 位创客和 51 个创新创业大赛的大样本面板数据，分析了基于不同外部经济动机和内部兴趣爱好驱动创意客和创利客如何参与创新创业大赛。通过一手和二手数据相结合，本书得到了一些新的研究发现。

（1）经济动机和社会动机会对创客的探索式创新和利用式创新产生差异化影响。在大众参与创新的动力方面，以往大部分研究都将创新作为一个整体加以讨论。本书研究区分了探索式创新和利用式创新，并发现大众在参与探索式创新和利用式创新的动机方面存在很大差异。第一，经济动机会正面影响大众参与利用式创新，但是却负面影响其探索式创新。产生这样的截然相反的结果可能是由于基于经济动机的人往往是以结果为导向的，具有更低的风险容忍度。这使得他们更偏爱那些容易成功的利用式创新活动以获得及时的经济回报，而更不愿意尝试那些高风险的探索式创新活动，因为探索式创新结果具有很高的不确定性，不能为这些经济动机驱动的人带来及时的经济利益。第二，社会动机会积极促进大众参与探索式创新，但在影响其参与利用式创新方面表现更为消极。其中的解释机制为基于社会动机的大众通常是以过程为导向的，具有更高的风险容忍度，因此，他们会更积极地进行探索式创新而非利用式创新。

（2）创意客和创利客参与创新创业大赛的行为和结果不一致。在大众参与创业的动力方面，大部分研究都强调内部动机特别是兴趣爱好是影响大众参与创新创业大赛的主要驱动力。而本书研究发现，在参与前阶段，受外部经济利益驱动的创利客更愿意参与创新创业大赛，但是受内部兴趣爱好驱动的创意客却更不愿意参与创新创业大赛。这是因为，内部兴趣爱好动机影响的创意客更多是自我调节的，他们对外部环境的依赖程度较低，因此更不愿意参加创新创业大赛。相比而言，外部经济动机影响的创利客往往是外部调节的，他们具有更强的外部环境依赖性，因此创利客更有可能参加创新创业大赛。本书进一步发现，在参与后阶段，创新创业大赛能够帮助提升创意客的新产品创新结果，但不能帮助提升创利客的创新结果。存在这样的结果主要是因为内部动机驱动的创意客的创新具有高度的风险和不确定性，他们自身的创新资源不足以降低这些创新风险。创新创业大赛作为一个重要的创新创业平台，汇集了各种各样的创新资源和机会，能够帮助其降低创新风险和不确定性，从而提高其创新结果。然而，作为一个开放的、高度竞争的创新创业平台，创新创业大赛的信息披露机制可能会导致创利客的创新性想法被竞争对手模仿和复制，从而增加他们的创新风险和不确定性，因此不利于提升其创新结果。

4.3.2 管理建议

基于上述发现，本书针对政策制定者、众创空间和企业管理者如何激发大众参与创客运动的动力，特别是激发其参与创新和创业的双重动力提出如下建议。

第一，基于不同类型的创新采取与之匹配的经济和社会激励手段。大众参与探索式创新和利用式创新是受不同的经济和社会动机所驱动。若想激发大众参与探索性创新的动力，提升大众自主原创水平，就需要强化外部经济和商业对大众的支持。若想激发大众参与利用式创新的动力，不断迭代完善已有创新，则需要采取更为多样的社会激励手段。对于政策制定者而言，一方面，可以针对不同类型的探索式创新和利用式创新设计不同层级的补贴政策和税收优惠政策；另一方面，则需要强调社会创新氛围，加强社区创新文化建设，为大众参与创新创业营造优良的环境，解决其后顾之忧。对于众创空间和企业管理者而言，可以根据创新项目所涉及的需求设计不同的激励举措，以推动创客实现不同程度的创新，例如，向创客提供外部金钱利益，鼓励他们参与旨在解决当前产品效率低下的项目，同时，为创客提供身份徽章，承认其对社区的贡献，以便指导他们努力创造全新的东西。

第二，需要认识到创新大赛是一把"双刃剑"。研究表明，创新创业大赛一方面有利于提升创意客的创新结果，但对创利客的创新结果则没有显著的促进作用。这意味着举办越多创新创业大赛其结果会越好，而其只会对某些类型的创客产生积极作用，但对其他类型的创客可能产生不利影响。因此，本书建议，创新创业大赛的支持者和管理者应该采取分而治之的方法来管理大赛。一方面，为了吸引创意客的参与并提升他们的创新结果，可以举办更多的创新创业大赛，并通过优化激励机制如开设专业的同辈交流平台来激发其参与意向。另一方面，为了促进创利客的参与和创新，大赛应该更全面地考虑到其可能为创利客带来的不利影响，如泄露其创意和创新性项目给其他参赛的竞争者，因此，在进行大赛参赛机制设计时，应着重考虑如何避免为创利客带来风险和伤害。

第三，针对不同类型的创客优化创新创业大赛的参赛机制。创新创业大赛仍存在一个大众参与不足的困境，即虽然其能够提升创客的创新结果，但是其并不能吸引更多的创意客参与。因此，本书建议采取分类管治策略来激发各主体参与创新创业大赛。对于政策制定者而言，可以制定相应政策鼓励众创空间、各类企事业单位和风险资本家等创客运动参与主体积极举办和承办不同类型的、各具特色的创新创业大赛。例如，可以优先支持类似于中国"互联网＋"创新创业大赛的主题赛事，吸引更多内部动机驱动的创意客参与。对于众创空间和企业管理者而言，在制定大赛参与者的选拔标准和赛事规则时，应该根据创意客和创利客的差异化特征，进行分类管理。例如，在制定关于创意客的赛事规则时，更侧重新技术和产品创新的新颖性而非实用性，即前者评比权重可高于后者，这样更能够吸引创意客参与；同时，在制定关于创利客的赛事规则时，更侧重技术和产品的实用性和市场价值而非新颖性，即后者评比权重可大于前者，这样更能够吸引创利客参与。

第5章 大众参与创客运动的机会营造机制研究

2015 年达沃斯世界经济论坛上，国务院总理李克强在主题演讲中再次聚焦"大众创业、万众创新"。之后，我国各省份开始大量建设众创空间，众创空间的数量一举跃居全世界第一（中国科技部火炬中心，2018）。众创空间是创新创业想法从产生到实现的重要场所，场所环境直接影响大众参与创客运动的行为及结果。在创客运动背景下，恰当的环境设计和安排能够为大众实现创新创业目标提供支持和保障。具体而言，众创空间能够通过物理环境和文化环境，为大众参与创新创业营造机会，并通过这种机会的营造，进一步驱动大众参与创新创业。因此，本章将基于众创空间环境视角，从众创空间的物理环境和文化环境两个方面，探究众创空间环境是如何为大众参与创新创业营造机会，驱动大众参与创客运动并对其创造力和创新行为产生影响的。在物理环境方面，关注众创空间的圆角和方角物理工作环境对创客发散型创造力和聚合型创造力的影响及其内在作用机制；在文化环境方面，重点探究众创空间的创新氛围对出于经济动机和社会动机两类创客创新行为的影响。通过对大众参与创客运动的机会营造机制的研究与揭示，本章研究结论将为众创空间的建设、设计、管理和运营提供重要建议。

5.1 众创空间的物理环境影响研究

方角还是圆角？众创空间物理工作环境对创客创造力的影响

5.1.1 引言

创客运动被认为是下一次工业革命的催化剂（Anderson，2012；Browder et al.，2019）。在过去的 10 年里，众创空间在世界范围内迅速发展（Hackerspace. org，2020）。各国政府和各大公司，包括谷歌、微软和石英，纷纷创建了大规模的创客空间（Uncubed，2019）。据报道，美国 26% 的城市拥有创客空间（National League of Cities，2016）。在达沃斯世界经济论坛上，中国国务院总理李克强在主题演讲中提出，中国鼓励创业和创新质量（World Economic Forum，

2015）。之后，中国各省份都建设了大量的众创空间（中国科技部火炬中心，2018）。2017 年，中国超过 1.8 万个创客团队和众创空间创业公司获得 670 亿元的总投资。众创空间已经成为个体创客、创客团队和初创企业成功的重要环境（Halbinger，2018）。

创造力是创新的种子，对企业成功起着至关重要的作用。创造力是指产生原创和有用想法的能力（Amabile，1988；Barron，1955；Runco & Jaeger，2012；Stein，1953）。研究表明，创造力是创新的一个重要前提（Amabile，1996；Steidle & Werth，2013；Weinberger et al.，2018）。当一些必要条件如组织、文化和环境因素得到满足的情况下（Sarooghi et al.，2015），创造力也是企业成功的前提（Baron & Tang，2011；Ireland & Webb，2007）。大量研究表明，创造力也可以是一种可变"状态"，会受环境线索的影响（Amabile，1982，1983a，1983b；Amabile & Gryskiewicz，1989；Bailyn，1985；Baron & Tang，2011；Runco，1992；Weinberger et al.，2018）。

众创空间是最重要的创新支持环境之一（Halbinger，2018）。多尔利和维索夫特（Doorley & Witthoft，2012）提出，众创空间中的物理工作环境可以通过设计来激发创造力。腾科等（Tomko et al.，2017）采用民族志方法研究发现，众创空间中恰当的设计，包括家具、墙面处理、场景设置和布局等，可以激发创造力并影响学生的创意产生能力。还有学者则关注工具、材料、设备等室内设计与创造力之间的联系（Browder et al.，2019）。

基于已有研究，本节旨在调查物理工作环境的圆角和方角两个基本属性对创客创造力的影响。具体来说，关注圆角和方角的线索，探究圆方物理工作环境对创客创造力的影响及其内在机制。圆角的物理工作环境是指环境中的物体，包括形状、抽象物体、家具和设计元素的角是钝化的、曲线型的、不尖锐的。方角的物理工作环境表示环境中物体的角是尖锐的。圆角和方角都是物理工作环境的基本属性（Bar & Neta，2006；Cotter et al.，2017）。由于创客的制作和创造都是在众创空间里完成的，揭示这两类物理工作环境对创客创造力的影响对创客运动有重要意义。

与已有研究中将创造力作为一个整体来考虑不同（Baron & Tang，2011；Ceylan et al.，2008；Dul et al.，2011；Johnsonet al.，2018；Tomko et al.，2017），本节研究将创造力区分为发散型创造力和聚合型创造力，并探索圆方物理工作环境对创客的发散型创造力和聚合型创造力分别会产生什么影响。发散型创造力和聚合型创造力在创新和新创业成功中都发挥着关键作用（Sarooghi et al.，2015），它们对创意的产生和完成也有不同的贡献。区分这两种类型的创造力并探究圆方物理工作环境对它们的影响非常重要。

通过三项互补性研究发现，在众创空间中，圆角的物理工作环境增强了创客的发散型创造力，而方角的物理工作环境增强了创客的聚合型创造力。研究结果还显示，圆角的物理工作环境更有可能激活趋近动机，进而增强发散型创造力，而方角的物理工作环境更有可能激活回避动机，进而增强聚合型创造力。

本节的研究贡献体现在以下几个方面。首先，丰富了众创空间的相关研究。尽管众创空间发展迅速，但很少有研究探讨众创空间为什么以及如何影响创客创造力。本节通过考察圆方物理工作环境对创客创造力的影响，提出了一个基于动机的框架并揭示其内在作用机制，为众创空间领域的研究作出贡献。其次，扩展了现有的关于物理工作环境属性对创造力影响的研究。虽然圆角和方角被认为是物理工作环境的两个基本特性，但在已有研究中，探讨这两个基本属性对创造力的影响是缺失的。本节研究弥补了这一不足。最后，通过区分发散型创造力和聚合型创造力，扩展了创造力领域的研究。不同的任务目标（如产生想法、鉴别最佳想法等）或想法阶段（如创意产生阶段、创意实现阶段等）需要不同类型的创造力，然而，已有大多数创造力研究都是将创造力作为一个整体。此外，本节研究发现还对众创空间和其他组织的管理者和设计者有重要的实践意义。

5.1.2 理论基础与假设发展

5.1.2.1 进化论和趋避动机

1859 年，达尔文的著作《物种起源》（*On the Origin of Species*）首次阐明了自然选择的进化论。根据这一理论，生物体更好地适应环境的变化有助于其生存并产生更多后代。这一理论也可以被描述为适者生存理论。在进化的道路上，当物种无法准确识别潜在有利或有害的环境刺激时，就无法存活（Schneirla，1959）。所有有生命的生物，从单细胞变形虫到高级哺乳动物人类，都至少具有某种基本形式的趋近—回避机制，以产生或调节趋向潜在有益刺激和远离潜在有害刺激的运动（Elliot，2008）。

施奈拉（Schneirla，1959）认为，所有层次的有机体都具备基于趋近的机制（approach-based mechanism）。研究人员已经记录了各物种中存在的趋近和回避机制，包括猴子、鸟、鱼等（Suomi，1983；Verbeek et al.，1994；Wilson et al.，1993）。人类对刺激也表现出直接的趋近和回避反应，例如，定向反射（如唾液反射）和防御反射（如疼痛消退和惊吓）（Pavlov，1927）分别被认为是趋近动机和回避动机的表现（Dickinson & Dearing，1979；Konorski，1967；McClelland et al.，1953）。

根据心理学家埃利奥（Elliot，2008）对趋近和回避动机的定义，趋近动机是指通过积极刺激（物体、事件、可能性）对行为倾向的激发或者朝向积极刺激的行为倾向。回避动机是指消极刺激（物体、事件、可能性）对行为倾向的激发或者回避消极刺激的行为倾向。从进化角度看，趋近和回避动机在整个系统发育谱系的有机体功能中发挥着重要作用（Elliot，2008）。回避动机和趋近动机是成功适应的组成部分：回避动机促进生存，趋近动机促进繁荣发展（Elliot，2008）。趋近动机和回避动机在人类功能中也扮演着重要角色（Elliot，2008）。在整个进化过程中，趋近或回避是生物体不得不做出的基本适应性决定（Tooby & Cosmides，1990）。

5.1.2.2　创造力

创造力是指产生原创和有价值想法的能力（Amabile，1988；Barron，1955；Runco & Jaeger，2012；Stein，1953），它是 21 世纪四大关键技能之一。早期关于创造力的研究将其视为一种个人特质（DeTienne & Chandler，2004；Gielnik et al.，2012；Helson，1965；Shane & Nicolaou，2015）。然而，越来越多文献表明，创造力可以是一种可变"状态"，可受环境线索的影响（Amabile，1982，1983a，1983b；Amabile & Gryskiewicz，1989；Bailyn，1985；Baron & Tang，2011；Runco，1992；Weinberger et al.，2018）。本节的研究将创造力视为一种可变状态（Binnewies & Wörnlein，2011；Weinberger et al.，2018）。

在创造力领域，学者们区分了发散型创造力和聚合型创造力（Guilford，1967；Ward，1975）。发散型创造力是指对一个问题产生尽可能多的想法的能力（Colzato et al.，2012；Hommel et al.，2011）。发散型创造力促进人们从不同的角度畅想和审视某个问题，并通过打破已有思维框架来产生新想法（Erez & Nouri，2010；Guilford，1967；Sarooghi et al.，2015）。因此，发散型创造力在创意产生中起着关键作用（Ashton-James & Chartrand，2009；Guilford，1967）。头脑风暴（Osborn，1953）是一个经典案例。在头脑风暴中，参与者对某一特定问题进行探索并产生尽可能多的解决方案（Colzato et al.，2012）。发散型创造力与开拓和探索有关，它通常用流畅度和独创性来衡量（De Vries & Lubart，2019；Mehta & Zhu，2009）。

聚合型创造力是指对各种概念进行整合并使用聚合思维鉴别最佳想法的能力（Koestler，1964；Rothenberg，1996，1979；Spearman，1931；Sternberg，2005）。聚合型创造力使人们遵从规则和规范，将各种概念整合成想法，并为某个特定问题确定一个最佳解决方案（De Vries & Lubart，2019；Hommel et al.，2011；Sarooghi et al.，2015）。因此，聚合型创造力在想法的完成过程中起重要作用（Erez & Nouri，2010；Guilford，1967）。一种聚合型创造力的测量方法是梅德尼克（Mednick，1962）的远程联想测试（remote associates test，RAT）。该方法中，研究者给参与者提供三个不相关的词（如"时间""头发""拉伸"），然后让他们找出这三个词的共同联想词（"长"）。另一种聚合型创造力的测量方法是鲁巴特等（Lubart et al.，2011）提出的潜创造力评估（evaluation of potential creativity，EPoC）。该方法中，参与者收到一些有限的元素，并以原创的方式对这些元素进行整合。根据参与者使用的元素数量、元素融合程度和作品原创性三个方面对他们的聚合型创造力进行评分。

5.1.2.3 圆方物理工作环境

已有研究表明，物理工作环境线索可以培育创造力（Bringslimark et al.，2009；Dul et al.，2011；McCoy & Evans，2002；Knasko，1992；Shibata & Suzuki，2002；Stone & Irvine，1994）。这些线索包括：（1）位置，（2）建筑结构（如面积、天花板高度），（3）空间布置（如空间布局、空间密度），（4）室内气候（如温度、湿度和空气组成），（5）室内设计（如颜色、植物/花卉、工具和设备），见表5-1。

表5-1 众创空间、物理工作环境和创造力的研究现状

研究者	众创空间	物理主题	环境线索	测量	参与者	研究方法
腾科等（Tomko et al.，2017）	众创空间	位置，建筑结构，室内设计	位置，面积，设备	整体创造力，学习空间	学生	民族志方法
利兹（Litts，2015）	众创空间	空间布置，室内设计	空间布局、设计（美学、功能、实用）材料和工具	学习技能	青年创客	案例研究，访谈
布劳德等（Browder et al.，2019）	众创空间	室内设计	硬件及软件工具	社会交换，共享空间	N/A	综述
哈尔宾格（Halbinger，2018）	众创空间		支持资源	创新，创新扩散	创客	问卷调查
梅等（May et al.，2005）		空间布置	空间密度	工作区域的满意度	员工	实地研究
杜尔等（Dul et al.，2011）		室内设计，室内气候	室内植物/花卉，启发灵感的色彩，窗外的自然景色，任何窗外的景色，室内（物理）气候	整体创造力	中小企业的知识型员工	问卷调查
麦考伊和埃文斯（McCoy & Evans，2002）		建筑结构	空间形式，天花板高度	发散型创造力	本科生	实验室实验
斯通和尔湾（Stone & Irvine，1994）		建筑结构	窗口风景	发散型创造力	学生	实验室实验
柴田和铃木（Shibata & Suzuki，2002；2004）		建筑结构，室内设计	窗口风景，植物	发散型创造力	大学的学生	实验室实验
纳斯科（Knasko，1992）		室内气候	香味/味道	发散型创造力	大学的学生	实验室实验

续表

研究者	众创空间	物理主题	环境线索	测量	参与者	研究方法
塞兰等（Ceylan et al.，2008）		建筑结构，室内设计	窗口风景，日光，灯光，植物		大型制造公司的经理	问卷调查
笔者	众创空间	物理工作环境	圆角线索	发散型创造力，聚合型创造力	创客，大学生创客	问卷调查，两个实验

注：N/A，不适用。

资料来源：笔者根据相关资料整理所得。

本节研究关注两个被忽略的基本线索：圆角和方角。圆角和方角是环境的两个基本方面（Bar & Neta，2006；Cotter et al.，2017）。在空间中很容易找到圆角和方角的元素，包括线条、形状和家具等（Dazkir & Read，2012；Westerqman et al.，2012；Zhang et al.，2016）。然而，这两个线索在已往的研究中相对较少。此外，已有研究主要关注某一特定对象，如窗户、植物/花朵、工具和设备。本节研究将环境当作一个整体，探究圆角的物理环境和方角的物理环境对不同类型创造力的影响。圆角的物理工作环境表示环境中的物体，包括形状、抽象物体、家具和设计元素等的角是钝化的，不尖锐，而方角的物理工作环境表示所有物体的角是尖锐的。

圆角线索可以激发一个人的应激反应，进而影响人的行为。根据进化论，生物体拥有对不同的环境刺激做出反应的趋近—回避机制（Schneirla，1959）。应激反应是趋近—回避动机的表现（Dickinson & Dearing，1979；Konorski，1967）。应激是由威胁引发的一种生理和心理的反应（Mcleod，2010）。当应激反应被激活时，人们的身体会释放肾上腺素和皮质醇等激素，人们的器官和思想会对被认为是威胁的情境做出反应。例如，当想象自己被仙人掌包围时（一个方角物理工作环境的例子），人会变得紧张，肌肉会收缩，人会小心地移动以避免被刺伤。然而，当一个人处在一个物体的角都是钝化的环境中，人们不怕被伤到，会感受到安全，肌肉会放松，对于在这个空间中的活动会感受到无约束。

众创空间是创客创造和发明的空间，建筑师在规划和设计建筑空间时，总是将轮廓当作一个重要的物理特征（Corbusier，2013）。探究圆方物理工作环境能否影响创客的认知和创造力不仅对创客是至关重要的，对众创空间的实践也相当重要。

本节研究提出，圆角物理工作环境比方角物理工作环境更能激活趋近动机，从而增强发散型创造力，而方角物理工作环境比圆角物理工作环境更能激活回避动机，从而增强聚合型创造力。基于此，提出了如图 5 - 1 所示的研究模型，具体研究推导如下。

5.1.2.4　物理工作环境、心理动机和创造力

环境心理学家认为，圆角和方角线索通过知觉影响认知和行为（Judd，

· 113 ·

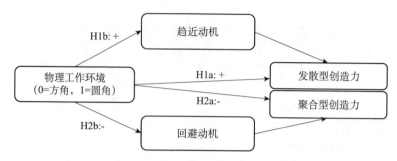

图 5 - 1　众创空间物理环境对创客创造力的影响模型

1903）。圆角的物理工作环境使人产生积极的感知，圆角的空间唤起和谐感觉（Papanek，1995），处在该环境中的人们感受到较少压力（Nejad，2007）。与物体都是方角形轮廓的环境相比，当室内的布置和家具都是圆角形轮廓时，人们感受到了更高水平的放松（Dazkir & Read，2012）。已有研究也表明，人们直接将圆角的多边形与安全的单词联系在一起（Palumbo et al.，2015）。例如，圆角常与和平、安全、和谐、愉悦相联系（Friedman & Förster，2005），当人们在一个没有尖角的圆角形空间中行走时，不会担心受伤，人们可以在这个空间里自由移动，身体的自由移动进一步促进思想和行动的自由。

（1）圆角物理工作环境对创客创造力的影响。对圆角的物理工作环境的积极感知诱发了人们趋向该环境的倾向，理论和实证数据都支持了这一观点。对刺激（物体、事件、可能性）的积极评价会促使人们产生向其移动的倾向（Elliot，2008；Elliot，1999；Elliot & Covington，2001；Elliot et al.，2006；Lang & Bradley，2008）。在理论层面，情感（Arnold，1960；Frijda，1986；Lazarus，1991）、动机（Corwin，1921；Lewin，1935；Young，1961）和态度理论学家（Bogardus，1931；Doob，1947；Thurstone，1931）都已提出诸多有关对刺激的评价和动机倾向相关联的假定。例如，阿诺德（Arnold，1960）提出，人们对评估积极的刺激会产生一种生理和躯体上接近的准备。在实证研究层面，陈和巴格（Chen & Bargh，1999）有关反应时间的实验中，参与者被要求对积极或消极态度的物体做出拉动或推动杠杆的反应。实验结果显示，当参与者拉动杠杆时，他们对积极刺激的反应要快于对消极刺激的反应（趋近反应），多个已有研究结果与这个发现相似（Cacioppo et al.，1993；Förster et al.，1998；Solorz，1960）。

趋向圆角的物理工作环境的倾向即是趋近动机的激活。趋近动机是指通过积极刺激（物体、事件、可能性）对行为倾向的激发或者朝向积极刺激的行为倾向。理论学家和实证数据都为圆角的物理工作环境可以激活个体的趋近动机提供了支持。例如，人们天生喜欢圆润（Fantz & Miranda，1975；Gomez-Puerto et al.，2016；Hubel & Wiesel，1968；Judd，1903），表明人们倾向于接近圆形轮廓的物体。乘客更喜欢使用圆角（而不是方角）设计的乘客区域，这是趋近动机的一种外部行为表达（Van Oel & Van den Berkhof，2013）。在帕伦博（Palumbo et al.，2015）的一项研究中，在刺激—反应任务中，参与者对圆形多边形表现出趋近反应，为圆角的物理工作环境可以激活趋近动机提供了直接实证证据。

激活趋近动机能够增强发散型创造力。发散型创造力是对一个问题产生尽可能多的想法和反应的能力（Colzato et al.，2012；Hommel et al.，2011；Friedman & Förster，2005；Bertamini et al.，2016；Palumbo et al.，2015；Papanek，1995），它使人们能够突破已有的思维局限，利用发散型思维产生新想法（Erez & Nouri，2010；Guilford，1967；Sarooghi et al.，2015）。当趋近动机被激活时，人们更愿意冒险，更愿意打破情境设置、重组、探索和寻求新的反应和策略（Friedman & Förster，2001，2002，2005；Schwarz，1990），这些行为都可以增强人们的认知灵活性和发散型创造力（Friedman & Förster，2005）。此外，研究表明，外部因素可以通过内在动机影响创造力（Amabile，1983a，1983b；Amabile & Gitomer，1984）。因此，提出以下假设。

假设 8a（H8a）：圆角的物理工作环境比方角的物理工作环境更有可能增强发散型创造力。

假设 8b（H8b）：这一效应是通过趋近动机发挥中介作用的。

（2）方角物理工作环境对创客创造力的影响。方角的物理工作环境会引起人们的负面感知。方角传达了严厉和不愉快的情绪（Lundholm，1921）。人们往往不喜欢尖角，因为尖角是危险的。尖锐的元素可以诱发潜在威胁的内隐感知（Bar & Neta，2007）。锐角会唤起尖刺的联想，也会唤起痛苦、愤怒和害怕的情感（Poffenberger & Barrows，1924）。尖角形状，如"V"的简单几何形状，被证明与威胁和危险有关（Larson et al.，2007；2009；2012）。巴尔和内塔（Bar & Neta，2006）也指出，尖锐的轮廓传达了一种威胁感，从而引发负面偏见。此外，人们会将方角的多边形与危险词汇和负面概念联系在一起（Palumbo et al.，2015）。巴尔和内塔（Bar & Neta，2007）利用人类神经成像技术表明，杏仁核的大脑区域在处理尖锐物体时比处理圆形物体时更加活跃，而这一大脑区域是参与治疗恐惧和威胁的脑区（Larson et al.，2007；2009）。

对方角的物理工作环境的负面感知诱发了人们回避该环境的倾向。情绪、动机和态度的理论家（Arnold，1960；Bogardus，1931；Corwin，1921；Doob，1947；Frijda，1986；Lazarus，1991；Lewin，1935；Thurstone，1931；Young，1961）认为，对刺激（物体、事件、可能性）的负面评价与远离该刺激的倾向有内在联系。这种联系得到了实证研究的支持。例如，当参与者被要求通过尽可能快地拉动或推动杠杆来对积极或消极态度的物体做出反应时，他们对消极刺激的反应要快于积极刺激的反应（回避反应）（Chen & Bargh，1999）。先前的研究也报告了类似的结果（Cacioppo et al.，1993；Förster et al.，1998；Solorz，1960）。

回避方角的物理工作环境的倾向即是回避动机的激活。回避动机是指通过消极刺激（物体、事件、可能性）对行为倾向的激发或者回避消极刺激的行为倾向。理论学家和实证数据都为方角的物理工作环境可以激活个体的回避动机提供了支持。例如，拉尔森等（Larson et al.，2007）发现，一个简单的向下指向"V"的几何图形可以在视觉搜索任务中被更快地探测出来。贝塔米尼等（Bertamini et al.，2016）的一项研究要求参与者移动一个人体模型以远离曲的或方角的形状。结果显示，与被要求将人体模型从圆角形状移开的参与者相比，那些被要求将人体模型从方角形状移开的参与者的速度更快。这是因为方角形状释放了一种威胁的信号，并诱导了参与者的回避动机，从而导致了回避行为（即反应时间更短）。

激活回避动机能够增强聚合型创造力。已有研究表明，回避动机使人们采取警惕的处理方式，变得厌恶风险（Friedman & Förster，2002）。根据定义，聚合型创造力是指将各种概念整合成想法并使用聚合思维来鉴别最佳结果的能力（Koestler，1964；Rothenberg，1996，1979；Spearman，1931）。当回避动机被激活时，人们更有可能遵照规则，关注细节，并努力找到一个最佳和最恰当的解决方案（Erez & Nouri，2010；Guilford，1967；Sarooghi et al.，2015）。据此，提出以下假设。

假设9a（H9a）：方角的物理工作环境比圆角的物理工作环境更有可能增强聚合型创造力。

假设9b（H9b）：这一效应是通过回避动机发挥中介作用的。

通过3个研究，采用多方法来检验研究假设。研究1通过对中国15个众创空间中的创客进行实地问卷调查，探究了众创空间物理环境对创客创造力的直接效应。研究2和研究3通过两个实验设计，探究了基于心理动机在众创空间物理环境与创客创造力之间的中介效应。实验研究能够分离变量并排除其他解释（Johnson et al.，2018；Spencer et al.，2005），很适合做中介作用机制探究。

5.1.3 研究1：圆方物理工作环境与创客的创造力

研究1以问卷调查的形式，旨在检验假设8a和假设9a，即圆角的物理工作环境比方角的物理工作环境更有可能增强发散型创造力（H8a），而方角的物理工作环境比圆角的物理工作环境更有可能增强聚合型创造力（H9a）。

5.1.3.1　样本和数据收集

来自中国 15 个众创空间的 288 名创客（$M_{年龄}$ = 23.72；49.31% 女性）参与了这项问卷调查。调查数据收集于 2019 年 6 月至 10 月期间。首先，从中国科技部火炬高技术产业开发中心网站和各省份科技厅网站上获取了众创空间名单。通过这些众创空间网站上公布的电话号码或登门上访的方式联系了众创空间负责人，经过沟通，最终在 15 个空间收集到 288 份有效问卷。创客们回答了与研究变量相关的问题，包括他们对众创空间中物理工作环境的感知、发散型创造力和聚合型创造力、控制变量以及人口统计信息。

5.1.3.2　变量测量

（1）因变量。对于发散型创造力，测量了流畅度和原创性。参考德弗里斯和卢巴特（De Vries & Lubart，2019）以及杜尔等（Dul et al.，2011）的量表形成研究所需的量表，包括 3 个题项（Cronbach's α = 0.798，见表 5 – 2），如 "在众创空间中，当我待在我的工作场所时，我经常会对我的问题产生不同类别的新奇想法"。

对于聚合型创造力，测量了聚合度和原创性。参考德弗里斯和卢巴特（De Vries & Lubart，2019）以及杜尔等（Dul et al.，2011）的量表形成研究所需的量表，包括 3 个题项（Cronbach's α = 0.825，见表 5 – 2），如 "在众创空间中，当我待在我的物理工作环境时，我经常能整合不同的概念来发展新想法"。

（2）自变量。自变量是分类变量，如果参与者认为他/她的物理工作环境是圆角的，则编码为 "1"；如果是方角的，则编码为 "0"。参考麦考伊和埃文斯（McCoy & Evans，2002）以及塞兰等（Ceylan et al.，2008）的研究，使用了 6 个题项测量创客对物理工作环境的感知。这 6 个题项是双极（bipolar）题项（见表 5 – 2），6 个题项的平均分即为创客对自己所处物理工作环境的感知。分数越高，表示越倾向于圆角环境。当某一创客对物理工作环境的圆方感知低于所有参与者的平均值时，则认定该创客处于方角的物理工作环境中，而当高于平均值时，则认定该创客处于圆角的物理工作环境中。6 个题项测量的是不同的环境元素，没有相互关联，因此不需要对物理工作环境进行结构信度测量（Dul et al.，2011）。

（3）控制变量。已有研究表明，物理工作环境中的许多线索影响创造力（Ceylan et al.，2008；Dul et al.，2011；May et al.，2005；McCoy & Evans，2002）。本节研究测量了 9 个物理工作环境线索作为控制变量（如室内植物/花，见表 5 – 2）。这 9 个题项为形成性指标，没有相互关联，因此不需要对这 9 个变量进行结构信度测量（Dul et al.，2011）。此外，将人口统计特征，如性别、年龄和教育程度，作为控制变量。

表 5 - 2　　　　　　　　　　研究 1：量表的信效度检验结果

描述	题项	量表 Cα	标准化因子载荷	AVE	CR	参考文献
发散型创造力 [1 = 非常不同意，7 = 非常同意]	3	0.798		0.569	0.798	
1. 在众创空间中，当我待在我的工作场所时，我经常会对我的问题产生不同类别的新奇想法	DC1		0.735			杜尔等（Dul et al.，2011）；德弗里斯和卢巴特（De Vries & Lubart，2019）
2. 在众创空间中，当我待在我的工作场所时，我经常会产生很多有创造性的想法	DC2		0.739			
3. 在众创空间中，当我待在我的工作场所时，我经常会想出很多原创的想法来解决问题	DC3		0.787			
聚合创造力 [1 = 非常不同意，7 = 非常同意]	3	0.825		0.612	0.825	
1. 在众创空间中，当我待在我的工作场所时，我经常会整合不同的概念，形成新的想法	CC1		0.767			杜尔等（Dul et al.，2011）；德弗里斯和卢巴特（De Vries & Lubart，2019）
2. 在众创空间中，当我待在我的工作场所时，我经常把几个元素结合起来，以为自己的问题产生原创性的解决方案	CC2		0.757			
3. 在众创空间中，当我待在我的工作场所时，我经常能找到问题的最佳解决方案	CC3		0.821			
圆方物理工作环境	6	N/A				
1. 总的来说，在众创空间中，你工作场所的物理工作环境往往是 [1 = 方角型，7 = 圆角型]	RAPWE1					麦考伊和埃文斯（McCoy & Evans，2002）；塞兰等（Ceylan et al.，2008）
2. 大多数线是 [1 = 直线，7 = 曲线]	RAPWE2					
3. 大多数元素是 [1 = 方角，7 = 圆角]	RAPWE3					
4. 大部分装饰 [1 = 方角，7 = 圆角]	RAPWE4					
5. 大多数对象是 [1 = 方角，7 = 圆圆]	RAPWE5					
6. 大多数家具是 [1 = 方角，7 = 圆角]	RAPWE6					
其他物理工作环境 [1 = 非常不同意，7 = 非常同意]	9	N/A				
1. 我的工作场所里摆放着许多天然植物或花卉	OPWE 1 （室内植物/花）					

续表

描述	题项	量表 Cα	标准化因子载荷	AVE	CR	参考文献
2. 在我的工作场所里，有许多能够提供刺激性体验的颜色（例如，黄色、橙色、粉色、红色或紫红色）	OPWE 2（启发灵感的颜色）					
3. 从工作环境可以看到外部的自然环境（如树木、植物）	OPWE 3（窗外的自然景色）					塞兰等（Ceylan et al., 2008）；杜尔等（Dul et al., 2011）；梅等（May et al., 2005）；麦考伊和埃文斯（McCoy & Evans, 2002）
4. 我的工作环境可以看到外部环境	OPWE 4（外部环境）					
5. 我工作场所的温度、湿度和空气都很好	OPWE 5（室内物理环境）					
6. 我的工作场所是五彩缤纷的	OPWE 6（色彩数量）					
7. 我工作场所的天花板很高	OPWE 7（天花板）					
8. 我工作场所的走廊很宽	OPWE 8（走廊）					
9. 我的工作场中物品很多	OPWE 9（密度）					
众创空间［编号从 1 到 15］众创空间	1众创空间	N/A				

注：N/A，不适用。AVE 是指平均提取方差值。CR 为组合信度。

5.1.3.3　共同方法偏差检验

由于研究的自变量和因变量是从单一问卷调查中获取的，可能存在共同方法偏差问题。因此，在问卷设计和数据采集过程中，研究人员尽量通过程序控制共同方法偏差（Dul et al., 2011；Liu et al., 2019；Mäkelä & Brewster, 2009；Weinberger et al.）。收集数据后，通过两种统计方法检验共同方法偏差问题（Podsakoff et al., 2003；2012）。首先，进行哈曼（Harman）单因子检验（Podsakoff et al., 2003）。结果表明，第一个因子的方差解释率为 34.81%，小于 50%，这意味着第一个因素没有占协方差的大部分。其次，采用不可测量潜因子技术。表 5 - 3 给出了估计模型的拟合优度指数。由表 5 - 3 中的结果可以看出，共同方法偏差在研究中不构成威胁。

5.1.3.4　验证性因子分析

量表的信度值（见表 5 - 2）表明，一阶构念是可靠有效的（Cronbach, 1951）。采用 AMOS 21.0 软件进行验证性因子分析（confirmatory factor analysis, CFA），计算每个变量的平均提取方差值（average variance extracted, AVE）和组

合信度（composite reliability，CR）。由表 5 - 2 中的结果可以看出，构念内部一致性较好（Hair et al.，2014）。表 5 - 3 是拟合指数，这些指数表明，完整的三因素模型优于其他模型（Thompson，2004）。

表 5 - 3 　　　　　　　　　研究 1：验证性因子分析结果

拟合优度指数	推荐值	1 单因素模型	2 完整的模型	3 全模型 + 方法因子
χ^2/df	≤ 3.00	10.843	1.053	0.900
CFI	≥ 0.90	0.588	0.998	1.000
NNFI	≥ 0.90	0.497	0.997	1.005
RMSEA	≤ 0.08	0.185	0.014	0.000
SRMR	≤ 0.08	0.147	0.040	0.033

注：CFI 为比较拟合指数（comparative fit index）。NNFI 为非规范拟合指数（non-normed fit index）。RMSEA 指的是近似的均方根误差（root mean square error of approximation）。SRMR 是指标准的均方根残差（standard root mean-square residual）。

5.1.3.5　结果讨论

（1）分析结果。表 5 - 4 报告了所有变量的平均值、标准差和相关性。表 5 - 5 为混合效应回归分析的结果。假设 8a 提出，圆角的物理工作环境比方角的物理工作环境更能增强发散型创造力。如表 5 - 5 所示，圆方的物理工作环境与发散型创造力呈正相关（以方角的物理工作环境为参考基准；B = 0.331，SE = 0.127，p < 0.01）。假设 9a 提出，方角的物理工作环境比圆角的物理工作环境更能增强聚合型创造力。如表 5 - 5 所示，圆方的物理工作环境与聚合型创造力呈负相关（以方角的物理工作环境为参考基准；B = - 0.620，SE = 0.182，p < 0.001）。据此，假设 8a 和假设 9a 都得到了支持。

（2）结果讨论。研究 1 对 15 个众创空间的创客进行了问卷调查，研究结果支持了假设 8a 和假设 9a，验证了圆方物理工作环境与创客的发散型创造力和聚合型创造力之间的关系。这种关系的背后机制如何？是否相同？通过两个实验探究了其内在机制。在许多领域，包括心理科学、消费者行为、营销策略和创新，使用实验被证明是一种识别潜在机制的合适方法（Mahmood et al.，2019）。

5.1.4　研究 2：圆方物理工作环境和动机

研究 2 旨在验证两个假设，即圆角的物理工作环境比方角的物理工作环境更容易激活趋近动机，而方角的物理工作环境比圆角的物理工作环境更容易激活回避动机。

5.1.4.1　刺激

设计了两个物理工作环境作为实验刺激（如图 5 - 2 所示），其中，圆角的物理工作环境有一个弯曲的屋顶，内部所有的物体都是圆角形的，而方角的物理工作环境则是一个立方体，有方角的屋顶，内部所有物体都是方角形的。

表 5-4　研究 1：描述性统计与相关系数矩阵

变量	均值	标准差	1	2	3	4	5	6	7	8	9	10	11	12	13	14	15
因变量																	
1. 发散型创造力	4.843	1.193	1														
2. 聚合型创造力	4.657	1.451	0.001	1													
自变量																	
3. 圆方物理工作环境	1.520	0.501	0.355**	-0.273**	1													
控制变量																	
4. 年龄	23.715	6.003	-0.150*	-0.045	-0.012	1												
5. 性别	1.493	0.501	-0.105†	-0.102†	-0.034	0.043	1											
6. 教育程度	2.083	0.663	-0.077	-0.062	-0.004	0.222**	0.054	1										
7. 植物和花卉	4.326	1.594	0.437**	-0.069	0.333**	-0.041	-0.063	-0.026	1									
8. 启发灵感的颜色	4.278	1.711	0.373**	-0.077	0.263**	-0.063	-0.047	-0.085	0.413**	1								
9. 窗外的自然景色	4.382	1.692	0.434**	-0.055	0.346**	-0.166**	-0.005	0.068	0.388**	0.173**	1							
10. 外部环境	4.628	1.714	0.435**	-0.080	0.241**	-0.245**	-0.054	-0.031	0.263**	0.285**	0.455**	1						
11. 室内物理环境	4.403	1.552	0.341**	0.051	0.211**	-0.141*	0.039	-0.138*	0.247**	0.262**	0.314**	0.202**	1					
12. 色彩数量	4.299	1.645	0.298**	-0.241**	0.328**	0.020	-0.019	0.003	0.436**	0.431**	0.334**	0.263**	0.241**	1				
13. 天花板	3.931	1.427	0.206**	-0.234**	0.192**	-0.136*	0.053	-0.115†	0.177**	0.109†	0.168**	0.220**	0.093	0.220**	1			
14. 走廊	4.830	1.580	0.298**	-0.031	0.151**	-0.147*	0.027	-0.173**	0.268**	0.174**	0.277**	0.245**	0.390**	0.180**	0.165**	1		
15. 密度	4.365	1.393	0.291**	-0.227**	0.383**	-0.026	-0.034	0.005	0.295**	0.377**	0.334**	0.359**	0.235**	0.325**	0.151*	0.258**	1

注：N=288；$\dagger p<1$；$*p<0.05$，$**p<0.01$，$***p<0.001$。

表 5 - 5 　　　　　　　　研究 1：混合效应回归结果

变量	发散型创造力			聚合型创造力		
	β	t	S. E.	β	t	S. E.
截距	1. 859 ***	3. 966	0. 469	7. 200 ***	11. 125	0. 647
固定因子						
圆方物理工作环境[a]	0. 331 **	2. 615	0. 127	- 0. 620 ***	- 3. 401	0. 182
年龄	0. 010	0. 922	0. 011	- 0. 003	- 0. 206	0. 014
性别[b]	- 0. 189 †	- 1. 689	0. 112	- 0. 299 †	- 1. 873	0. 159
教育程度[c]	0. 016	0. 180	0. 090	- 0. 124	- 0. 977	0. 127
植物和花卉	0. 120 **	2. 852	0. 042	0. 062	1. 017	0. 061
启发灵感的颜色	0. 113 **	2. 894	0. 039	0. 046	0. 813	0. 056
窗外的自然景色	0. 095 *	2. 312	0. 041	0. 077	1. 288	0. 059
外部环境	0. 129 **	3. 331	0. 039	0. 008	0. 144	0. 056
室内物理环境	0. 080 *	1. 973	0. 041	0. 126 *	2. 147	0. 059
色彩数量	- 0. 029	- 0. 716	0. 041	- 0. 174 **	- 2. 967	0. 059
天花板	0. 037	0. 905	0. 041	- 0. 177 **	- 3. 009	0. 059
走廊	0. 050	1. 267	0. 040	- 0. 009	- 0. 157	0. 057
密度	- 0. 038	- 0. 809	0. 047	- 0. 167 *	- 2. 455	0. 068
随机因子						
众创空间	—			—		
R_M^2	33. 80%			18. 32%		
R_c^2	38. 42%			18. 53%		

注：① $N = 288$ ；[a] $0 = $ 方角的物理工作环境，$1 = $ 圆角的物理工作环境。[b] $0 = $ 男性，$1 = $ 女性。[c] $1 = $ 高中及以下，$2 = $ 本科，$3 = $ 研究生，$4 = $ 博士。

② † $p < 1$ ； * $p < 0.05$ ， ** $p < 0.01$ ， *** $p < 0.001$ 。 R_M^2 指边际解释方差（marginal r-square）；R_c^2 指条件解释方差（conditional r-square）。

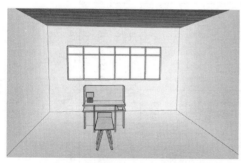 

图 5 - 2　研究 2 实验刺激材料

注：左图为方角的物理工作环境，右图为圆角的物理工作环境。

对上述刺激材料进行预测试，要求参与者回答一个两极性的问题：总的来说，图 5 - 2 中的物理工作环境更接近于 [1 = 方角的物理工作环境，7 = 圆角的物理工作环境]，结果见表 5 - 6。研究还测量了参与者的专业与建筑和设计相关的程度 [1 = 一点也不相关，7 = 非常相关]。结果显示，被试的专业对环境评估没有显著影响（所有 $p > 0.10$ ）。

表 5 - 6　　　　　　　　　　研究 2 实验刺激材料预实验结果

指标	均值		t 值	p
	方角	圆角		
物理工作环境	1.40	5.74	17.36	<0.001

注：N = 42。

5.1.4.2　参与者和实验程序

146 名学生创客（$M_{年龄}$ = 19.50，S. D. = 1.15；67.12% 女性）参与了实验。参与者被随机分配到两种环境中。参与者被要求想象自己待在该环境中，然后报告他们的一些感知。参与者被要求不过多思考、快速回答屏幕上的问题（Dazkir & Read，2012），这些问题是有关对所看到的物理工作环境的感知及被激活的动机倾向。

5.1.4.3　变量测量

（1）因变量。参与者通过自我报告的方式回答自己被环境激活的动机倾向（Mehta & Zhu，2009）。动机倾向的三个题项为当处在这个环境中时：① "我专注于尽快完成任务"；② "我担心犯错误"；③ "我更关心的是准确性而不是速度"。对于趋近动机，将后两个题项反向编码，然后取三项的平均值，分数越高，趋近动机越强。对于回避动机，第一个题项反向编码，然后取三项平均值，分数越高，回避动机越强。

（2）自变量。对于自变量，处在圆角的物理工作环境中的创客，编码为 "1"；处在方角的物理工作环境中的创客，编码为 "0"。

5.1.4.4　结果讨论

（1）操纵检验。单样本 t 检验显示，被分配到圆角的物理工作环境的被试认为该环境确实是圆角的（M = 4.60，S. D. = 0.93；t（74）= 42.67，p < .001，95% CI = [4.39，4.81]），而被分配到方角的物理工作环境的被试则认为该环境是方角的（M = 1.66，S. D. = 0.89；t（70）= 15.79，p < 0.001，95% CI = [1.45，1.87]）。因此，对物理工作环境的操纵是成功的。

（2）分析结果。方差分析显示，圆角环境的参与者（M = 4.77，S. D. = 0.77）比方角环境的参与者（M = 4.77，S. D. = 0.77）展现了更强的趋近动机（M = 2.78，S. D. = 0.75；F（1，145）= 248.20，η_p^2 = 0.63，p < 0.001，95% CI = [3.65，3.90]），而方角环境的参与者（M = 5.22，S. D. = 0.75）比圆角环境的参与者展现了更强的回避动机（M = 3.23，S. D. = 0.77；F（1，145）= 248.20，η_p^2 = 0.63，p < 0.001，95% CI = [4.10，4.35]）。

（3）结果讨论。研究 2 证实了圆方物理工作环境能够诱导趋近和回避动机。接下来的研究 3 中，将在实验室环境中测试圆方物理工作环境对创造力的影响，同时检验趋近动机和回避动机的中介作用。

5.1.5　研究3：圆方物理工作环境对创客创造力的影响机制

研究 3 的目的是再次验证研究 1 和研究 2 的结果，同时确定潜在的心理机制。

5.1.5.1　刺激

研究 3 通过将两个房间装饰成圆角或方角来操纵物理工作环境（如图 5 - 3 所示）。两个房间大小相同，均为 13 平方米；内部都是白色的；有一扇同样大小的窗户。在圆角的物理工作环境下，内部装饰的物体都是圆形的。用圆形来布置圆角型环境是因为圆形的物体角都是弧线和曲线，没有尖锐的角，符合圆角的定义。圆角环境包括一张白色的圆桌、三把木制的圆形椅子和一些用白硬纸板做成的圆形柱子。圆形实验桌上放了一些圆角的东西，包括一个圆形笔架、一个圆形木制闹钟、一个圆形杯垫和一个圆形玻璃杯子。在方角环境下，所有的物体和布置与圆角一样，但物体都是长方形或者正方形。用长方形和正方形的物体来布置方角的物理工作环境，是因为他们的角都是尖锐的，符合方角的定义。圆形和方形是圆角和方角的特殊形式，现实生活中也更容易操作。

5.1.5.2　参与者和实验程序

129 个创客学生（$M_{年龄}$ = 24.20，S. D. = 3.19；69.77% 女性）参与了实验。发散型创造力和聚合型创造力采用不同的方式来衡量（Friedman & Förster, 2001；Hommel et al., 2011）。因此，研究 3 涉及两个任务，即分别测量两种创造力。参与者被随机分配到发散型创造力任务中（N = 64；$M_{年龄}$ = 24.30，S. D. = 3.14）或聚合型创造力任务中（N = 65；$M_{年龄}$ = 24.02，S. D. = 3.25）。对于发散型创造力任务，研究人员采取以下步骤开展实验。首先，参与者抵达实验后被随机引导到一个已经布置好的房间中（圆角的物理工作环境或方角的物理工作环境）；参与者被要求坐在指定的椅子上，这样保证参与者从同一视角看到相同的圆角环境，但参与者并不知道自己是坐在指定的椅子上的。紧接着，在参与者坐下后，实验助理请他们仔细阅读桌子上的说明。然后助理离开实验室，留下参与者一个人在房间中。在说明中，参与者被告知本次实验的参与是匿名的，实验助理正在准备实验材料，稍后回来。大约 5 分钟后，实验助理回到实验室，把问卷交给参与者。参与者被要求按照指示回答问题，内容与发散型创造力任务有关。

在实验中，将参与者单独留在房间 5 分钟，是为了让他们有足够的时间观察和感知他们的环境。实验过程中，窗帘是拉上的，窗户也是关闭的，这样参与者无法从窗户看到自然风景，也听不到窗外的声音，避免了光线变化和外界声音对实验结果的干扰。对于聚合型创造力任务，除了任务不同，其他程序都与发散型创造力任务的相同。

图 5 – 3　研究 3 实验室设置的方圆物理工作环境

注：左边为方角的物理工作环境，右边为圆角的物理工作环境。参与者被要求坐在中间的椅子上，这样他们可以看到环境设置。上面的两个图形是局部图，也是参与者坐在椅子上时看到的环境视角。下面两个图是全局图。

5.1.5.3　变量测量

（1）因变量。发散型任务采用多用途任务（alternate uses task，AUT）（Hommel et al.，2011；Steidle & Werth，2013）。参与者被要求在 1 分钟内对一块砖头想出尽可能多的创造性用途（Friedman & Förster，2001；Mehta & Zhu，2009；Palanica et al.，2019）。每个参与者的回答都根据以下三个类别进行编码：①提出的用途总数量；②创造力平均得分；③创造性用途的总数量。其中，第一类编码采用的是每个参与者提出的创造性用途的总数量。第二类编码则遵循以下三个步骤进行计算：首先，汇总所有参与者提出的所有用途，总共产生了 101 种独特用途。其次，招募了 8 位评委，用 9 分制的李克特量表（1：非常无创意；5：既非创造性也非无创造性；9：非常有创意）。然后，通过对 8 位评委对每种用途的打分进行平均，得出该用途的创造性平均得分。最后，计算每个参与者的平均创造力得分。最终，将每个参与者提出的所有用途的创造力平均分相加，得到每位参与者的创造力总分，再除以该参与者提出的所有用途的总数。第三类编码则是统计创造力得分平均大于 5 的创造性用途数量。

聚合型创造性任务采用远程联想测试（RAT）（Mednick，1962；Steidle & Werth，2013）。在该类任务中，每个题目都包含 3～4 个词（如"架子""阅读""结束"），它们在某种程度上与要回答的第四或第五个词（如"书"）有关。参与者被要求在不同的概念之间建立适当的联系并给出最好的答案（Friedman & Förster，2001）。因此，远程联想测试任务是一种比较合适的方法来衡量创造性的聚合型。在本实验中，借鉴梅塔和朱（Mehta & Zhu，2009）的 5 个题目测试，通过计算每个参与者的正确答案数，得到聚合型创造力得分。

（2）自变量。对于自变量，圆角的物理工作环境中编码为"1"，方角的物理工作环境中编码为"0"。

（3）中介变量。动机的测量与研究 2 相同。

（4）控制变量。参考已有研究，研究 3 控制了参与者的创造力特质水平和情绪。采用高夫（Gough，1979）创造性人格量表（CPS），参考杜尔等（Dul et al.，2011）的方法要求参与者从 16 个形容词中选择最符合自己的词，以衡量其创造性人格。CPS 被证明是一种可靠有效的创造性人格测量方法（Dul et al.，2011；Oldham & Cummings，1996）。另一个控制变量是情绪，之前的研究已经表明了情绪和创造力之间的联系，本实验采用四种积极情绪（快乐、高兴、平静和放松）和四种消极情绪（愤怒、恐惧、悲伤和抑郁），4 个题项的平均分分别得到积极的情绪值和消极的情绪值（De Dreu et al.，2008）。

5.1.5.4 结果讨论

（1）操纵检验。针对发散型创造力任务，检验了物理环境操纵是否成功。结果表明，在圆角的条件下，参与者认为房间确实是圆角的物理工作环境（M = 5.35，S. D. = 1.15）；而在方角的条件下，参与者感知环境是方角的物理工作环境（M = 1.68，S. D. = 0.65；t（62） = 15.65，p < 0.001，95% CI = ［3.20，4.14］）。因此，研究 3 对于物理工作环境的操纵成功。此外，两组被试的创造性人格特质（p = 0.46，95% CI = ［-2.05，0.94］）、积极情绪（p = 0.64，95% CI = ［-0.42，0.68］）、消极情绪（p = 0.34，95% CI = ［-0.17，0.49］）均无显著性差异。

对于聚合型创造力任务，圆方物理工作环境的操纵也是成功的（$M_{圆角物理工作环境}$ = 5.22，S.D. = 1.11 vs. $M_{方角物理工作环境}$ = 1.71，S.D. = 0.78；$t_{(63)}$ = 14.77，p < 0.001，95% CI = [3.04，3.99]）。而且，两组的创造性人格特质（p = 0.81，95% CI = [−1.39，1.78]）、积极情绪（p = 0.85，95% CI = [−0.46，0.56]）、消极情绪（p = 0.61，95% CI = [−0.19，0.32]）均无显著性差异。以上结果表明，实验的操纵检验成功。

（2）直接效应。首先，检验圆方物理工作环境对发散型创造力的直接效应。以个体创造性人格特质、积极情绪和消极情绪为控制变量，对发散型创造力进行协方差分析。结果表明，个体创造性人格特质、积极情绪和消极情绪等控制变量对发散型创造力没有影响（p > 0.10）。然而，圆角条件下的参与者比方角条件下的参与者表现出更高的发散型创造力。如图 5 − 4 所示，其中，图 5 − 4a 为圆方物理工作环境对用途总数量的直接效应，图 5 − 4b 为圆方物理工作环境对平均创造力得分的直接效应，图 5 − 4c 为圆方物理工作环境对创造性用途总数量的直接效应，图 5 − 4d 为圆方物理工作环境对正确答案数量的直接效应。具体而言，在圆角条件下的参与者：①提出了更多的用途（M = 4.64，S.D. = 1.83 vs. M = 3.87，S.D. = 1.31；$F_{(1, 63)}$ = 3.57，η_p^2 = 0.06，p = 0.06，95% CI = [3.84，4.66]；如图 5 − 4a 所示）；②有更高的平均创造力得分（M = 3.45，S.D. = 0.61 vs. M = 3.10，S.D. = 0.50；$F_{(1, 63)}$ = 6.90，η_p^2 = 0.11，p < 0.05，95% CI = [3.14，3.41]；如图 5 − 4b 所示）；③提出了更多的创造性用途（M = 0.91，S.D. = 0.91 vs. M = 0.52，S.D. = 0.57；$F_{(1, 63)}$ = 4.01，η_p^2 = 0.06，p < 0.05，95% CI = [0.52，0.91]；如图 5 − 4c 所示）。

其次，检验圆方物理工作环境对聚合型创造力的直接效应。对聚合型创造力进行了协方差分析，结果表明，个体的创造性人格特质、积极情绪和消极情绪对聚合型创造力均无显著影响（p > 0.53）。然而，方角条件下的参与者（M = 3.18，S.D. = 1.24）比圆角条件下的参与者体现了更高的聚合型创造力水平（M = 2.50，S.D. = 1.19；$F_{(1, 64)}$ = 4.70，η_p^2 = 0.07，p < 0.05，95% CI = [2.53，3.15]；如图 5 − 4d 所示）。此外，研究人员还进行了方差分析，该分析没有将个体创造性人格特质、积极情绪或消极情绪作为控制变量。结果显示，发散型创造力和聚合型创造力的结果仍然保持稳定。由于个体创造性人格特质、积极情绪和消极情绪对创造力没有显著影响，后续的中介分析不再考虑这三个变量。

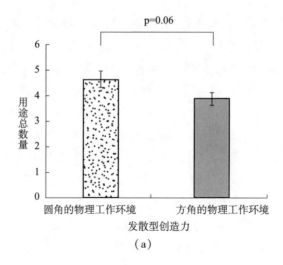

（a）

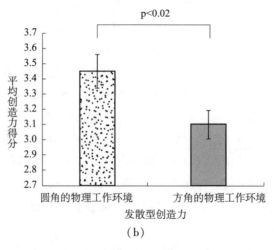

（b）

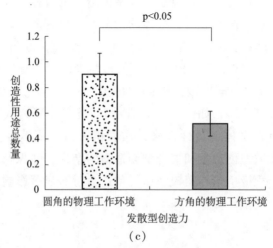

（c）

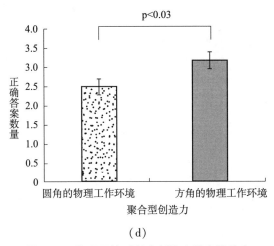

图 5 – 4　物理环境对创客创造力的直接效应

注：误差条是标准误差。

（3）中介效应。采用 PROCESS 方法检验中介效应（Cian et al. ；Hayes，2017；Luffarelli et al. ，2019；Mahmood et al. ，2019；Zhao et al. ，2010），分析结果如图 5 – 5 所示。其中，图 5 – 5a 为发散型创造力中以多用途任务（AUT）中的用途总数量作为因变量的中介效应，N = 64，物理工作环境间接影响的 95% 置信区间［CI］ = ［0.02，0.74］；图 5 – 5b 为发散型创造力中以多用途任务（AUT）中的平均创造力得分作为因变量的中介效应，N = 64，物理工作环境间接影响的 95% 置信区间［CI］ = ［0.07，0.53］；图 5 – 5c 为发散型创造力中以多用途任务（AUT）中的创造性用途总数量作为因变量的中介效应，N = 64，物理工作环境间接影响的 95% 置信区间［CI］ = ［0.07，0.60］；图 5 – 5d 为聚合型创造性任务中以远程联想测试（RAT）中正确答案数量作为因变量中介效应，N = 65，物理工作环境间接影响的 95% 置信区间［CI］ = ［ -0.95，-0.08］。

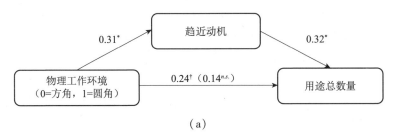

（a）

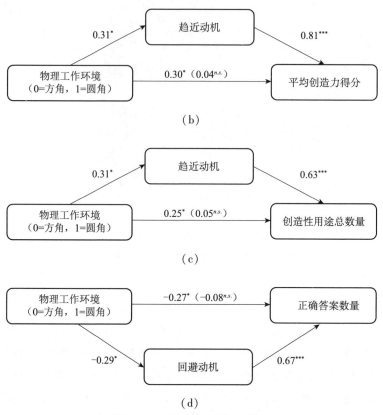

图 5 - 5 心理动机的中介效应

注:$^\dagger p < 0.1$ * $p < 0.05$. *** $p < 0.001$. n.s.不显著。

首先,检验趋近动机在物理工作环境对发散型创造力的影响中的中介作用。分别使用"用途总数量""创造力平均得分"和"创造性用途总数量"作为因变量。第一,使用"用途总数量"作为因变量,采用逐步回归检验中介效应。结果显示,物理工作环境影响了用途总数量($\beta = 0.24$, $p = 0.06$, 95% CI = [-0.04, 1.57]);物理工作环境对趋近动机也有显著影响($\beta = 0.31$, $p < 0.02$, 95% CI = [0.13, 1.02]);将趋近动机纳入第一个回归模型作为预测因子,趋近动机对因变量的影响具有显著性($\beta = 0.32$, $p < 0.02$, 95% CI = [0.12, 1.00]),但物理工作环境对因变量的影响变得不显著($\beta = 0.14$, $p > 0.27$, 95% CI = [-0.36, 1.25])。此外,趋近动机的间接效应显著(95% CI = [0.02, 0.74])。分析结果表明,趋近动机显著中介了物理工作环境对发散型创造力的影响(如图 5 - 5a 所示)。

第二,使用"平均创造力得分"作为因变量,采用逐步回归检验中介效应。结果显示,物理工作环境显著影响平均创造力得分($\beta = 0.30$, $p < 0.02$, 95%

CI = ［0.06，0.62］）；物理工作环境对趋近动机也有显著影响（β = 0.31，p < 0.02，95% CI = ［0.13，1.02］）；将趋近动机纳入第一个回归中作为预测因子时，结果显示，趋近动机对因变量的影响具有显著性（β = 0.81，p < 0.001，95% CI = ［0.41，0.60］），但物理工作环境对因变量的影响变得不显著（β = 0.04，p > 0.57，95% CI = ［-0.13，0.23］）。此外，趋近动机的间接效应显著（95% CI = ［0.07，0.53］）。分析结果表明，趋近动机的中介效应存在（如图 5 - 5b 所示）。

第三，使用"创造性用途总数量"作为因变量，采用逐步回归检验中介效应。结果显示，物理工作环境影响创造性用途总数量（β = 0.25，p < 0.05，95% CI = ［0.01，0.78］）；物理工作环境对趋近动机也有显著影响（β = 0.31，p < 0.02，95% CI = ［0.13，1.02］）；将趋近动机纳入第一个回归中作为预测因子时，结果显示，趋近动机对因变量的影响具有显著性（β = 0.63，p < 0.001，95% CI = ［0.36，0.71］），但物理工作环境对因变量的影响变得不显著（β = 0.05，p > 0.59，95% CI = ［-0.24，0.41］）。此外，趋近动机的间接效应显著（95% CI = ［0.07，0.60］）（如图 5 - 5c 所示）。综合来看，发散型创造力的三个测量变量在动机的中介效应中表现出相同的结果，假设 8b 得到支持。

其次，分析回避动机是否中介物理工作环境对聚合型创造力的影响。以聚合型创造力任务的正确答案数量为因变量，以物理工作环境为自变量，进行逐步回归检验。结果显示，物理工作环境影响了正确答案数量（β = -0.27，p < 0.03，95% CI = ［-1.28，-0.08］）；物理工作环境也显著影响回避动机（β = -0.29，p < 0.02，95% CI = ［-1.36，-0.13］）；将回避动机纳入第一个回归模型中作为预测因子，结果显示，回避动机对因变量的影响具有显著性（β = 0.67，p < 0.001，95% CI = ［0.47，0.84］），但物理工作环境对因变量的影响变得不显著（β = -0.08，p > 0.40，95% CI = ［-0.67，0.27］）。此外，回避动机的间接效应显著（95% CI = ［-0.95，-0.08］）（如图 5 - 5d 所示）。这说明回避动机在物理工作环境对聚合型创造力的影响中扮演着中介作用。因此，假设 9b 获得支持。

综上所述，研究 3 的结果支持了本节研究的整个概念框架和假设。结果表明，圆角型物理工作环境通过趋近动机的激活，增强发散性创造力；方角型物理工作环境通过回避动机的激活，增强聚合型创造力。

5.1.6　结果讨论

在进化论的基础上，本节探究了众创空间的圆方物理工作环境对创客发散型创造力和聚合型创造力的影响，并揭示了中介机制。具体而言，研究关注了物理工作环境的方角和圆角线索，发现圆角的物理工作环境可以增强发散型创造力，而方角的物理工作环境可以增强聚合型创造力。这些不同的影响是因为圆角环境更可能激活趋近动机，而方角环境更可能激活回避动机，进而影响发散型创造力和聚合型创造力。

5.1.6.1 理论贡献

本节研究有多个重要的理论贡献。其一，结合进化论、心理动机、创造力、物理工作环境和众创空间的相关文献，证实物理工作环境的圆角线索会对创客创造力产生影响，弥补了众创空间相关研究的不足。虽然众创空间受到了学界关注，但大多数研究都将其作为教育和学习技能的场所（Anderson，2012；Dougherty，2012；Peppler et al.，2016），或专注于众创空间里的设备、材料和工具，为探索众创空间圆方物理工作环境对创造力的影响留下研究机会。研究证实众创空间是创客创新的支持性环境，并揭示了众创空间不同的物理环境是如何影响创客创造力的。

其二，聚焦物理工作环境的两个基本特征，即圆角线索和方角线索，已有研究对这两个线索的关注很少，这是本节研究第二个重要贡献。创造力是创新和创业成功的关键，如何提高员工或个人的创造力一直是组织关注的问题。心理学、市场营销、人力资源管理和组织行为学的学者指出，创造力可以是一种受环境线索影响的可变"状态"（Amabile，1982；1983a；1983b）。虽然已有研究集中在某些线索上，如花、颜色和室内气候（Ceylan et al.，2008；Dul et al.，2011；Knasko，1992），但对构成空间环境和内部物体的基本要素的关注相对较少。

其三，区分了发散型创造力和聚合型创造力，这与大多数已有研究中将创造力作为一个整体来考察的视角不同。不同的任务类型（如生成尽可能多的创意的头脑风暴 vs. 寻求识别最好方案的任务）需要不同类型的创造力，在同一个任务的不同阶段（如创意的产生 vs. 创意的实现）也需要不同类型的创造力（Ardichvili et al.，2003；De Vries & Lubart，2019）。本节研究通过区分两类创造力（或创造力的两个组成部分），证明圆方物理工作环境对两类不同创造力有不同的直接影响，丰富了现有关于创造力的研究（Barbot et al.，2011；McCoy & Evans，2002；Knasko，1992；Stone & Irvine，1994）。

其四，探究了圆方物理工作环境和不同类型创造力关系中的内在机制。圆方物理工作环境可以激活不同类型的心理动机。具体而言，圆角环境比方角环境更有可能激活趋近动机，而方角环境比圆角环境更有可能激活回避动机。同时，揭示了动机在物理环境对创造力影响中扮演着中介角色，即圆方物理工作环境可以通过趋近动机和回避动机对发散型创造力和聚合型创造力产生影响（Friedman & Förster，2001；2002；2005）。

5.1.6.2 局限和未来研究

本节研究具有一定的局限性。第一个研究局限是研究结果的可推广性。具体而言，本节研究结论是基于众创空间的环境得到的，众创空间是一个对创造力要求很高的空间，创客来空间也大多是带着创造性的目标而来的，在这样的环境中，个体创造力需求总是被激发，因此得到了当前结论。但此结论是否能够推广到一般环境中，还有待研究。因此，未来可以探究当个体没有明确的创造性目标或当个体不是处于需要创造力的环境中时，物理工作环境对个体创造力的影响如何。另一个未来可能研究是可以探索动机机制与其他物理工作环境线索（如颜色或声音）的适用性。此外，研究的参与者主要是创客，未来研究可以探究结果对其他人群（如公司员工）的推广性。

第二个研究局限与实验设计有关。在实验中，研究试图设计纯粹的圆角和方角物理工作环境，以从理论上支持研究假设。但在实践中，圆角和方角环境往往是同时存在的，是混合的。未来的研究可以探索混合环境中，这两种线索要多明显，才能够对发散型创造力和聚合型创造力产生显著影响。

第三个研究局限是当前研究结论是针对个体的，当团队工作时，物理工作环境对团队层面的两类创造力的影响将如何，也会是一个有趣的研究点。圆角的物理工作环境（vs. 方角的物理工作环境）提供了一个安全、舒适、没有威胁感的环境，可能会激励团队成员参与，使他们更有可能表达自己的创新想法，并提出更多的想法（Kim et al.，2018；Palumbo et al.，2015；Sarooghi et al.，2015），促进了团队成员之间的沟通。与不同的人进行沟通和互动，可以增强发散型创造力（Kim et al.，2018；Perry-Smith，2006；Perry-Smith & Shalley，2003；Zhou et al.，2009）。但也有可能针对团队的研究会得到相反的结论，因为圆角的物理工作环境带来的安全感和舒适感可能会降低团队成员与他人争论的意愿，并增加他们对他人意见的认同。当出现了顺从行为时，可能会增强聚合型创造力。因此，当前基于个体的研究结论在群体中可能会出现相同还是相反的结论值得未来探讨。

5.2　众创空间的文化环境影响研究

"如鱼得水"还是"水土不服"？创新氛围对不同动机创客创新行为的影响

5.2.1　引言

自 2014 年 9 月李克强总理在夏季达沃斯论坛上首次提出"大众创业、万众创新"以来，我国创客运动呈现出快速发展态势。从社会学的角度来看，创客运动是一项非常有价值的活动。一方面，创客运动为创客自身带来价值。创客通过参与创客运动可以从中获得直接的个人效用，包括从创作中获得快乐和满足，直接使用自己创造的产品，有些创客的创新成果转化成产品还可以在市场上销售获得经济收入。另一方面，创客运动为社会带来价值。创客的创新成果转化成市场所需的产品并在市场上销售，正是为社会带来价值的体现。

众创空间是用于创造、创新和社交的新型创新创业服务平台，是创客运动的重要载体。众创空间为创客提供了创新所需的场地、工具、设施设备等支持，还为创客提供创新培训等服务。为推进大众创业、万众创新，国家对众创空间的建设与发展十分重视，先后出台了一系列指导性政策文件，为营造良好的创新生态环境、激发亿万群众创新创造活力提供了支持和保障。在中央的大力引导和各省市的纷纷响应下，我国众创空间的发展势如破竹，截至 2020 年 4 月 16 日，科技部确定的国家备案众创空间达到 498 家。

众创空间的建设和发展，使创客纷纷从四面八方向众创空间集聚，期望在众创空间中通过创意碰撞、信息共享、资源互补等将创意转化为现实。哈尔宾格（Halbinger，2018）研究发现，在众创空间中的创客，其创新扩散率为 53%，远远高于在家中或其他场所进行创造的创新扩散率。这说明，众创空间对创客创新起到了不可小觑的作用。那么，了解是什么使众创空间中创客表现出更多的创新行为是非常重要的。现有研究主要集中于对众创空间概念、运营模式的理论介绍，对众创空间内创客创新行为的相关实证研究较少。本节通过实证方法，研究了众创空间内创客的不同创新动机对创新行为的影响，并重点探讨了众创空间创新氛围对创客动机与创新行为关系的调节作用。

研究发现，创客的经济动机与社会动机均会正向影响创新行为。进一步地，创新氛围会强化社会动机对创新行为的正向影响，但会削弱经济动机对创客创新行为的正向影响。这是由于，众创空间的创新氛围代表了空间内部的一种组织规范，这种组织规范鼓励冒险、鼓励变革、鼓励大胆试错、鼓励进行远距离知识搜索等。社会动机是内部动机，出于这种动机进行创新的创客，更在乎过程、更愿意冒险、其风险容忍度更高。因此，在众创空间创新氛围代表的组织规范下，出于社会动机进行创新的创客会感知到自身正在进行与组织规范一致的活动，能在这种组织规范中十分自洽地从事创新活动，并且做出更加乐于创新的行为表现。反之，由于创新氛围代表的组织规范传递了冒险、变革、试错、对远距离知识搜索的鼓励感知，这与出于经济动机进行创新的创客规避风险、追求确定性收益的心理相悖，使他们产生与组织规范格格不入的感觉，进而导致他们创新行为的减少。本节通过对众创空间中创客的创新动机、创新氛围与创客创新行为之间关系的探讨，丰富了现有众创空间和创客的相关研究。同时，研究结论为推动众创空间的发展、有效促进创客创新行为提供了实践管理启示。

5.2.2　理论基础与假设发展

5.2.2.1　众创空间

众创空间是一种新的基础设施形式，旨在支持大众创新以及非创新的创意活动。创客在众创空间中可以参与与技术、科学和艺术相关的创新项目。自 2015

年《国务院办公厅关于发展众创空间推进大众创新创业的指导意见》发布以来，众创空间成为一种新型创新创业服务平台在全国范围内迅速发展（张玉利和白峰，2017）。作为创客运动的重要载体，众创空间被看作是创客聚集在一起并通过分享知识、共同工作等来创造新事物的实体实验室，一般以社区化的方式运行（Hackerspace，2010）。

众创空间为创客创新提供了强大的支持。首先，众创空间营造了一种公开交换信息和鼓励实验试错的文化（Dickel et al.，2014；Coleman & Golub，2008）。这种环境有利于培养创客的创新意识，促进创新想法的产生。其次，众创空间提供了一个与他人共享的工作空间与工具箱（West & Greul，2016）。众创空间通常配备有工作场地、工具和机械，从传统的手工工具（如锯子和焊接机）到计算机控制的工具（如激光切割机和 3D 打印机），这些工具可以支持创客进行创新项目的开展，包括开发、设计、制作、建造实体或虚拟产品的原型（de Jong et al.，2015）。最后，众创空间提供了项目建议与社会资源支持，鼓励并帮助创客创新成果的商业化运作。在众创空间内，创客所创新出的成果可以得到来自行业专家的建议，一些众创空间还会对接投资机构，帮助创客实现创新成果的商业价值。

5.2.2.2　创客在众创空间内的创新动机与创新行为

众创空间内的创客会出于经济动机进行创新。诱导个人参与创客运动的动机非常复杂，心理学文献将其动机分为两类，即执行任务或从事活动的内在动机和外在动机（Davis et al.，1992；Deci & Ryan，1985a，1985b）。外在动机是指个体为了获得外界的奖励或者避免外界的批评而从事某项活动。创客运动中，外在动机包括通过创新活动获得经济收益、利用创新成果获得职业晋升、避免创新失败等（Gagne & Deci，2005；Davis et al.，1992）。在创新情境下，成功商业化的创新成果往往能为创客带来巨大的经济价值（Bin，2013；Raasch & von Hippel，2013）。同时，众创空间为创客提供的投资咨询、成果转化等相关服务有助于创新成果变现。因此，在众创空间中，经济动机会促进创客进行创造和创新（von Hippel，1988）。

众创空间内的创客会出于社会动机进行创新。社会动机是内在动机的一种类型。内在动机是指个体被活动本身所吸引，并且出于从活动本身获得自发的满足而参加某项活动（Gagne & Deci，2005；Davis et al.，1992；Deci & Ryan，1985）。基于自我决定理论，内在动机能够使得个体在面对具有挑战性和复杂性工作任务时产生灵活性认知，从而更容易地完成任务（Hienerth，2006；Ogawa & Pongtanalert，2011；von Hippel et al.，2012）。创客研究中发现了一系列有利于促进创新的内在动机，包括从创新任务中获得知识或提升技能（Bin，2013；Hienerth，2006）、帮助他人以获得乐趣等（Kogut & Metiu，2001；Lakhani & von Hippel，2003）。众创空间为创客与创客之间的互动提供了场所，创客们可以在社区中与其他创客成员互动，扩大自己的社交范围（Acar，2019；Hars & Ou，

2002；Lakhani & Wolf，2005）。创客之间的社交活动有益于创客之间互相帮助，也有助于创客获取更多的知识，获得技能上的提升。因此，在众创空间中，社会动机有助于促进创客创新。综上所述，提出如下假设。

假设10（H10）：在众创空间中，经济动机与社会动机对创客的创新行为均有正向影响。

5.2.2.3 创新氛围——众创空间的文化环境

根据社会认知理论，社会行动在很大程度上受外部环境氛围的支配（Cole-man，1988）。氛围指的是在某一时间点上的情境，以及它与组织成员的思想、感情和行为的联系。它是短暂的、主观的，而且往往受到管理者的直接操纵，众创空间中与之对应的是创新氛围。众创空间的创新氛围主要指众创空间所营造的鼓励创新、变革、大胆试错的一种创新文化环境。这种创新文化环境鼓励创客间相互交流、共享信息，培养敢于承担风险、不怕失败的创新价值观，对创新想法给予公正评价、充分支持，表扬并奖励富有创造力的想法，让创客自主进行创新决策，激励和倡导创新行为。

现有研究中，组织的创新氛围主要基于认知观和本质观两种类型。基于本质观视角，组织创新氛围是组织内存在的一种客观属性，涵盖的是组织的特征（Amabile et al.，2005）。基于认知观视角，强调创新氛围是组织成员对组织提供创新支持（管理方式、团队关系、物理环境）的感知，具有较强的创新导向性，能够直接影响成员的创新行为（Bharadwaj & Menon，2000）。基于此，本节研究中将创新氛围定义为创客个体对众创空间鼓励创新、变革、大胆试错的氛围感知，是创客个体对组织文化环境的一种主观感受，这种主观感受会影响其创新行为。

5.2.2.4 创客创新动机与创新氛围的匹配

动机和创新行为会受到个体所参与的环境氛围特征的影响（Amabile，1997）。本节研究聚焦众创空间创新氛围这种文化环境。创客个人创新动机与其创新行为之间的关系会受到创客所在众创空间营造出的创新氛围的影响。作为一种新的支持创造性活动的基础设施，许多众创空间营造了一种鼓励创新、变革、大胆试错的创新文化。例如，深圳最早的众创空间——柴火空间通过强调跨界创新的文化，彰显出其浓厚的创新氛围。柴火空间对跨知识领域创客之间沟通与合作重要性的强调，会强化创客的社会动机。

众创空间中的创新氛围向创客们传达了一种组织规范。恰尔迪尼等（Cialdini et al.，1990）将组织规范描述为"大多数人所做的事情，它通过提供证据来激励什么可能是有效和适应性的行动"。社会心理学家已经反复证明了组织规范对诱导个人的作用表现为跟随大多数其他人正在做的行为（Cialdini et al.，1990）。然而，规范的力量并不是对所有人的影响都是一致的。根据人—环境匹配理论（P-E fit），个人需求与外部环境之间的匹配会由于个人特征的不同而对环境产生不同的感知（Kristof，1996），这种差异的感知会使他们对环境及环境中的活动产生不同的态度和表现出不同的行为结果（Edwards et al.，2006；van Vianen，2018）。当感知到自身与环境是匹配时，个体会付出更多的努力以符合环境的要求，对环境中的活动会更加投入（Oh et al.，2014）。相反，当感知到自身与环境错配时，个体会对环境产生反感，甚至导致个体选择退出该环境的活动（Kristof-Brown et al.，2005）。

在创客运动中，浓厚的创新氛围表现为鼓励变革、冒险、勇敢试错、进行远距离搜索以得到创新发现（March，1991）。浓厚的创新氛围鼓励创客重点追求创新想法的产生和创新想法实施的过程，弱化对结果的关注，因而出于经济动机参与创新的创客可能会察觉到他们的目标——确定性的结果与最大的收益回报，与众创空间所鼓励的价值之间存在不匹配。这会导致他们产生角色模糊、角色冲突等感知（Ostroff et al.，2005），进而削弱他们参与创新的行为意向（Kristof-Brown et al.，2005）。因此，在创新氛围浓厚的众创空间中，出于经济动机参与创新的创客可能会减少他们的创新行为。综上所述，提出如下假设。

假设 11（H11）：浓厚的创新氛围会削弱经济动机对创新行为的正向影响。

相反的是，出于社会动机参与创新的创客会发现众创空间所鼓励和倡导的组织规范与他们的出发点一致，他们会感知到自身行为与空间所鼓励的内容相契合，从而做出更加乐于按照组织规范行事的行为表现。此外，社会动机使得人们更加注重社区规范，即他们更会根据所在社区的期望来调整自己的行为。因此，在浓厚的创新氛围中，出于社会动机参与创新的创客会增加他们的创新行为。综上所述，提出如下假设。

假设 12（H12）：浓厚的创新氛围会强化社会动机对创新行为的正向影响。

基于上述内容，提出本节研究模型，如图 5-6 所示。

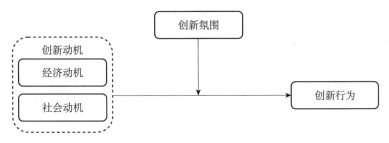

图 5-6　众创空间创新氛围对创客创新的影响模型

5.2.3　数据收集与变量测量

5.2.3.1　数据收集

通过对众创空间里的创客进行问卷调查收集研究所需数据。通过线下纸质问卷和线上电子问卷两种方式展开。第一，面对面发放问卷。通过与研究者所在省份湖南省的众创空间管理者的沟通，征得同意后，到众创空间面对面向创客发放纸质问卷。第二，通过网络渠道发放问卷。对众创空间网络社区的创客发放电子问卷。本次调研共发放问卷 200 份，回收问卷 193 份，其中有 54 份问卷存在重复填写、问题遗漏、非创客填写等问题，剔除这部分问卷后，最终获得有效问卷共 139 份。

问卷内容包括两大部分：第一部分收集创客的性别、年龄、参与众创空间的基本情况及其创新经历等基本信息；第二部分对研究的变量测度项进行调查。

5.2.3.2 变量测量

研究构念包括创新动机、创新氛围和创新行为。为了确保研究中构念测量的有效性和可靠性，参考现有文献中成熟的量表，结合研究所需对成熟量表进行适当修改，最终形成研究所需的调查问卷。文献中的成熟量表若为英文量表，则在研究之初由研究者首先对量表进行翻译，然后邀请创新研究专家对量表进行反译再翻译（英汉—汉英），以确保翻译在跨文化环境中的有效性。所有题项均采用 7 点里克特（Likert）量表，范围从"非常不同意"到"非常同意"（1 = 非常不同意，7 = 非常同意）。

（1）创新动机。创新动机是指创客在众创空间中参与创新活动的动机，包括经济动机与社会动机两种类型。借鉴哈尔宾格（Halbinger，2018）和海恩特斯等（Hienerth et al.，2014）开发的量表，结合众创空间、创客的特性，对量表进行了适当修改，最终使用一个包含 4 个题项的量表测量经济动机。这 4 个题项分别为："我在众创空间里参与创新活动是为了商业成功""我在众创空间里参与创新活动是为了发现商机""我在众创空间里参与创新活动是为了赚钱""我很在乎我的创新成果是否具备经济价值"（Cronbach's α = 0.908）。

借鉴博克等（Bock et al.，2005）和特温格等（Twenge et al.，2010）的研究中的量表，对其进行适当改编，最终确定了一个包含 6 个题项的量表测量社会动机。这 6 个题项分别为："我在众创空间里参与创新活动是为了获得别人的尊重""我在众创空间里参与创新活动是为了获得别人的认可""我在众创空间里从事创新活动是为了扩大我在创客群体中的交往范围""我在众创空间里从事创新活动是为了增强其他创客对我的认同""我希望通过在众创空间里从事创新活动结识更多的创客""我在众创空间里从事创新活动是为了强化我与其他创客之间的联系"（Cronbach's α = 0.932）。

（2）创新氛围。创新氛围是指创客个体对众创空间鼓励创新、变革、大胆试错的氛围感知，是创客个体对组织文化环境的一种主观感受。创新氛围的测量量表主要参考刘云和石金涛（2009）的研究并改编以适应研究所需，最终确定了一个包括 3 个题项的量表对创新氛围进行测量。这 3 个题项分别为："我所在的众创空间会对有创新想法的个人或团队进行奖励""我所在的众创空间倡导个人或团队创造新的、原创的东西,从错误中学习""我所在的众创空间崇尚自由开放与创新变革"(Cronbach's α = 0.895)。

(3)创新行为。众创空间中的创客是一群以将自己的创意转化为产品为目的的群体,为了实现自身的创意想法而参与创新创业活动,其创新行为与组织中员工的创新行为具有相似性。借鉴斯科特和布鲁斯(Scott & Bruce, 1994)的量表,本书使用了一个包括 5 个题项的量表测度创客创新行为。这 5 个题项分别为:"我经常会产生一些有创意的点子或想法""我会想别人推广我的创新想法并寻求支持与认可""为了实现我的创意想法,我会想办法争取所需要的资源""我会积极地制订详尽的计划和进度安排来落实我的创新想法""我会为空间中其他创客的创新想法提出建议"(Cronbach's α = 0.936)。

(4)控制变量。研究中包含了 4 个可能会影响创新行为的控制变量。第一,创客性别,用 1 表示男性,0 表示女性。第二,创客年龄。已有研究发现,年龄会影响用户创新行为和创新结果(Faullant et al., 2012),因此将年龄作为控制变量。第三,创客受教育水平。基于前期访谈发现,先验知识会影响动机和创新行为。为了排除观察到的结果可能被归因于知识相关变量,研究使用教育水平对创客知识进行控制。第四,成为创客的时间。已有研究指出,参与创客活动的时间长短会对创客的创新行为产生影响(Mack & Landau, 2020)。

研究变量的所有测量题项见表 5 - 7。

表 5 - 7　　　　　　　　　　构念测量问项

构念与问项	标准化因子载荷	Cα	CR	AVE
经济动机(Halbinger, 2018;Hienert et al., 2014)		0.908	0.907	0.711
1. 我在众创空间里参与创新活动是为了商业成功	0.887			
2. 我在众创空间里参与创新活动是为了发现商机	0.940			
3. 我在众创空间里参与创新活动是为了赚钱	0.799			
4. 我很在乎我的创新成果是否具备经济价值	0.731			
社会动机(Bock et al., 2005;Twenge et al., 2010)		0.932	0.944	0.740
1. 我在众创空间里参与创新活动是为了获得别人的尊重	0.748			
2. 我在众创空间里参与创新活动是为了获得别人的认可	0.736			
3. 我在众创空间里从事创新活动是为了扩大我在创客群体中的交往范围	0.807			
4. 我在众创空间里从事创新活动是为了增强其他创客对我的认同	0.817			
5. 我希望通过在众创空间里从事创新活动结识更多的创客	0.950			
6. 我在众创空间里从事创新活动是为了强化我与其他创客之间的联系	0.924			
创新氛围(刘云和石金涛, 2009)		0.895	0.898	0.746
1. 我所在的众创空间会对有创新想法的个人或团队进行奖励	0.845			
2. 我所在的众创空间倡导个人或团队创造新的、原创的东西,从错误中学习	0.823			

构念与问项	标准化因子载荷	Cα	CR	AVE
3. 我所在的众创空间崇尚自由开放与创新变革	0.919			
创新行为（Scott & Bruce，1994；George & Zhou，2001）		0.936	0.936	0.747
1. 我经常会产生一些有创意的点子或想法	0.900			
2. 我会想别人推广我的创新想法并寻求支持与认可	0.876			
3. 为了实现我的创意想法，我会想办法争取所需要的资源	0.860			
4. 我会积极地制订详尽的计划和进度安排来落实我的创新想法	0.842			
5. 我会为空间中其他创客的创新想法提出建议	0.841			

注：Cα 表示 Cronbach's α 系数，CR 表示组合信度，AVE 表示平均提取方差值。

5.2.4 数据分析与结果讨论

5.2.4.1 描述性统计分析

为了检验构念测量量表的信度与效度，在正式分析前先进行信度效度检验。首先，对量表的信度进行检验。各构念量表的组合信度均大于 0.70，反映内部一致性信度的克朗巴哈系数（Cronbach's α）范围在 0.89 ~ 0.96，达到了一致性信度标准水平（Babin et al.，2010）。数据结果表明，各构念的测量量表具有较高的测量信度。其次，对量表的聚合效度进行检验。探索式因子分析（EFA）和验证性因子分析（CFA）结果显示，在 0.01 水平上，各构念测量题项的标准化因子载荷均大于 0.70，且其平均提取方差值（AVE）均大于0.50，表明研究中各构念的测量量表具有较好的聚合效度（Bagozzi & Yi，1988）。最后，对量表的区分效度进行检验。各构念的 AVE 平方根均大于该构念与其他构念之间的相关系数，表明研究中各构念的测量量表具有较好的区分效度（Fornell & Larcker，1981）。各构念测量量表的信效度检验结果见表 5 - 7。

表 5 - 8 是变量的基本描述性统计与相关系数矩阵结果，包括变量均值、标准差及各变量之间的相关系数，对角线是 AVE 的平方根。由表可知，创客对创新氛围感知的均值为 5.590，表明创客在众创空间内感知到的创新氛围较强。

表 5 - 8   描述性统计与相关系数矩阵

变量	均值	标准差	1	2	3	4
1. 经济动机	5.491	1.286	0.843			
2. 社会动机	5.170	1.222	0.228 ***	0.860		
3. 创新氛围	5.590	1.019	− 0.014	0.170 *	0.863	
4. 创新行为	5.432	0.993	0.192 *	0.323 **	0.546 **	0.864

注：对角线下半部分是原相关系数矩阵，对角线上是 AVE 的平方根。*** p < 0.01，** p < 0.05，* p < 0.1。

5.2.4.2　假设检验

为了探究创新动机和创新氛围之间的交互作用，使用逐步回归分析对研究假设进行检验。为避免多重共线性问题，自变量和调节变量在计算乘积项之前都进行了标准化处理，且对乘积项进行了逐一检验（Aiken & West，1991；Toothaker，1994）。如表 5 - 9 所示，回归模型中各预测变量的方差膨胀因子（VIF）最大值为 1.91，且各回归方程的 D - W 值均在 2.0 左右，因而各回归模型不具有严重的多重共线性问题和残差序列自相关问题。

表 5 - 9 中，含有乘积项的全回归模型用以进行假设检验。全模型结果显示，创客经济动机（$\beta = 0.212$，$p < 0.05$）和社会动机（$\beta = 0.218$，$p < 0.01$）对其创新行为均有显著的正向影响，假设 H10 获得支持。此外，全模型还验证了创新氛围在创新动机与创新行为关系中的调节作用。结果显示，创新氛围强化了社会动机对创新行为的正向影响（$\beta = 0.190$，$p < 0.01$），削弱了经济动机对创新行为的正向影响（$\beta = -0.177$，$p < 0.05$），假设 H11 和假设 H12 均获得支持。

表 5 - 9　　　　　　　　　　　　回归结果分析

变量	因变量：创新行为			
	模型 1		模型 2	
	β	t	β	t
经济动机			0.212 **	2.613
社会动机			0.218 ***	3.092
创新氛围			0.471 ***	7.146
创新氛围 × 经济动机			- 0.177 **	- 2.439
创新氛围 × 社会动机			0.190 ***	2.862
性别	- 0.426 **	- 2.522	- 0.318 **	- 2.383
年龄	- 0.004	- 0.207	- 0.002	- 0.196
教育程度	0.110	0.984	0.122	1.391
成为创客时长	0.190 *	1.979	0.051	1.539
N	139		139	
R^2	0.120		0.501	
调整 R^2	0.094		0.466	

注：β 为标准化回归系数。*** 表示 $p < 0.01$，** 表示 $p < 0.05$，* 表示 $p < 0.10$。

为了评估共同方法偏差（common method variance，CMV）的潜在影响，研究采用了一种不可测量潜在方法因子技术进行检验。表 5 - 10 列出了估计模型的拟合优度指数。在全模型（即模型 1）的基础上，添加了一阶方法因子（即"全模型 + 方法因子"；模型 2），该方法因子的测量题项由研究模型核心变量的所有题项构成（不包括控制变量）。如果存在共同方法偏差，模型 2 应该显著比模型 1 更好地拟合数据。结果显示，模型 1 对数据的拟合度很好，而模型 2 对数据的拟合度相较模型 1 变差（即 CFI 降低 0.001，NNFI 下降 0.003，RMSEA 增加 0.001，SRMR 增加 0.05）。因此，共同方法偏差问题对研究不构成威胁。

表 5 - 10   共同方法偏差分析结果

拟合优度指数	推荐值	1 全模型	2 全模型 + 方法因子
χ^2/df	≤ 3.00	1.846	1.864
CFI	≥ 0.90	0.938	0.937
NNFI	≥ 0.90	0.928	0.926
RMSEA	≤ 0.08	0.078	0.079
SRMR	≤ 0.08	0.059	0.109

注：CFI 为比较拟合指数（comparative fit index）。NNFI 为非规范拟合指数（non-normed fit index）。RMSEA 是近似的均方根误差（root mean square error of approximation）。SRMR 是指标准的均方根残差（standard root mean-square residual）。

5.2.4.3 结果讨论

本节以众创空间里的创客为调查对象，围绕两个问题展开：一是经济动机和社会动机对创新行为的影响；二是众创空间创新氛围在动机与创新行为关系中所发挥的调节作用。其中，第二个问题是本节的研究重点。结果发现，一方面，创新氛围负向调节经济动机对创新行为的影响。创新氛围代表的组织规范传递了对远距离搜索知识、冒险等方面的鼓励，这与出于经济动机进行创新的创客自身避免风险、追求确定收益的心理相悖，使他们产生与空间文化环境格格不入的感觉。因此，创新氛围削弱了经济动机对创新行为的正向影响。另一方面，创新氛围正向调节社会动机对创新行为的影响。出于社会动机进行创新的创客会感知到自身出发点与众创空间鼓励的价值观一致，进而他们会表现出愿意按照空间社区所鼓励的方式行事。此外，社会动机使得他们更注重社区规范，这表明他们会根据社会的期望来调整自己的行为。因此，在浓厚的创新氛围中，出于社会动机参与创新的创客更会增加他们的创新行为。

5.2.4.4 局限与未来研究

本节研究重点探究了众创空间中创新氛围会在创客不同创新动机与创新行为关系中发挥什么作用。虽然研究对创客参与创客运动动机和环境与创新行为的关系提供了新的见解，但仍存在一些不足。首先，样本仅限于中国的众创空间。尽管新兴经济体在创客运动环境方面有许多共同特征，但是新兴经济体在其文化发展的各个阶段存在很大差异。未来研究可以包括更加详细的调查，以测试不同的影响和验证研究发现。其次，研究的所有变量都是通过调查问卷进行测量的。未来的研究项目可以进行纵向研究，以更确定地建立因果关系，进一步验证研究发现。此外，未来的研究可以进一步探索创客动机、创新氛围对其创新绩效的影响。

5.3　研究结论与管理建议

5.3.1　研究结论

本章基于众创空间环境视角，从物理环境和文化环境两个方面，分别探讨了众创空间的物理环境对创客发散型创造力和聚合型创造力的影响机制，以及众创空间文化环境中的创新氛围对出于经济动机和社会动机创客创新行为的影响，研究发现如下。

（1）众创空间物理环境的圆方设计可以为增强创客创造力提供机会。本章研究表明，众创空间物理环境的圆方设计能够为提升创客的发散型创造力和聚合型创造力提供机会。具体而言，物理环境中的圆方设计能够激活创客的心理动机倾向，进而影响创客创造力。空间物理工作环境根据其整体形状、物体的表面曲线形态，可将其分为圆角的物理工作环境和方角的物理工作环境。研究发现，相比于方角的物理工作环境，圆角的物理工作环境可以通过激发创客的趋近动机，增强发散型创造力；而相比于圆角的物理工作环境，方角的物理工作环境可以通过激发创客的回避动机，增强聚合型创造力。这是由于，众创空间的圆角和方角的物理工作环境会对处在其中的创客进行刺激，使其对自己所处的工作物理环境产生积极或消极的感知，这些感知会引发他们趋近或回避该环境的倾向。这种倾向就是趋近动机或回避动机的激活，趋避动机的激活最终有利于增强其发散型创造力或聚合型创造力。

（2）众创空间的创新氛围可以为不同动机创客的创新营造机会。本章研究表明，众创空间文化环境中的创新氛围能够强化出于社会动机创客的创新行为，但削弱出于经济动机创客的创新行为。众创空间中创客参与创新行为的动机主要包括经济动机和社会动机。经济动机是为了从创新成果中获得经济收益，而社会动机主要是为了通过参与众创空间的活动获得身份认同，成为创客社区的一分子。研究结果表明，出于经济动机和社会动机的创客在众创空间里都能表现出创新行为。基于人—环境匹配理论，本章进一步重点探讨了众创空间文化环境中的创新氛围对创新动机与创新行为关系的调节效应。研究发现，创新氛围强化了社会动机对创新行为的正向影响，但削弱了经济动机对创新行为的正向影响。这是因为，出于社会动机进行创新的创客会感知到自身出发点与众创空间鼓励的价值观一致，更加注重社区规范，并根据社会的期望来调整自己的行为，从而表现出按照空间社区所鼓励的方式行事。众创空间的创新氛围本身旨在鼓励大众进行创新，在这种创新氛围的影响下，出于社会动机的创客更愿意强化他们的创新行为，以与创新氛围所鼓励的行为保持一致。然而，对出于经济动机参与众创空间创新行为的创客而言，为寻求经济利益，他们有较强的确定性收益的心理，而创新氛围鼓励创新，其代表的组织规范也传递了对冒险、变革、试错、远距离知识搜索等方面的鼓励，这与出于经济动机创客的心理相悖，使他们产生与空间文化环境格格不入的感觉，导致他们创新行为的减少。

5.3.2 管理建议

5.3.2.1 对众创空间管理者的建议

众创空间的物理工作环境和文化创新氛围，会影响创客的创造力类型和创新行为。创客是众创空间服务的主体对象，也是众创空间存在的意义。众创空间为创客创新创造提供丰富的机会和保障，有利于吸引更多创客来到众创空间，参与空间的创新创业活动，最终带来广泛的经济效益和社会效益。作为空间的管理者，可以从以下两个方面为创客营造机会，以驱动大众参与创客运动。

第一，优化设计众创空间的物理工作环境，并根据创客不同任务类型提供与之匹配的物理工作环境。不同定位的众创空间，吸引的创客类型不同。众创空间的管理者要充分了解自身众创空间创客的任务类型和所处的任务阶段，并营造或提供与之匹配的空间物理环境，以促进创客的创新创造行为。众创空间的管理者可以利用物理环境来激发创客完成任务所需的创造力类型，帮助创客更好地完成任务和目标，为促进大众参与创新提供机会。例如，众创空间管理者可以根据创客的发散型创造力任务和聚合型创造力任务，或者创意产生和创意实施的阶段，为创客提供圆角或方角物理工作环境。这是因为，对发散型创造力任务或者在创意产生阶段，需要发散的创意，而圆角环境有利于产生发散型的创意；而对聚合型创造力任务或在创意实施阶段，需要聚合型创意，而方角环境会激发更多聚合型的创意。

第二，在众创空间中营造与创新动机相匹配的创新氛围。失败率高是创新的普遍规律。众创空间的管理者应根据空间中创客的不同创新动机营造有利于促进其创新行为的氛围。对于出于社会动机参与创新的创客，要营造浓厚的创新氛围，鼓励冒险、变革、试错、远距离知识搜索，鼓励相互交流、分享知识、共同进步，以强化出于社会动机创客的创新行为。对于出于经济动机参与创新的创客，可以提供宽容失败的环境氛围，对其创新失误和失败给予理解、包容和兜底保障，以鼓励出于经济动机的创客大胆创新。同时，可以鼓励分享创新成功经历，加强对创客成功案例的宣传和推广，以激励出于经济动机的创客勇敢创新。值得注意的是，如果创客出于经济动机参与创新，一味强调激进的创新可能会使其产生与组织环境不匹配的感知，导致他们减少自身的创新行为。而如果为这些创客提供更多成果转化、商业化和创投相关的服务，帮助他们实现创新成果的经济价值，获得经济回报，这更有可能促进其创新行为。

5.3.2.2　对创客的建议

环境对创客的影响有潜移默化的作用，创客可以选择与自己的任务类型、任务阶段、动机追求相匹配的众创空间环境，帮助实现自己的创新想法。

首先，创客可以根据不同类型任务选择不同的环境以更好地完成任务。创客的任务类型不同，有些创客需要为某一任务提供多种多样的想法或者方案，而有些创客则需要从众多方案或想法中鉴别或识别一种最好的方案，前者需要发散型创造力，而后者需要聚合型创造力。因此，创客在完成不同类型的创造力任务时，可以选择有助于任务完成的空间环境。

其次，创客可以根据同一任务的不同阶段选择有助于更好实现任务的环境。大部分任务都需要经历创意的产生和实现两个阶段，创意的产生往往需要提出尽可能多的方案，这种情况下发散型创造力有利于帮助完成任务；而创意的实现阶段需要整合方案并确定一种最好的方案，这种情况下聚合型创造力可以发挥作用。因此，在任务的不同阶段，创客可以根据需要选择有利的环境完成任务。

最后，不同动机的创客可以选择与目标相匹配的创新氛围以更好地实现目标。当创客出于社会动机时，创新氛围浓厚的众创空间可以强化其创新行为；当创客出于经济动机时，创新氛围浓厚的空间可能会削弱其创新行为。因此，选择合适创新氛围的众创空间以使之与自己的动机相匹配，更有利于目标的实现。

第6章 大众参与创客运动的能力提升机制研究

为创客提供制造与创新工具、开展创新创业培训活动、举办创新创业竞赛活动等服务已经成为我国众创空间的核心功能，并对创客的创新创业发挥了至关重要的作用。一方面，众创空间多样化的创新创业培训活动为创客提供了所必需的外部新知识，助力了创客的创新创业（Riedl & Seidel，2018；Sochacka et al.，2016）。以深圳柴火创客空间为例，它提供的创新体验营、创新工作坊、产品原型马拉松等创新创业培训活动不仅从多方面激发了创客创意的产生和发展，还充分支持创客创意的产品化和商业化。绍林等（Saorin et al.，2017）对创客的调查表明，创客认为众创空间组织的创新创业培训活动对他们的创新创业绩效提升具有重要价值，特别是创新创业相关的学习与培训活动可以培育创客创新创业的兴趣点（Sochacka et al.，2016），并增强创客的创造力（Lindtner et al.，2014）。另一方面，以众创空间为重要载体的创新创业大赛聚集了各种创新创业资源，激发了大众参与创新创业的热情，更提升了创客的创新创业能力和结果。例如，中国"互联网＋"大学生创新创业大赛自2015年以来，累计吸引了375万个团队及1577万名大学生参赛。中国创新创业大赛自2012年以来吸引了超过21万名创客参与。"创客中国"创新创业大赛从2015年至今已经成功吸引了8万多名创客参加，培育了约6万个创新创业项目。

近年来，大量国内外企业管理、公共管理、教育、社会领域的研究开始关注众创空间的创新创业培训和竞赛活动等话题（Honey & Kanter，2013；Maravilhas & Martins，2019；李燕萍和陈武，2017）。研究表明，众创空间为创客提供的创新创业培训活动或者举办创新创业竞赛活动能够促进创客们的学习、制造、创新、共享（Halbinger，2018），从而为大众参与创新创业做出极大贡献（Maravilhas & Martins，2019；West & Greul，2016）。例如，斯文森和哈特曼（Svensson & Hartmann，2018）调查发现，超过85%的创客将他们在创新创业上的进步归功于众创空间。因此，众创空间提供的创新创业培训活动、创新创业竞赛活动等创新创业服务会为大众参与创客运动带来积极影响，这已经成为理论界与实践界的一种共识（Maravilhas & Martins，2019）。言下之意是，不论对于何种类型的创客，众创空间提供越多的创新创业培训和竞赛活动，或者是创客参与越多这些活动，都能使得创客创新创业能力与绩效越好。但是，事实真的如此吗？

6.1 众创空间的创新创业培训活动赋能研究

越多越好吗？众创空间培训活动如何影响创客学习能力和绩效

6.1.1 引言

为了吸引和促进大众参与创新创业，各国政府相继对众创空间投入越来越多的资源，众创空间也开始举办各式各样的创新创业培训活动。但是近年来，各国政府以及众创空间的管理者开始思考一个问题，即众创空间提供越多的创新创业培训活动，创客越多参与这样的活动，其创新创业能力与绩效就一定会越好吗？有的人认为，举办更多的创新创业培训活动是有价值的，而且众创空间应该将更多资源投入到创新创业培训活动中去（Saorin et al.，2017）。但是，一项调查显示，越来越多的创客抱怨说，参与众创空间组织的培训活动分散了他们对创新创业实践的注意力（Saorin et al.，2017）。上述结果表明，对于政府和众创空间的管理者而言，仅仅将资源用以组织更多的创新创业培训活动可能不是最好的资源配置战略；对于创客而言，参与更多的创新创业培训活动可能并不一定意味着更好的创新创业能力与创新绩效。这意味着，关于众创空间的创新创业培训活动对创客创新创业能力和创新绩效的影响，仍有许多未知值得进一步探索。

因此，研究创客应该如何参与众创空间组织的创新创业培训活动以提升其创新能力和绩效，对于创客、众创空间以及政府都具有重要意义。基于此，本节主要探讨了创客参与创新创业培训活动的两个重要特征对创客的影响，即创客参与创新创业培训活动的范围与频率如何影响创客的学习能力，进而影响其创新绩效。现有研究认为，相比于横向或者是比较性的研究视角，基于过程视角的分析方式可以为研究一个现象提供不一样的见解（Pettigrew，1992）。与此同时，现有研究也已经论证了"是什么"以及"何种方式"是过程研究视角的研究中最重要的两个因素（Vermeulen & Barkema，2002）。创客参与创新创业培训活动的过程决定了创客在一定时间内通过这些培训活动对外部新知识进行获取的过程。所以本节将创客参与创新创业培训活动视为一个过程，而不是一种状态来展开研究。具体而言，本节从"是什么"的问题出发，探究创客参与创新创业培训活动的范围对创客的影响，同时，从"何种方式"的问题出发，探讨创客参与创新创业培训活动的频率对创客的影响。

6.1.2 理论基础与假设发展

6.1.2.1 创客与众创空间的互动

随着数字技术的蓬勃发展，产品创新的方式发生了明显转变。传统的产品创新方式强调企业主导创新的全过程，之后再将研发的新产品卖给顾客。但今天的创客们并不满足于此，他们为了满足个人的需求或兴趣，开始利用数字技术对现有产品进行改造，以开发出新用途或制造出一个全新的产品（Hippel，2011；Ritzer & Jurgenson，2010）。这种创新方式的转变促使企业采用更加开放的创新战略来改变其传统产品创新方式，从而创造出了更多的社会福利（Browder et al.，2019）。各国政府也都在采取相应措施支持创客们的创新（Svensson & Hartmann，2018）。因此，大量研究开始聚焦于创客创新这个领域（Svensson & Hartmann，2018）。

现有研究主要集中在如何支持创客更好地进行创新这一问题上。有学者从创客与创客之间互动的视角，认为创客可以通过与同辈创客的互动来获取新的外部知识，并将其与自身原有知识进行整合以开展创新活动和提高自身创新绩效。这些互动方式可以是他们与其他创客的直接互动，如面对面的交流（Lüthje et al.，2005；Morrison et al.，2000）；也可以是他们观察学习式的间接互动，包括观察学习经验丰富的创客的创新活动或者优秀创新作品（Qiu et al.，2018；Riedl & Seidel，2018）。也就是说，创客们不会孤立地进行创新，而来自其他创客的反馈、互动与帮助对创客创新活动的开展至关重要。

也有学者从众创空间与创客之间互动的视角，强调众创空间扮演了创新必需的资源与创客之间桥梁的角色（Maravilhas & Martins，2019）。增强众创空间与创客的交流与互动对于创客而言至关重要。具体而言，众创空间可以为创客提供学习、制造、创新、共享的工具与创新培训活动等，为其创新绩效的提升做出重要贡献。一方面，众创空间充足的工作空间和创新工具为创客提供了创新的物理环境，使其能够快速、便捷地完成创新作品的设计与制造（Guillen，2012；Hetland，2013）。另一方面，众创空间开展的多元化的学习和创新培训活动，如视觉艺术课程、创新作品分享活动等，可以激发创客的创新兴趣，增强创客的创造力（Kim & Park，2019；Saorin et al.，2017；Sochacka et al.，2016）。

由此可知，聚焦于创客与创客之间互动的研究强调了新知识的获取与利用对于创客创新的重要意义，但聚焦于众创空间与创客之间互动的研究却忽略了这一重要问题。更具体地说，这些研究主要集中于探讨众创空间文化环境对于创客创新绩效的影响。例如，海恩特斯（Hienerth，2006）指出，创客的创新受益于众创空间的创新氛围。叶（Ye，2018）认为，众创空间内创客的决策自主性与工作自主性会提高他们的创新绩效。因此，虽然创客可以通过众创空间的创新培训活动获取大量创新必需的新知识（Saorin et al.，2017），但创客如何参与创新培训活动来提升学习能力和创新绩效仍知之甚少。

6.1.2.2　个体吸收能力理论

个体吸收能力理论解释了为什么创新过程中个体在学习吸收外部新知识的能力上存在差异。该理论将个体吸收新知识的能力划分为识别、同化、转化以及利用外部新知识的能力（Lowik et al.，2016；Oluwaseyi et al.，2014）。具体而言，个体识别外部新知识的能力是一种寻找外部新知识，并且判断、评估这种外部新知识是否有潜在利用价值的能力（Tang et al.，2012）。个体同化外部新知识的能力是一种将外部新知识同化，并使其易于理解、容易转化的能力（Zollo & Winter，2002）。个体转化外部新知识的能力是一种将外部新知识与现有知识进行整合集成，以创造关于产品、服务和流程的新想法的能力（Grant，1996）。个体利用外部新知识的能力则是一种在现有工作流程中利用外部新知识或者新想法，并创造出创新成果的能力（Nonaka，1994）。研究表明，这四种类型的外部新知识吸收能力是相互关联并且同等重要的（Lowik et al.，2016；2017）。然而，这些研究都有一个重要的前提假设，那就是个体识别、同化、转化以及利用外部新知识的位置是截然不同的（Cohen & Levinthal，1990）。所以，个体利用外部新知识的能力是个体吸收外部新知识，并创造出创新成果的核心。

已有研究探讨了个体在开发或使用外部新知识方面存在差异的原因，以及由此导致的个体创新绩效差异。这些研究普遍强调了个体知识存量的分布情况会显著影响其利用外部新知识的能力（Limaj & Bernroider，2019；Roper et al.，2008）。因此，在外部新知识获取方面付出努力的个体更有可能基于新的知识分布情况对外部新知识进行利用，从而创造出新的想法，获得更好的创新绩效（Cohen & Levinthal，1990；Zahra & George，2002）。换而言之，个体对于外部新知识的获取特征会对其利用外部新知识的能力乃至其后期的创新绩效产生显著影响。本节提出，众创空间组织的一系列创新创业培训活动为创客提供了创新所需的外部新知识，而创客参与创新创业培训活动的特征则决定了他们在一定时间内获取外部新知识的特征（Mannucci & Yong，2018）。所以，本节认为，创客参与众创空间创新创业培训活动的特征会影响到创客利用外部新知识的能力及其创新绩效。

6.1.2.3　概念模型

本节重点关注创客参与众创空间创新创业培训活动的两个重要特征：范围和频率。由于创客对创新创业培训活动的参与决定了他们在一定时间内对外部新知识的获取，因而代表了一种过程而不是一种状态。研究认为，与横截面视角分析和比较静态分析相比，过程视角分析可以对一种现象提供意想不到的洞察（Pettigrew，1992）。与此同时，现有研究也已经论证了"是什么"以及"何种方式"

是过程视角研究中最重要的两个因素（Vermeulen & Barkema，2002）。遵循这样的研究逻辑，从"何种方式"的问题出发，探究创客参与创新创业培训活动频率的影响，它衡量的是一定时间内创客通过创新创业培训活动获取外部新知识的速度。从"是什么"的问题出发，探讨创客参与创新创业培训活动范围的影响，它反映的是一定时间内创客通过创新创业培训活动获取的外部新知识领域的数量。类似的研究思路也在其他学科的相关研究中出现并使用过（例如，Sharma et al.，2018）。同时，本节还考虑了创客利用外部新知识的能力在创客参与创新创业培训活动的特征与其创新绩效之间的中介作用机制，以及创客感知的时间压力的调节作用机制。从范围和频率的角度去解释创客参与众创空间组织的创新创业培训活动的"是什么"以及"何种方式"，并解析其中的作用机制，为揭示创客参与创新创业培训活动过程特征的影响提供了一个有意义的起始点。因此，本书提出了如图 6-1 所示的模型。

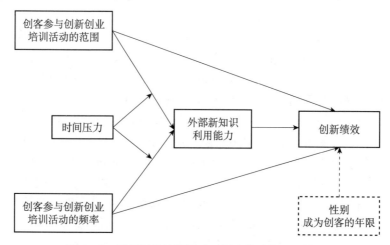

图 6-1　创新创业培训活动对创客的赋能机制模型

6.1.2.4　假设发展

（1）创客参与创新创业培训活动范围对创新绩效的影响。创客参与创新创业培训活动的范围反映了一定时间内创客参与多知识领域创新创业培训活动的程度。因此，一定时间内创客参与创新创业培训活动的范围越广，创客通过这些培训活动获取的外部新知识领域的数量就越多。接触不同领域的新知识可以解开创客现有知识元素之间的链接，增加其知识结构的灵活性（Amabile，1983；Dreu et al.，2008），从而促使创客对知识元素进行重新配置与组合，形成新的知识元素之间的链接（Simonton，1988；Sosa，2011；Taylor & Greve，2006）。此外，接触更多不同领域的新知识可以帮助创客从不同视角看待并解决现有问题与障碍，从而增加创客识别与判断新知识元素之间链接的可能性（Perry-Smith，2006；

Taylor & Greve，2006）。大量现有研究已经证明，创客的创新成果来源于新知识元素与现有知识元素之间的新链接（例如，Mannucci & Yong，2018）。因此，提出如下假设。

假设 13（H13）：创客参与创新创业培训活动的范围对其创新绩效有正向影响。

创客参与创新创业培训活动的频率反映了一定时间内创客参与创新创业培训活动的速度。因此，一定时间内创客参与创新创业培训活动的频率越高，创客通过此类培训活动获取外部新知识的速度就越快。由于个体注意力有限，快速的外部新知识获取将使创客难以对获取的外部新知识进行筛选、处理以及采取下一步行动（Dahlander et al.，2016）。澳卡西欧（Ocasio，2011）指出，个体注意力是一种稀缺资源，每一种注意力的分配方式都会带来一定的机会成本。具体而言，创客对外部新知识的快速获取将可能导致其注意力的匮乏（Simon，1996）。在这种情况下，那些与现有知识存量不相同的外部新知识将会被创客过滤掉，而与现有知识存量较为类似的外部新知识会得到创客的进一步关注（Piezunka & Dahlander，2015）。显然，这将限制创客产生新颖且独特的创新想法（Piezunka & Dahlander，2015）。即使创客强行将自己的注意力分配到不相同的外部新知识上，他们也仅仅能对外部新知识元素与现有知识元素建立薄弱或者肤浅的链接（Carlile，2004；Hansen，1999）。这些薄弱或者肤浅的知识元素之间的链接并不足以让创客产生新的创新想法。综上所述，提出如下假设。

假设 14（H14）：创客参与创新创业培训活动的频率对其创新绩效有负向影响。

（2）创客参与创新创业培训活动对知识利用能力的影响。个体利用新知识的能力反映了个体在现有工作流程中利用外部新知识或者新想法，并创造出创新成果的能力（Lane et al.，2006；Nonaka，1994；Setia & Patel，2013）。本节认为，创客参与创新创业培训活动的范围对其利用新知识的能力将产生正向影响。原因如下：第一，一定时间内创客参与创新创业培训活动的范围越广，创客利用新知识的过程中可供选择和应用的外部新知识领域就越多（Lowik et al.，2017）。第二，具有多个领域新知识的创客更有可能主动去寻找创新所必需的新知识，从而创造出更有效的问题解决方案（Cross & Cummings，2004）。第三，多领域的新知识将会对创客知识结构的重组产生积极影响（Tushman，1977），并使创客更有可能去对现有知识元素之间的链接进行重组（Sosa，2011）。综上所述，一定时间内创客参与创新创业培训活动的范围越广，创客利用外部新知识的可能性就越大，并且在利用外部新知识的过程中就越容易找到创新所必需的新知识。因此，提出如下假设。

假设 15（H15）：创客参与创新创业培训活动的范围对其外部新知识利用能

力有正向影响。

创客参与创新创业培训活动的频率决定了一定时间内创客获取外部新知识的节奏。换而言之，创客参与创新创业培训活动的频率越高，创客在利用外部新知识的过程中获取的外部新知识也就越多（Lowik et al.，2017）。但是，外部新知识的快速获取会导致创客认知过载（Lin & Huang，2008；Taylor & Greve，2006）。具体而言，外部新知识的快速获取会造成创客认知僵化（Cohen & Levinthal，1990），从而限制他们利用外部新知识来调整更新现有知识结构的能力（Dane，2010；Simonton，2000）。认知僵化的创客不太能够重新配置知识元素去创造新的知识元素之间的链接（Haas & Ham，2015）。此外，伴随着一定时间内外部新知识的快速获取，潜在的知识元素之间的链接数量也大大增加。在这种情况下，创客利用外部新知识去形成知识元素之间新链接的意愿大大减弱（Gavetti et al.，2005；Haas & Ham，2015）。综上所述，提出如下假设。

假设16（H16）：创客参与创新创业培训活动的频率对其外部新知识利用能力有负向影响。

（3）外部新知识利用能力的中介作用。正如前面所探讨过的，一定时间内创客参与创新创业培训活动的范围越广，创客通过创新创业培训活动获取的外部新知识领域的数量就越多。多领域的外部新知识的获取增加了创客利用新知识过程中现有知识元素与外部新知识元素之间产生新链接的可能性（Dreu et al.，2008；Perry-Smith，2006；Sosa，2011；Taylor & Greve，2006），从而帮助创客创造出更好的新产品、新应用和新的问题解决方案（Simonton，1988；Taylor & Greve，2006）。所以，广泛参与创新创业培训活动对于创客创新绩效提升的价值取决于获取的外部新知识能否被创客有效利用。因此，提出如下假设。

假设17a（H17a）：外部新知识利用能力中介创客参与创新创业培训活动的范围对其创新绩效的正向影响。

与此同时，一定时间内创客参与创新创业培训活动的频率越高，创客通过创新创业培训活动获取外部新知识的速度就越快，利用新知识的过程中获取的外部新知识就越多（Lowik et al.，2017）。但是，创客对外部新知识的快速获取将会导致注意力匮乏（Simon，1996）。在这种情况下，创客利用新知识的过程中对大量外部新知识的筛选、处理以及采取下一步行动都是巨大的挑战（Dahlander et al.，2016；Piezunka & Dahlander，2015）。此外，外部新知识获取的增长也导致潜在的知识元素之间的链接大大增加。对于每一种潜在的知识元素链接，创客在利用新知识过程中注意力的匮乏将导致新知识元素与现有知识元素之间仅仅能建立薄弱或肤浅的链接（Carlile，2004；Hansen，1999）。这种薄弱或肤浅的知识元素链接对于创客的创新是远远不够的。所以，创客参与创新创业培训活动的频率是通过其外部新知识利用能力对创新绩效产生负面影响。因此，提出如下假设。

假设 17b（H17b）：外部新知识利用能力中介创客参与创新创业培训活动的频率对其创新绩效的负向影响。

（4）时间压力的调节作用。时间压力是指个体感觉到自己没有充足的时间用以完成任务或自己必须比常规状态更快地完成工作的程度（Baer & Oldham，2006；Kinicki & Vecchio，1994）。因此，时间压力要求个体在较短的时间内完成一定数量的工作，从而促使个体必须更快地处理与利用外部新知识（Payne et al.，1988；Zur & Breznitz，1981）。当创客面临时间压力时，他们很难完全理解获取的外部新知识（Runco，1999），也很难在利用外部新知识的过程中考虑替换现有知识元素链接的可能性（Amabile et al.，1996；Shalley & Gilson，2004）。也就是说，时间压力可能会抑制创客利用外部新知识去形成新的知识元素链接以产生新的想法、新的问题解决方案或新的产品原型的意愿（Amabile et al.，2002；Scott & Bruce，1994）。相关研究结论也表明，在利用新知识的过程中，时间压力会导致次优的问题解决方案（Fay et al.，1998；Zivnuska et al.，2002）。所以，时间压力会减弱创客参与创新创业培训活动的范围对其外部新知识利用能力的正向影响，同时，增强创客参与创新创业培训活动的频率对其外部新知识利用能力有负向影响。因此，提出如下假设。

假设 18a（H18a）：时间压力减弱创客参与创新创业培训活动的范围与其外部新知识利用能力之间的正相关关系。

假设 18b（H18b）：时间压力增强创客参与创新创业培训活动的频率与其外部新知识利用能力之间的负相关关系。

6.1.3　数据收集与变量测量

6.1.3.1　数据收集

通过对一个中国在线创意社区的创客进行问卷调查，收集了一手研究数据。这个创意社区是中国第一个聚焦创客在线教育的社区，为创客提供 3D 创意设计服务、3D 打印服务以及相关的培训服务，扮演着创客获取创新所需知识、分享创新经验的在线互动平台，因此，它吸引了大量中国创客的入驻。研究人员首先拜访了这个在线创意社区的管理人员，说明了我们的研究目的，并且在问卷收集的过程当中获得了他们的帮助。在调查过程中，共发出 300 份问卷，收到了 162 份完整的回复，但其中只有 134 份问卷是有效的（占比 44.7%）。为了解决数据收集可能存在的问卷未回复偏差，本书遵循阿姆斯特朗和奥弗顿（Armstrong & Overton，1977）提出的方法，利用卡方检验与独立样本 T 检验对比了前 40 名回复问卷的创客与后 40 名回复问卷的创客的人口统计学变量，即创客的性别、成为创客的年限。结果表明，前 40 名回复问卷的创客与后 40 名回复问卷的创客无明显差异（p＞0.05）。表6-1详细描述了数据样本的基本情况。

表6-1 数据样本的基本情况

特征	类型	人数（名）	占比（%）
性别	男	74	55.2
	女	60	44.8
成为创客的年限	少于半年	56	41.8
	半年至一年	35	26.1
	一年至两年	28	20.9
	两年至四年	5	3.7
	多于四年	10	7.5

资料来源：笔者根据访谈资料整理所得。

6.1.3.2 变量测量

为了保证变量测量量表良好的信度与效度，问卷中所有的测量问项都是在前人研究的基础上发展而来。所有问项都采用了李克特（Likert）7点量表进行测量，范围从"非常不同意"到"非常同意"（Ahuja，2000；Carson et al.，2006）。

（1）创客参与创新培训活动的范围。与个体或企业如何寻找创新想法相关的研究，一般都通过考察个体或企业接触的合作伙伴或者信息源的多样化程度来衡量他们的信息搜索广度（Dahlander et al.，2016；Leiponen & Helfat，2010）。按照这个逻辑，本书利用上一年度创客参与的创新培训活动种类占线上创意社区组织的创新培训活动种类的百分比来衡量创客参与创新培训活动的范围。受访创客会得到一份在线创意社区过去一年组织的45种创新培训活动清单，并被要求回答他们参与了其中哪些类型的培训活动。因此，创客参与创新培训活动的范围测量为0~100%不等。在线创意社区组织的45种创新培训活动见表6-2。

表6-2 45种不同创新创业培训活动类型清单

创新创业培训活动大类	创新创业培训活动小类
基本知识学习	3D One系列产品介绍 创客教育培训
软件使用学习	3D one软件学习 CAD软件学习 3D打印技术应用培训 3D打印设计解构优化 电教培训 三维建模设计中的技巧操作 3D One Cut学习 下载网络教学资源技术培训 STEAM分享 其他有关软件使用的学习活动

续表

创新创业培训活动大类	创新创业培训活动小类
创意设计学习	色彩与思维导图培训 创意设计培训 产品创新设计训练 创意产品制作分享 三维设计培训 改变方式及创意思维 如何将生活中的常识考虑到设计当中 如何结合 3D 打印机设计出"好"作品 3D One 系列产品创意设计功能讲解 其他有关创意设计的学习活动
3D 设计制作学习	机械类作品制作课程 建筑类作品制作课程 交通工具类作品制作课程 生活用品类作品制作课程 数码电子类作品制作课程 玩具礼品类作品制作课程 珠宝首饰类作品制作课程 动植物类作品制作课程 创意摆件类作品制作课程 卡通动漫类作品制作课程 个性设计类作品制作课程 三视图识图类作品制作课程 其他类作品制作课程
实践案例学习	模具实战案例 具体作品学习活动 其他实践案例学习活动
创新创业大赛知识学习	如何在创客大赛中取得好成绩 三维设计等级认证考试培训 赛前培训 电脑制作大赛培训 创新设计大赛培训 创新大赛获奖分享活动 其他有关创新大赛知识的学习活动

资料来源：笔者根据青少年三维创意社区网站信息整理所得（i3done. com）。

（2）创客参与创新培训活动的频率。为了有效测量创客参与创新培训活动的频率，参照达兰德等（Dahlander et al.，2016）运用的评分方法，要求受访创客回答以下问题："请对你去年参加线上创意社区组织的创新培训活动的频率打分，打分的范围是 1～100 分。"因此，创客参与创新培训活动的频率为 1～100 不等。

（3）创客创新绩效。参考斯科特和布鲁斯（Scott & Bruce，1994）的研究，采用 6 个问项来衡量创客的创新绩效，例如，"作品制作过程中，我会尝试运用新的技术与方法"。

（4）创客外部新知识利用能力。参照洛维克等（Lowik et al.，2016；2017）的研究，使用 3 个问项来测量创客的外部新知识利用能力，例如，"我经常会把新学到的知识运用到作品制作过程中去"。

（5）创客时间压力。借鉴宾内维斯和沃恩雷恩（Binnewies & Wornlein，2011）以及欧丽等（Ohly et al.，2006）的测量，运用 4 个问项来测量创客感知的时间压力，例如，"我觉得时间非常紧迫"。

（6）控制变量。一些学者的研究结论表明，每个人在发表学术论文或者获得专利方面的速度将会在他或她的职业生涯后期放缓（例如，Gruber et al.，2013）。因此，使用成为创客的年限替代创客的年龄控制了这方面可能的影响。成为创客的年限是用每个人成为创客之后参与创新创造的时间长短来衡量（Dahlander et al.，2016）。此外，还将创客的性别作为一个控制变量来控制了个体差异可能带来的影响。

6.1.4 数据分析与结果讨论

6.1.4.1 描述性统计分析

在实证检验理论假设之前，研究人员对本节的变量测量量表的信度与效度进行了多方法检验。首先，采用克朗巴哈系数（Cronbach's α 系数）来检验量表的信度。表 6 - 3 中的结果表明，本量表所有变量的克朗巴哈系数均在 0.95 ~ 0.98 之间，远高于杜勒斯（Devellis，1991）和农纳利（Nunnally，1978）提出的克朗巴哈系数的标准可信水平，即 0.7。因此，本量表具有较好的信度。其次，采用验证性因子分析（CFA）对每一个变量量表的收敛效度进行检验。如表 6 - 3 中的结果所示，各变量测量项的因子载荷量均为正向，且在 p 值为 0.01 的统计水平上显著，这表明本量表中的测量问项能够充分反应所测度变量的变化（Bagozzi & Yi，1988），具有较好的收敛效度。最后，为了检验测量量表的区分效度，对潜变量之间相关性的平方进行了测算，然后与每一个变量的平均提取方差值（AVE）的平方根进行了对比。表 6 - 3 中的结果表示，本量表中各变量提取的平均方差平方根的变动范围为 0.82 ~ 0.95，远高于标准的 0.5 的水平（Fornell & Larcker，1981），因此，本量表也具有较高的区分效度。表 6 - 3 报告了量表的问项、因子载荷量以及信效度检验结果。表 6 - 4 详细描述了本节中各变量测量的平均值、标准差（S. D.）以及各变量之间的相关性。

表 6 - 3　　　　　　　　　　　测量量表的因子载荷与信度检验结果

变量	问项	标准因子载荷	AVE	C_α
创新绩效	6		0.86	0.97
1. 作品制作过程中，我会尝试运用新的技术与方法		0.891 ***		

变量	问项	标准因子载荷	AVE	C_α
2. 我会产生一些有趣、新颖的点子或想法		0.911 ***		
3. 我会与他人沟通自己的想法并力争得他们的支持与认可		0.940 ***		
4. 我会尽可能实现自己的新想法		0.947 ***		
5. 我会制订合适的计划以落实新想法		0.935 ***		
6. 我制作作品时，总是希望作品有趣、新颖		0.932 ***		
外部新知识利用能力	3		0.95	0.98
1. 我经常会把新学到的知识运用到作品制作过程中去		0.987 ***		
2. 我会利用新知识去制作新作品		0.987 ***		
3. 我一直在思考如何运用新知识来改善我的作品		0.954 ***		
时间压力	4		0.82	0.95
1. 我觉得时间非常紧迫		0.916 ***		
2. 我会因为有太多学习作业要完成，而不得不牺牲或者推迟自己的休息时间		0.901 ***		
3. 我会因为有太多学习作业要完成，从而导致有些其他事情不得不推迟去做		0.928 ***		
4. 我会为了按时完成学习作业，从而不得不迫使自己用超过正常的学习速度去学习		0.882 ***		

注：AVE 表示平均提取方差值，C_α 表示 Cronbach's α 系数。***$p<0.01$，**$p<0.05$，*$p<0.1$。

表 6 - 4　　　　　　　　　　描述性统计与相关关系

变量	均值	标准差	范围	频率	外部新知识利用能力	时间压力	创新绩效
范围	0.26	0.3	1				
频率	68.12	31.18	- 0.18 **	1			
外部新知识利用能力	3.92	2.21	0.34 ***	- 0.37 ***	0.95		
时间压力	3.75	2.06	0.26 ***	- 0.38 ***	0.52 ***	0.82	
创新绩效	3.81	2.09	0.36 ***	- 0.39 ***	0.76 ***	0.61 ***	0.86

注：变量测量量表的对角线上标明的是 AVE 的平方根；非对角线上标明的是各变量之间的相关性。***$p<0.01$，**$p<0.05$，*$p<0.1$。

6.1.4.2　假设检验

针对创客参与创新创业培训活动的范围与频率对其创新绩效的直接影响，以及创客外部新知识利用能力在其中的中介作用，本节采用了普里彻和海耶斯（Preacher & Hayes，2008）推荐的验证方法进行实证检验。其他学科的相关研究也采用了类似的方法（例如，Xia et al.，2020）。图 6 - 2 展示了研究理论模型中每一条路径的标准化路径系数。表 6 - 5 中的结果表明，创客参与创新创业培训活动的范围对其创新绩效有显著的正向影响（β = 0.363，$p<0.01$），而创客参与创新创业培训活动的频率对其创新绩效有显著的负向影响（β = - 0.389，$p<0.01$）。因此，假设 13 和假设 14 都得到了论证。

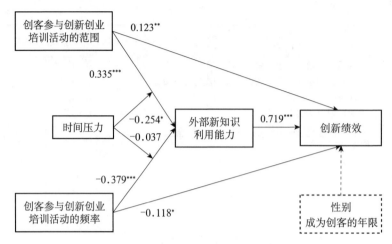

图 6 - 2　标准化路径分析结果

注：*** 表明在 0.01 水平显著；** 表明在 0.05 水平显著；* 表明在 0.1 水平显著。

表 6 - 5　　　　　　　　　　标准化路径分析结果

对创客创新绩效的影响	理论假设	估参结果	实证结果	95%置信区间 下限	95%置信区间 上限
总效应					
范围→创新绩效	（H1）　+	0.363 ***	支持	0.199	0.527
频率→创新绩效	（H2）　-	- 0.389 ***	支持	- 0.549	- 0.229
直接效应					
范围→创新绩效		0.123 **		0.003	0.243
频率→创新绩效		- 0.118 *		- 0.239	0.003
间接效应					
范围→外部新知识利用能力→创新绩效	（H6a）　mediate（+）	0.240 ***	支持	0.120	0.365
频率→外部新知识利用能力→创新绩效	（H6b）　mediate（-）	- 0.271 ***	支持	- 0.400	- 0.143
外部新知识利用能力→创新绩效	（H5）　+	0.719 ***	支持	0.600	0.838
被调节的中介作用					
时间压力×范围→外部新知识利用能力 →创新绩效		- 0.035		- 0.158	0.088
时间压力×频率→外部新知识利用能力 →创新绩效		- 0.014		- 0.129	0.108
对创客外部新知识利用能力的影响					
直接效应					
范围→外部新知识利用能力	（H3）　+	0.335 ***	支持	0.169	0.500
频率→外部新知识利用能力	（H4）　-	- 0.379 ***	支持	- 0.54	- 0.219
调节效应					
时间压力×范围→外部新知识利用能力	（H7a）　-	- 0.254 *	支持	- 0.546	0.038
时间压力×频率→外部新知识利用能力	（H7b）　-	- 0.037	未支持	- 0.329	0.254

注：*** $p < 0.01$，** $p < 0.05$，* $p < 0.1$。

　　从表 6 - 5 中的结果也可以看出，创客参与创新创业培训活动的范围对其外部新知识利用能力有显著的正向影响（$\beta = 0.335$，$p < 0.01$），假设 15 得到了验

证。对比而言，创客参与创新创业培训活动的频率对其外部新知识利用能力有显著的负向影响（β = -0.379，p < 0.01），假设 16 得到了验证。

关于创客外部新知识利用能力的中介作用，从表 6 - 5 中的结果可知，创客的外部新知识利用能力部分中介了创客参与创新创业培训活动的范围和频率与创客创新绩效之间的关系。具体而言，创客参与创新创业培训活动的范围通过创客外部新知识利用能力对其创新绩效的间接影响具有统计学意义上的显著性（Estimate = 0.240；95% Confidence Interval CI = ［0.120，0.365］）。创客参与创新创业培训活动的频率通过创客外部新知识利用能力对其创新绩效的间接影响也具有统计学意义上的显著性（Estimate = -0.271；95% Confidence Interval CI = ［-0.400，-0.143］）。最终，假设 17a 与假设 17b 也得到了验证。

关于时间压力的调节作用，由表 6 - 5 中的结果可知，创客参与创新创业培训活动的范围与时间压力的交互项显著为负（β = -0.254，p < 0.1）。也就是说，对于那些认为自己时间压力大的创客而言，他们参与创新创业培训活动的范围对他们外部新知识利用能力的提升效果不如那些认为自己时间压力小的创客。因此，假设 18a 得到了验证。但是，时间压力并没有减弱创客参与创新创业培训活动的频率与创客外部新知识利用能力之间的关系（β = -0.037，p > 0.1）。因此，假设 18b 没有得到验证。

6.1.4.3　结果讨论

创客参与创新创业培训活动的范围对创客的创新绩效有显著的正向作用，而参与培训活动的频率对其创新绩效有显著的负向作用。其中的解释机制是，当创客参与培训活动的范围更广时，他们可以接触到更多不同领域的外部新知识，从而增加其知识结构的灵活性（Dreu et al.，2008）。相比之下，频繁参与创新创业培训活动的创客则会因为外部新知识的快速获取而面临注意力匮乏的挑战与难题（Simon，1997）。最终结果是，创客知识结构的灵活性可以促使他们创造更多的新知识元素之间的链接（Sosa，2011），而注意力的匮乏则会迫使创客仅仅聚焦于现有知识元素之间的链接（Piezunka & Dahlander，2015）。简而言之，创客参与创新创业培训活动的特征影响了他们的知识结构与注意力，从而决定了创客的创新绩效。

实证结果显示，创客外部新知识利用能力在创客参与创新创业培训活动的范围以及频率与创客创新绩效之间起到了中介作用。换而言之，创客能够通过参与创新创业培训活动获取外部新知识，然后结合自己已有的知识对这些外部新知识进行利用，提升了自己的外部新知识利用能力，从而创造出新的想法，拥有更好的创新绩效。现有研究聚焦于探讨个体的整体吸收能力（Lane et al.，2006），本节研究则进一步明确了个体外部新知识利用能力的主导作用。

对于创客时间压力的调节作用，研究发现，时间压力减弱了创客参与创新创业培训活动的范围对其外部新知识利用能力的正向影响。然而，时间压力对创客参与培训活动频率的调节作用不显著。其中的解释机制为，在创客利用外部新知识的过程中，时间压力将会导致他们选择次优解决方案（Zivnuska et al.，2002）。对于不显著的调节效应，这可能是由于创客高频参与创新创业培训活动造成他们的认知刚性（Cohen & Levinthal，1990），从而限制创客利用外部新知识与创造知识元素之间新链接的能力（Dane，2010；Haas & Ham，2015）。在这种情况下，创客对知识元素之间新链接的认知加工已经受到了抑制，所以时间压力不会带来显著影响。

综上所述，创客参与创新创业培训活动的范围和频率决定了创客对于外部新知识的获取，并影响了创客结合已有知识利用外部新知识以创造出新想法的能力，即众创空间组织的创新创业培训活动将赋予创客重要的外部新知识利用能力。这不仅补充了现有关于创客参与创新创业培训活动与个体外部新知识获取的研究工作（例如，Limaj & Bernroider，2019；Saorín et al.，2017），还回答了创客纯粹地参与更多的创新创业培训活动并不一定能提高其创新绩效的问题。与此同时，对于政府和众创空间的管理者而言，简单地投入大量资源去组织更多的创新创业培训活动也并不是最好的资源配置策略。

6.2 众创空间的创新创业竞赛活动赋能研究

金钱万能吗？创新创业大赛的激励方式如何影响创客创新能力

6.2.1 引言

自 2015 年党中央、国务院实施"大众创业、万众创新"的重大战略部署以来，创新创业大赛作为推进"双创运动"的重要抓手，对于驱动大众参与创客运动发挥了重要作用。创新创业大赛是创新创业的重要服务平台，其聚集了各种创新创业资源，激发了全民创新创业的热情，掀起了创新创业的热潮，为提升大众创新创业能力、推动我国经济发展和转型升级提供了强劲引擎。无论是政府、实业界还是学术界，都强调创新创业大赛对于促进大众参与创新创业至关重要，但是对于创新创业大赛如何赋能不同创客（如创意客和创利客）创新创业却知之甚少。

目前，国内比较盛行的创新创业大赛主要包括"互联网＋"大学生创新创业大赛、中国创新创业大赛、"创客中国"创新创业大赛、"中国创翼"创业创新大赛、全国农村创业创新项目创意大赛、中央企业熠星创新创意大赛、"创青春"中国青年创新创业大赛、中国妇女创新创业大赛等。其中，影响力比较大的创新创业大赛主要有三类：一是中国"互联网＋"大学生创新创业大赛。该赛事由教育部与政府、高校和企业共同主办。自 2015 年以来，中国国际"互联网＋"大学生创新创业大赛已成功举办六届，累计吸引 375 万个团队和 1577 万名大学生参赛。二是中国创新创业大赛。该赛事是由科技部、财政部、教育部、国家网信办和中华全国工商业联合会共同指导举办的全国性创业比赛。自2012年首次举办以来，已历经9届，吸引了超过21万名创客参与。三是"创客中国"创新创业大赛。该赛事是工业和信息化部信息中心重点打造的，为广大中小企业及创客搭建的线上线下相结合的公共服务平台。自2015年至今，该赛事已经吸引8万多名创客、1400多名专家、370家机构参与，培育了约6万个创新创业项目。表6-6和表6-7对这些创新创业大赛做了简要介绍。

表6-6　　　　　　　　　　国内代表性创新创业大赛简况

创新创业大赛	成立时间	大赛规模	大赛目的	主办单位	大赛激励方式
中国"互联网+"大学生创新创业大赛	2015年	累计吸引375万个团队及1577万名大学生参赛	深化高等教育综合改革，激发大学生的创造力，培养造就"大众创业、万众创新"的主力军；推动赛事成果转化，促进"互联网+"新业态形成，服务经济提质增效升级；以创新引领创业、创业带动就业，推动高校毕业生更高质量创业就业	教育部与政府、各高校和企业共同主办	1. 主赛道设金奖50个、银奖100个、铜奖450个。另设港澳台项目金奖5个、银奖15个、铜奖另定。国际赛道金奖15个、银奖和铜奖另定。设最佳创意奖、最具商业价值奖、最佳带动就业奖、最具人气奖各1个 2. 设"青年红色筑梦之旅"赛道金奖10个、银奖30个、铜奖160个。设"乡村振兴奖""精准扶贫奖"等单项奖若干 3. 设高校集体奖20个、省市优秀组织奖10个和优秀创新创业导师若干名。设"青年红色筑梦之旅"高校集体奖20个、省市优秀组织奖8个和优秀创新创业导师若干名（2019年奖项设置）
中国创新创业大赛	2012年	累计吸引了超过21万名创客参与	引导集聚政府、市场和社会资源支持创新创业，大力促进科技创新，切实增强微观主体活力，不断培育发展新动能，积极服务和推动经济高质量发展	由科技部、财政部、教育部、国家网信办和中华全国工商业联合会共同指导	1. 创新创业扶持资金 总决赛每个行业获得前三名的团队及企业可获得创新创业扶持资金的支持 2. 中国创新创业大赛优秀团队 （1）获得创业导师的创业辅导 （2）选择在孵化器、大学科技园落户的，给予一定时期免收房租等优惠政策支持 （3）优先推荐给大赛投资基金和创业投资机构进行支持 （4）获得创业政策、创业融资、商业模式等方面的免费创业培训 （5）地方政府和机构给予配套政策支持 3. 中国创新创业大赛优秀企业 （1）优先推荐给相关国家计划进行支持 （2）优先推荐给大赛投资基金和创业投资机构进行支持 （3）大赛合作银行优先给予企业贷款授信支持 （4）获得创业政策、创业融资、商业模式等方面的免费创业培训 （5）免费获得并购、股改和上市等辅导培训 （6）地方政府和机构给予配套政策支持

续表

创新创业大赛	成立时间	大赛规模	大赛目的	主办单位	大赛激励方式
"创客中国"创新创业大赛	2015 年	累计吸引 8 万多名创客、1400 多名专家、370 家机构参与，培育了约 6 万个创新创业项目	激发创新潜力，集聚创业资源，营造"双创"氛围，共同打造为中小企业和创客提供交流展示、产融对接、项目孵化的平台，发掘和培育一批优秀项目和优秀团队，催生新产品、新技术、新模式和新业态等	工业和信息化部和财政部及各省级中小企业主管部门	1. 宣传展示。通过"创客中国"大赛数字展馆、"创客中国"国家创新创业公共服务平台（包括"创客中国"微信公众号、微博、创客中国头条和直播室等）、中国国际中小企业博览会、APEC 中小企业技术交流暨展览会等渠道，对参赛项目、"双创"资源和对接成果进行展览展示、宣传报道和服务推介 2. 投融资对接。向国家中小企业发展基金等投资基金、创业投资机构、银行等推荐，组织线上线下需求对接、产融对接、大中小企业融通等活动，集聚带动各类投融资机构为参赛企业提供多元化服务 3. 落地入驻园区。入驻国家新型工业化产业示范基地、国家小型微型企业创业创新示范基地、中外中小企业合作区、产业小镇等，享受最新创业扶植政策和创业孵化服务，加速实现产业化 4. 成果转化技术服务。提供国家中小企业公共服务示范平台上的检验检测、技术转移、工业设计、解决方案等技术服务，以及法律、人力资源、财务、知识产权等服务。安排创业导师和技术、投资、管理专家进行辅导

资料来源：笔者根据各创新创业大赛官方网站及相关新闻报道整理所得。

表 6-7   **"创客中国"创新创业大赛赛制规则**

A. 评估评价指标表——硬件

序号	一级指标（权重）	二级指标（权重）
一	创新性（40%）	概念设计独特（50%） 技术线路清晰（12.5%） 开源技术使用（25%） 外表涉及新颖（12.5%）
二	实用性（20%）	简单易用（20%） 技术先进（20%） 包装材料（20%） 功能合理（20%） 安全可靠（20%）
三	环保性（20%）	有毒有害物质限量控制度（20%） 节能（20%） 再利用（20%） 再生率（20%） 减量化（20%）
四	经济性（20%）	附加价值（50%） 潜力价值（25%） 竞争性价值（25%）

续表

B. 评估评价指标表——创意设计		
一	创新性（60%）	概念设计独特（50%） 技术线路清晰（12.5%） 开源技术使用（25%） 外表涉及新颖（12.5%）
二	实用性（40%）	简单易用（20%） 技术先进（20%） 包装材料（20%） 功能合理（20%） 安全可靠（20%）
C. 评估评价指标表——App 应用		
一	创新性（60%）	概念设计独特（50%） 技术线路清晰（15%） 开源技术使用（20%） 外表涉及新颖（15%）
二	实用性（20%）	简单易用（20%） 技术先进（20%） 包装材料（20%） 功能合理（20%） 安全可靠（20%）
三	经济性（20%）	附加价值（50%） 潜力价值（25%） 竞争性价值（25%）

资料来源："创客中国"创新创业大赛官网网站 http://www.cnmaker.org.cn/ds/about.html.

　　综合来看，为了吸引和激励大众参与创新创业，国内外创新创业大赛通常会使用两种手段：一是经济激励，最常见的就是高额的奖金回报；二是社会激励，最常使用的是授予高级荣誉证书。例如，中国创新创业大赛获奖者最高可获得200 万元奖金；"创客中国"创新创业大赛最高可获得风投机构投资总额 1000 万元（含）以上，另给予一次性奖励 50 万元；谷歌的人工智能挑战大赛则抛出 2500 万美元奖金（谷歌，2019）。对比而言，中国"互联网 +"大学生创新创业大赛则更注重社会荣誉证书激励。经济激励和社会激励是大众参与创新创业的两个关键的激励因素。正如诺贝尔奖得主约翰·哈萨尼（John Harsanyi）曾经说过的，"人们的行为在很大程度上可以从两个主要利益来解释：经济利益和社会认可"（Morgan et al.，2010）。但问题是，金钱万能吗？创新创业大赛如何影响创意客和创利客的创新能力？是采取经济赋能手段还是社会赋能手段？在国内外各种类型创新创业大赛如火如荼地开展下，这些悬而未决的问题亟待进一步解决。

6.2.2 理论基础与假设发展

6.2.2.1 创新创业大赛

以往关于创新创业大赛的研究主要基于企业众包创新视角来探讨企业创新问题解决者的参与和创新（见表6-8）。这些研究大致可以分为两个学派：动机学派和激励学派。动机学派认为，个体的内部动机是创新问题解决者参与企业创新创业大赛和创新的最重要驱动力（Mack & Landau，2018；Chen et al.，2010；Zheng et al.，2011），而激励学派则强调是外部环境激励在起作用（Dissanayake et al.，2018；Cohen et al.，2008；Boudreau et al.，2011；Terwiesch & Xu，2008）。这两个学派都认为他们能够促进问题解决者参与公司创新。然而，这些研究更多地关注企业组织层面的众包创新（crowdsourcing innovation），而对用户层面不同类型创客（如创意客和创利客）如何参与创新关注甚少。与众包创新关注解决企业技术创新（technical innovation）的问题不同（Camacho et al.，2019），创客创新更注重解决更符合用户个性化需求的应用创新（application innovation）问题（Ostertag et al.，2018）。因此，本节结合动机和激励两个学派的观点来考察创新创业大赛如何影响创意客和创利客的创新能力。此外，以往的研究仅证明了经济激励在创新创业大赛中的积极作用（Boudreau et al.，2011；Dissanayake et al.，2018；Terwiesch & Xu，2008），但很少关注社会激励。因此，本节进一步探讨了经济激励和社会激励哪种方式更能够帮助创意客和创利客提升创新能力。

表6-8　　　　　　　　　　创新创业大赛相关文献汇总

研究者	创意客	创利客	创新创业大赛	社会激励	经济激励	研究情境	研究方法	研究发现
特维斯奇和许（Terwiesch & Xu，2008）			√		√	技术创新	建模	奖励结构从固定价格奖励改为绩效奖励可以降低因创新问题解决者投资不足而导致的创新竞赛的低效率
埃布纳等（Ebner et al.，2009）			√			众包创新	案例研究	制定了一个基于社区的创新发展框架
布德罗等（Boudreau et al.，2011）			√			竞赛激励	基于9661个软件竞赛的实证研究	更高的不确定性减少了竞争者数量增加对大赛激励的负面影响
郑等（Zheng et al.，2011）			√			众包创新	问卷调查	在参与创新竞赛时内在动机比外在动机更重要

续表

研究者	创意客	创利客	创新创业大赛	社会激励	经济激励	研究情境	研究方法	研究发现
兰珀尔等（Lampel et al.，2012）			√		√	众包创新	质性研究	研究了设计型竞赛的架构和治理
赵和朱（Zhao & Zhu，2014）			√			众包创新	问卷调查	外在的、内向的和内在的动机促进了众包竞赛的参与
韦伯克等（Verbeke et al.，2016）				√	√	销售竞赛	田野实验	只强调身份地位的销售竞赛对销售量有显著的影响
迪萨纳亚克等（Dissanayake et al.，2018）			√			众包创新	基于 10000 个团队的实证研究	创新问题解决者在整个竞赛中会战略性地分配他们的努力，以动态地优化他们的收益
雷纳和戴维斯（Renard & Davisb，2019）			√			众包创新	实证研究 + 质性分析	合作性和竞争性设计特征的混合会对创作过程产生积极的影响
卡马乔等（Camacho et al.，2019）			√			众包创新	纵向实验	负面反馈会增加创新问题解决者对创新创业大赛的参与强度
本节研究	√	√	√	√	√	用户创新	基于 29823 和 51 个创新创业大赛的实证研究	与创利客相比，创意客更不愿意参与创新创业大赛；但是参与创新创业大赛可以强化创意客的创新结果

资料来源：笔者根据相关资料整理所得。

6.2.2.2　激励计划理论

本节使用激励计划理论（incentive schemes）来区分不同类型的创新创业大赛。创新创业大赛，在国外常被称作"Innovation Competition""Design Contest""Design Competition"等（更多相关术语见表 6 - 9），是一种重要的创新创业交流平台，能够为发现高质量的创意提供关键优势资源（Camacho et al.，2019）。近年来，创新创业大赛越来越受到学术界关注，相关研究可以概括为五个研究领域：经济、管理、创新、教育和可持续性，具体研究见亚当奇克等（Adamczyk et al.，2012）关于创新竞赛的文献综述。这些研究的侧重点各异，并未对创新创业大赛提供一致的定义。最普遍使用的定义来自创新领域的研究，其将创新创业大赛描述为一种创新者之间的有时间限制的竞赛，这些创新者利用自己的技能、经验和创造力为组织者或个人定义的特定创新挑战提出解决方案（Adamczyk et al. ，2012；Bullinger & Möslein，2010）。

表 6 - 9 国内外创新创业大赛术语

英文术语	中文术语	在 14108 篇论文标题中的使用频次
Innovation contest	创新竞赛	242
Innovation competition	创新争夺赛	2918
Innovation jam	创新大赛	96
Innovation prize	创新奖	625
Innovation tournament	创新锦标赛	23
Idea（s）contest	创意竞赛	166
Idea（s）competition	创意争夺赛	701
Idea（s）jam	创意大赛	20
Idea（s）prize	创意奖	37
Idea（s）tournament	创意锦标赛	4
Design contest	设计竞赛	2043
Design competition	设计争夺赛	6948
Design jam	设计大赛	22
Design prize	设计奖	236
Design tournament	设计锦标赛	24

资料来源：亚当奇克等（Adamczyk et al. ，2012）。

尽管已有研究关于创新创业大赛对大众参与创新的作用褒贬不一，但大多数研究都指出，创新创业大赛是激励大众创造力和创新的一种重要手段（Morgan et al. ，2010）。特别是在经济领域，对于创新创业大赛的研究则强调人们会对激励做出反应。因此，基于激励计划理论，本节研究将创新创业大赛的激励方式分为两类：社会激励和经济激励。第一种类型主要指创新创业大赛会使用社会激励措施，如荣誉奖、证书和奖杯，来驱动大众参与创新创业。第二种类型则表示创新创业大赛会使用经济激励措施，如货币奖励和风险资本投资（Verbeke et al. ，2016），来驱动大众参与创新创业。大多数研究已经证实，经济激励和社会激励是人类行为的最主要的驱动力（Fayolle et al. ，2014；Kim & Kumar，2018）。

6.2.2.3 概念模型

关于创客与创新的研究一直在争论到底是内部动机还是外部激励扮演了促使创客参与创新的主要动力。动机流派的研究认为是创客的内在动机驱动了创客参与创新，激励流派的研究则强调外部的经济激励（如创新创业大赛的高额奖金）才是其关键驱动力。本节研究结合动机和激励两个流派的观点，研究了创新创业大赛的经济激励和社会激励手段如何影响不同动机驱动的创意客和创利客的创新能力。基于此，提出了如图 6 - 3 所示的概念模型。

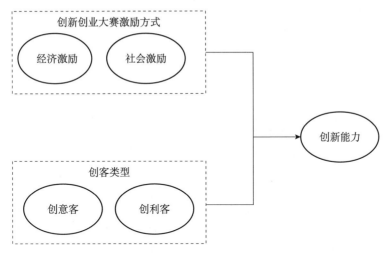

图 6-3 创新创业大赛对创意客和创利客的赋能机制模型

6.2.2.4 假设发展

创新创业大赛不同类型的激励方式会对创意客和创利客的创新能力存在差异化影响。本节提出，社会激励有助于提高创意客的创新能力，而经济激励更有助于提高创利客的创新能力。

创意客是受内在动机驱动的（Anderson，2012；Dougherty，2016），他们主要基于自己的兴趣和爱好进行创新（Grant & Berry，2011）。创新创业大赛使用社会激励手段可以给予创意客充分的社会认可，这种社会认同更容易被创意客内化为内部动机（Mack & Landau，2018）。自我决定理论认为，某些外在动机（如社会声誉）可以被内化为内部动机（Ryan & Deci，2000），而这些被内化的外部动机会进一步驱使创意客不断提升自身创新能力，最终将自身的创意变成现实。而且，这些社会激励也可以增强创意客的自我效能和创新动机（Hennessey et al.，2015；Lakhani & Wolf，2003），从而促使其提升创新能力以追求自身创新。此外，虽然创新创业大赛使用经济激励手段能够为创意客提供外部经济奖励，但是这些外部奖励无法内化为创客自身动机，甚至会排挤他们的内在动机（Ryan & Deci，2000）。这将降低他们的内部自主性，弱化他们提升创新能力的动力（Jeppesen & Frederiksen，2006）。

相比之下，创利客主要受外部经济和商业利益所驱动，他们更渴望创新之外的外部收益，如经济回报和商业利益（Mitchell et al.，2020；Zheng et al.，2011）。创新创业大赛的经济激励比社会激励更能满足和强化这些创利客的经济动机和追求。因此，与社会激励相比，创新创业大赛使用经济激励方式更能够提高创利客的创新能力，更不能提升创意客的创新能力。综上所述，提出如下假设。

假设 19（H19）：与创利客相比较，创新创业大赛使用社会激励更能够提升创意客的创新能力。

假设 20（H20）：与创利客相比较，创新创业大赛使用经济激励更不能提升创意客的创新能力。

6.2.3　数据收集与变量测量

6.2.3.1　数据收集

本节主要以 29823 名创客和 51 个创新创业大赛为样本检验了创新创业大赛激励方式对创客创新能力的影响效应。这些样本来自中国 300 多个城市，分布于2015 年 7 月至 2019 年 8 月，构成了一个非平衡面板数据。这些数据随机抽样于青少年三维创意社区（i3done. com）。该创客社区是中国影响力较大的一个线上虚拟众创空间，专注于三维创意设计、立体印刷和创新教育等创新创业活动。该社区会经常举办一些创新创业大赛，如全国青少年国际创新科技大赛、线上创客马拉松三维设计大赛等。目前，该众创空间通过各种赛事活动已经成功吸引超过1000 万大众参与创新创业。

由于所需数据工作量比较大，本节研究使用 Python 编写的网络爬虫程序来追踪和收集创客相关的数据。为了获取足够多时间窗口的面板数据以验证因果效应，研究人员持续 4 个月不间断追踪了相关创客数据。研究人员还手动搜集了与创客时间窗一致的 51 个创新创业大赛的文本数据，并经由两个研究助理手工编码了大赛相关数据。由于本节以创客为分析单位，研究人员以创客数据为基础进一步匹配了相应创新创业大赛数据，最终获得了一个包含 17987 个有效创客样本和 53537 个观测值的面板数据集，并用于估计研究模型。

6.2.3.2　变量测量

（1）创新创业大赛激励方式。为了探讨创新创业大赛不同激励方式对创客创新能力的作用，我们使用一对虚拟变量来处理创新创业大赛的经济激励方式和社会激励方式。如果一个创新创业大赛使用了经济激励，如货币奖励和风险投资，则将其编码为"1"；否则为"0"。如果一个创新创业大赛使用了社会激励，如荣誉奖、证书和奖杯，则将其编码"1"；否则为"0"。

（2）创客类型。本节着重对比了两种类型创客的效应，即创意客和创利客。其中，创意客主要受到非经济动机驱使，由自身内部的兴趣和爱好推动进行创新（Anderson，2012）；创利客则主要由外部经济或商业利润驱使进行创新（Halbinger，2018）。由此可见，是否受经济收益驱使进行创新是区分这两类创客的关键因素。因此，创客类型被处理为一个二元虚拟变量。如果一个创客在在线众创空间出售自己的产品以获得经济和商业回报，则将其赋值为"0"。如果一个创客没有销售自己的产品来获得经济和商业收益，则将其赋值为"1"。

（3）创新能力。创新能力反映了创客创造新产品的水平。参考李和鸿耆吉马（Li & Atuahene-Gima，2001）以及詹和李（Zhan & Li，2010）的研究，本节使用创客在 1 个月内推出的新产品数量来测量其创新能力。由于新产品数量是一个离散数值，为了减少数值的绝对差异并使其分布更接近于正态分布，对该变量进行了自然对数处理。对数处理也有助于控制异方差问题。另外，本节研究使用 1 个月作为该变量的时间窗口，因为大多数创客通常会以月为单位来更新他们的新产品，而非每周。为了进行因果推断并控制双向因果偏差，本节研究在自变量与因变量之间设置了 1 个月的滞后期。

（4）控制变量。本节研究在众创空间层面、产品层面和创客层面分别控制了一些可能影响创客创新能力的关键变量。第一，在众创空间层面，众创空间赋予创客的奖章数量被控制了。第二，在产品层面，产品大小和产品品牌被控制了。第三，在创客层面，控制了创客年龄、创客经验、专家支持、创客兴趣领域、创客优秀产品占比等。

6.2.4　数据分析与结果讨论

6.2.4.1　描述性统计分析

表 6 - 10 显示了本节关键变量的描述性统计和皮尔逊（Pearson）相关系数矩阵。结果表明，样本中的创客在青少年三维创意社区这个线上众创空间的平均时长为 157.98 天。这些创客感兴趣的创新创造领域主要在 2 ~ 3 个（M = 2.87）。此外，大多数创新创业大赛会使用经济激励（M = 0.92）或社会激励（M = 0.67）来激励创客的参与，尤其是经济激励。

6.2.4.2　假设检验

由于创新创业大赛激励方式是一个分类的虚拟变量，本节研究采用了分组回归分析来检验创新创业大赛的经济激励和社会激励对创意客和创利客创新能力的影响。如表 6 - 11 中的模型 2 所示，在采用社会激励的创新创业大赛样本中，创客类型（创意客 vs. 创利客）对创新能力有显著的正向影响（β = 0.253，p < 0.05），而没有采用社会激励的创新创业大赛样本中的创客类型对创新能力没有显著影响（β = 0.257，p > 0.05）。这些结果表明，创新创业大赛使用社会激励方式可以显著提升创意客的创新能力，但是不能显著提升创利客的创新能力。因此，假设 19 得到支持。模型 3 表明，在采用经济激励的创新创业大赛样本中，创客类型对创新能力的影响不显著（β = 0.192，p > 0.05），在非经济激励竞赛样本中，其影响不显著（β = - 0.160，p > 0.05）。这些结果表明，与创利客相比，创新创业大赛使用经济激励方式没有显著提升创意客的创新能力。因此，假设 20 得到支持。

表6-10

描述性统计和相关系数矩阵

变量	1	2	3	4	5	6	7	8	9	10	11	12	13
1. 创新能力	1												
2. 创客类型	-0.226	1											
3. 创新创业大赛	0.208	-0.093	1										
4. 经济激励	0.050	-0.034	-0.008	1									
5. 社会激励	-0.021	0.061	0.037	-0.057	1								
6. 创客经验	0.256	-0.036	0.416	0.088	-0.022	1							
7. 产品大小	0.020	-0.039	0.082	0.014	0.106	0.011	1						
8. 奖章数量	0.299	-0.111	0.500	0.100	-0.037	0.792	0.042	1					
9. 创客年龄	0.264	-0.125	0.320	-0.011	-0.129	0.376	0.028	0.405	1				
10. 兴趣领域	0.340	-0.117	0.363	0.120	-0.031	0.521	0.002	0.585	0.595	1			
11. 专家支持	0.041	0.012	0.089	0.011	0.293	0.191	-0.007	0.169	0.145	0.182	1		
12. 优秀产品占比	0.077	-0.188	0.241	-0.060	-0.115	0.069	0.342	0.141	0.166	0.117	-0.027	1	
13. 产品品牌	0.241	-0.733	0.074	0.030	-0.066	0.032	0.029	0.095	0.107	0.092	-0.011	0.147	1
均值	17.780	1	0.080	0.920	0.670	2.870	3.130	5.350	157.98	4.120	0.130	0.080	0.010
标准差	62.650	0.070	0.270	0.280	0.470	1.740	8.010	6.910	199	2.820	0.340	0.190	0.190
最小值	1	0	0	0	0	1	0.02	0	0	1	0	0	0
最大值	5003	1	1	1	1	14	245.34	47	1384	12	1	1	15

注：相关系数大于等于0.037在 $p < 0.05$ 时显著。

表 6-11 分组回归结果

变量	模型1		模型2		模型3	
			创新能力			
	没参与大赛	参与大赛	没有实施社会激励的大赛	实施社会激励的大赛	没有实施经济激励的大赛	实施经济激励的大赛
创客类型	-0.171 *	0.196 *	0.257	0.253 *	-0.160	0.192
	(0.073)	(0.100)	(0.151)	(0.125)	(0.940)	(0.102)
创客经验	0.033 ***	0.094 ***	0.047	0.094 ***	0.178 *	0.094 ***
	(0.005)	(0.021)	(0.036)	(0.027)	(0.081)	(0.022)
产品大小	-0.004 ***	-0.010 ***	-0.030 ***	-0.007 **	-0.059 ***	-0.009 ***
	(0.001)	(0.002)	(0.006)	(0.002)	(0.017)	(0.002)
奖章数量	0.026 ***	0.008 *	-0.009	0.014 **	-0.006	0.007
	(0.001)	(0.004)	(0.007)	(0.005)	(0.015)	(0.004)
创客年龄	0.002 ***	0.002 ***	0.002 ***	0.003 ***	0.002 ***	0.002 ***
	(0.000)	(0.000)	(0.000)	(0.000)	(0.000)	(0.000)
兴趣领域	0.935 ***	0.992 ***	1.352 ***	0.866 ***	0.577 **	1.020 ***
	(0.007)	(0.054)	(0.130)	(0.064)	(0.213)	(0.056)
专家支持	-0.006	0.276 ***	-0.704 ***	0.275 ***	1.204 ***	0.215 ***
	(0.014)	(0.048)	(0.189)	(0.055)	(0.147)	(0.051)
优秀产品占比	0.105 ***	0.480 ***	2.526 ***	0.025	0.491	0.509 ***
	(0.028)	(0.099)	(0.166)	(0.128)	(0.354)	(0.103)
产品品牌	0.018	0.035	0.049	0.028	0.018	0.036
	(0.029)	(0.024)	(0.040)	(0.028)	(0.029)	(0.024)
常数	0.544 ***	-0.214	-1.033 ***	-0.146	0.359	-0.202
	(0.074)	(0.160)	(0.299)	(0.196)	(1.070)	(0.163)
观测值	36968	4091	1339	2752	339	3752
R2	0.737	0.529	0.434	0.540	0.421	0.532

注：N = 17987； *** $p < 0.001$， ** $p < 0.01$， * $p < 0.05$；括号内显示的是标准误。

6.2.4.3 结果讨论

创新创业大赛越来越成为政府和企业吸引大众参与创业和万众参与创新的重要手段。为了推动我国创新创业高质量发展，2018年，国务院发布了《关于推动创新创业高质量发展打造"双创"升级版的意见》，强调需要继续扎实开展各类创新创业赛事活动。在此背景下，本节研究了创新创业大赛不同类型的激励方式对创意客和创利客创新能力的差异化影响。基于29823个创客和51个创新大赛的面板数据，研究发现，相比于创利客，创新创业大赛的社会激励手段更能够帮助创意客提升其创新能力，但是其经济激励手段却对创意客创新能力的提升没有帮助。然而，以往的研究却一致认为，创新创业大赛的经济激励可以促进创客参与创新（例如，Boudreau et al.，2011；Chen et al.，2010；Terwiesch & Xu，2008）。

本节研究结果表明，首先，创新创业大赛并不是万能的，创新创业大赛对创客创新能力的影响取决于大赛所采用的激励方式，不同的激励手段能够带来截然不同的效果。具体而言，对于提升创意客的创新能力，创新创业大赛使用社会激励手段比经济激励手段更有效；对于提升创利客的创新能力，经济激励则比社会激励更有效。其次，创新创业大赛并不总是对所有创客都有帮助，其对创客的效用力也取决于创客的类型。本节的研究结果表明，针对不同类型的创意客和创利客，创新创业大赛也会扮演不同的积极和消极角色。总体而言，目前的创新创业大赛对创意客会比对创利客的能力提升更为有用。最后，金钱并非万能的。对于内部兴趣爱好驱动的创意客而言，创新创业大赛采取经济激励并不能有效地帮助增强其创新能力。这些新发现为创新创业相关政策制定者和创新创业大赛相关管理者提供了重要管理启示。

6.3　研究结论与管理建议

6.3.1　研究结论

自 2015 年 3 月"创客""众创空间"写入政府工作报告以来，作为为创客提供制造与创新工具、开展创新创业培训活动、举办创新创业竞赛活动等创新创业服务的新型创新创业服务平台，我国各级政府以及众创空间的管理者纷纷向众创空间投入了大量资源，众创空间在我国蓬勃发展。但是，众创空间的投资者和管理者也面临着资源配置的困境。根据现有研究结论来看，不论对于何种类型的创客，众创空间提供越多的创新创业培训活动、创新创业竞赛活动等创新创业服务，创客参与越多的这些活动，其创新创业能力与绩效就会越好。然而，事实并非如此。本章的两个子研究分别对众创空间组织的创新创业培训活动与创新创业竞赛活动的赋能机制进行了研究与探讨，得到了不一样的答案。

（1）众创空间培训活动通过影响创客的学习能力进而影响其创新绩效。本章第一个子研究探讨了创客参加众创空间组织的创新创业培训活动对其创新绩效的影响以及创客外部新知识利用能力的中介作用。研究发现，创客参与创新创业培训活动的范围对创客的创新绩效有显著的正向作用，而参与创新创业培训活动的频率对其创新绩效存在显著的负向作用。创客外部新知识利用能力在创客参与创新创业培训活动的范围和频率与创客创新绩效之间起到了中介作用。换而言之，众创空间组织的创新创业培训活动赋予创客重要的外部新知识利用能力，从而影响了其创新绩效。此外，第一个子研究的研究结论也表明，创客参与更多的创新创业培训活动并不一定能提高其创新绩效。与此同时，对于众创空间的管理者而言，投入大量资源去组织更多的创新创业培训活动并不是最好的资源配置策略。

（2）不同的创新创业大赛激励方式对不同类型创客的创新能力影响不一。本章第二个子研究解析了创新创业大赛不同类型的激励方式（经济激励与社会激励）对创意客和创利客创新能力的不同作用。研究结果表明，创新创业大赛使用社会激励方式可以显著提升创意客的创新能力，但是不能显著提升创利客的创新能力。与此同时，与创利客相比，创新创业大赛使用经济激励方式不能显著提升创意客的创新能力。这说明创新创业大赛并不是万能的，创新创业大赛对创客创新能力的影响取决于大赛所采用的激励方式。对于提升创意客的创新能力，创新创业大赛使用社会激励手段比经济激励手段更有效；对于提升创利客的创新能力，经济激励则比社会激励更有效。针对不同类型的创意客和创利客，创新创业大赛也会扮演不同的角色。这些研究发现与结论对于政府以及众创空间的管理者而言具有重要的参考价值。

6.3.2　管理建议

6.3.2.1　对政策制定者的管理建议

第一，根据众创空间创新创业培训活动的过程特征来制定有针对性的举措。创新创业培训活动相关政策的制定者应考虑到创客参与创新创业培训活动的不同特征对其创新绩效的影响。具体而言，创客参与更多不同领域的创新创业培训活动会提升其创新绩效，而创客更频繁地参与创新创业培训活动则会降低其创新绩效，因此可以基于这些差异制定更有针对性的支持政策。例如，不再强行考核众创空间举办创新创业培训活动的数量以及每一场创新创业培训活动的创客参与情况，而是对众创空间举办的创新创业培训活动涉及的领域进行考核，鼓励并要求众创空间举办更多不同领域的创新创业培训活动。与此同时，应鼓励并考核众创空间周期性地、均匀地举办创新创业培训活动，而不是集中性地、突击式地举办创新创业培训活动。

第二，基于不同类型创客的独特特征来制定创新创业竞赛活动相关举措。创新创业竞赛活动相关政策的制定者应考虑到创意客和创利客差异化的动机和目的，从而制定更有针对性的政策。目前，大多数关于创新创业竞赛活动的政策都是一般性的，并将创客当作一个不可分割的整体。政策制定者更关注制定什么样的政策来促进创客参与创新创业大赛，但尚未考虑现实中存在不同类型的创客，即创意客与创利客。这些不同动机驱动的差异化的创客更需要针对性的政策来吸引其参与创新创业大赛。例如，创利客参与创新创业的主要动机是受外部经济和商业目标驱动的，他们更依赖于强有力的经济和商业化政策。因此，相关政策的制定者可以考虑制定更多与创业补贴、税收激励和风险投资相关的优惠政策，以促进其创新创业。对比而言，创意客则受内部动机驱动，更倾向于满足自己的内在兴趣和爱好，并将自身创意变成现实。因此，制定更多非经济政策如创客教育和培训支持等这类的福利政策更能帮助提升其创新创业能力，为社会创造出更多优质产品。

6.3.2.2 对众创空间管理者的管理建议

一是合理安排创新创业培训活动的范围和频率来影响创客参与创新。对众创空间管理者而言，创新创业培训活动并不总是有价值的。众创空间的管理者必须考虑到创客参与创新创业培训活动的不同特征对其创新绩效的影响，从而组织更有针对性的创新创业培训活动。例如，众创空间应组织涵盖创客创新创业相关领域的多元化创新创业培训活动，从而为创客提供多个不同领域的外部新知识。同时，众创空间要定期组织创新创业培训活动，但不能太频繁。更重要的是，众创空间应该给予创客参与创新创业培训活动的选择权，以确保创客能够在自己的认知能力范围内控制外部新知识的获取领域和获取速度。众创空间还应该调整入驻时间限制，为创客提供创新所需的充足的工作时间，因为时间的压力会抑制创客对于外部新知识的认知。在这种情况下，众创空间组织越多的创新创业培训活动，资源浪费就越严重。

二是合理设计与不同类型的创客动机相匹配的创新创业大赛激励方式。创新创业大赛相关管理者和参与者应该注意，大赛激励机制的设计应与不同类型的创客相匹配。也就是说，创新创业大赛的外部激励方式只有符合创意客和创利客的不同动机和目的，才能最大效用地促使创客创新创业能力的提升。具体而言，创新创业大赛使用社会激励方式可以显著提升创意客的创新能力，而经济激励则不能。然而，这些激励对创利客的创新能力则存在与此相反的效用。因此，针对创意客，创新创业大赛可以加强社会奖励，如荣誉奖状、证书、奖杯等，赋予他们更高的创新能力；针对创利客，创新创业大赛则应加强经济激励措施，如货币奖励和风险资本投资，以提高他们的创新能力。

第7章 引导大众参与创客运动的政策及建议

　　创新是引领发展的第一动力，是建设现代化经济体系的战略支撑。党的十九大报告中指出，要实现我国经济由高速增长阶段向高质量增长阶段转变，就必须鼓励更多社会主体投身到创新创业中去。为了激发全社会主体的创新创业活力和积极性，2015年，国务院推出了《关于大力推进大众创业万众创新若干政策措施的意见》，开始大力推进"大众创业、万众创新"，为激发全社会的创新创业活力和提升大众的创新创业能力做了充分准备。2018年，国务院颁布了《关于推动创新创业高质量发展 打造"双创"升级版的意见》，为进一步激发市场活力和社会创造力做出重大部署。在国家相关政策的引领下，各省市也纷纷出台了地区创新创业支持政策，以广泛吸引大众参与创客运动，驱动更多社会主体积极投身到创新创业事业中去。

　　在国家和各地方的政策驱动下，大众创业万众创新蓬勃发展，创新创业理念深入人心，创新创业主体日益多元，各类支撑平台不断丰富，创新创业氛围更加浓厚，创新创业环境持续改善。然而，社会大众对当前的创新创业政策却缺乏系统认知和了解，各级政府也很少评估既有创新创业政策的实施效果，国家和地方政策制定者也对如何制定后续创新创业政策感到十分困惑。这些问题影响了既有创新创业政策的有效性和后续创新创业政策的供给，进而影响到创新创业生态系统的运行。

　　因此，为了帮助解决上述问题，我们开展了如下工作：首先，广泛搜集整理了现有的国家和各省市的创新创业政策，运用文本挖掘和文本分析技术，对相关政策内容进行了系统的分析；其次，基于代表性创新创业政策，采用双重差分法，从创新和创业两个维度对相关政策的实施效果进行了实证评估；最后，基于创新创业政策的发展现状和实施情况，结合本书的研究成果，针对现行政策的不足有针对性地提出了相应的引导政策建议。这些工作对于加强大众对创新创业政策的认知、完善我国创新创业政策体系具有重要的指导意义。

7.1 政策现状分析

7.1.1 政策现状分析的背景和意义

2015 年 3 月 11 日，李克强总理在全国两会政府工作报告中指出，要把"大众创业、万众创新"打造成中国经济发展的"双引擎"之一。为了促进大众参与创客运动，国家和各地方相继出台了一系列扶持政策，制定了相应的法律法规。自 2015 年首个"双创"政策《关于发展众创空间推进大众创业万众创新的指导意见》发布以来，我国在"双创"发展的供给端、需求端、环境端初步形成了创新创业政策框架体系。但是，与发达国家相比，我国的双创运动发展速度较慢，大众自主创新创业能力不强，现行政策尚未形成大规模"创客浪潮"。要解决上述问题，就需要将我国各种类型、各个层级的创新创业政策集聚链接起来，构建更为完善的创新创业政策体系。因此，有必要对现有相关政策进行分析，通过提升创新创业政策的连续性和系统性，发挥政策间的协同互补效应，激发全社会创新潜能和创业活力，培育和催生经济社会发展新动力。

随着创客运动的持续发展，针对创新创业政策的质性研究日益增多，取得了较多的成果，而针对这些政策的量化分析仍然很少。从研究对象来看，国家层面和地方层面的政策对比是学者们主要关注的一个重要领域。在国家层面，创新创业政策供给需求不平衡、政策力度和系统性有所欠缺，需要在动态协同、适度性和激发市场活力等方面进一步加强（崔祥民，2019；徐示波，2020；周博文和张再生，2019）。在地区政策比较方面，每个省市的发展现状和优势产业存在差异，导致创新创业扶持政策的整体目标和着力点都不一样，如北京市更加注重知识产权保护，广东省更加强调创新创业公共服务平台建设（苏瑞波，2017）。

从研究内容来看，学者们分别对创新创业涉及的政策工具、创业周期、创新创业要素、众创经济模式、价值属性等内容展开了讨论。在政策工具方面，需求型政策少于供给型政策，而且环境型政策最少（周博文和张再生，2019；崔祥民，2019）。在创业周期方面，现行政策主要集中在创业初期，对于创业前期与创业成长期比较薄弱（雷良海和贾天明，2017）。在创新创业要素方面，大部分是资本型政策，其次是人才型政策、服务型政策，最少的是文化型政策（雷良海和贾天明，2017）。在众创经济模式方面，已有政策集中在众智模式、众扶模式和众筹模式，但众包模式稍显劣势（周博文和张再生，2019）。在价值属性方面，低成本政策最多，便利性和开放性政策居中，全要素政策最少（周博文和张再生，2019）。

综上研究可以发现，目前对创新创业政策的研究从制定主体上主要集中在国家或各省间宏观层面上的横向政策比较，纵向比较较为缺乏。政策的纵向比较不仅可以不断追踪前后政策的动态变化，还能全面了解各个地区的政策内容部署特征。在政策内容方面，学者们较多地解析了单个政策，缺乏对多个政策的系统性分析。然而，政策效应的发挥离不开政策体系中各个政策的协同，全面系统的政策分析是考察政策协同效应的必要条件。而且，对于双创运动发展而言，对创新创业政策体系进行横向对比分析和纵向比较分析具有较大的现实意义，因为提升双创运动的高质量发展的核心在于如何充分发挥创新创业政策的集聚优势。

基于此，本节搜集整理了我国国家和地方现存的创新创业政策，并对其进行了可量化的文本分析。首先，通过 JiebaR 分词技术对政策文本进行分词处理并提取高频词汇，再从这些词中人工提取出与支持创新创业发展有关的政策关键词；其次，运用共词分析并结合 Pajek 软件，计算现行政策的网络特征指标，分析政策文本关键词的关联关系，最终评价出创新创业政策的系统性和层次性特征。

7.1.2　研究方法与数据收集

7.1.2.1　研究方法

（1）文本挖掘技术。文本挖掘技术是指从文本中获取隐含的潜在价值信息的一类技术。而政策文本挖掘技术是一种从政策文本中获得深层次含义及政策主体的技术。本节利用政策文本挖掘方法，结合纵向创新创业政策的发展脉络，分析了国家层面和地方层面创新创业政策的文本特征。

基于政策文本的特征，本节的政策文本挖掘分析包括四个步骤。第一步，政策文本预处理。手动筛选与大众创业万众创新相关的政策文本，去除与创新创业政策关联度不大的文本，将剩下的文本利用停用词库删除与本次政策分析无关的词组、数字、空格、字母等文本与单词。第二步，制定与创新创业政策密切相关的关键词库。利用 JiebaR 分词工具提取文本关键词，根据机器提取的关键词，通过人工提取与大众创业万众创新发展有关的主题，进行关键词的挑选。第三步，进行词频统计分析。利用自然语言工具包 nltk 实行文本词频统计，计算出核心词组。第四步，进行语义关联分析。结合已经筛选出的核心关键词，利用自然语言工具包 nltk 生成语义关联二元组，构建语义关联二元词组共线矩阵，利用网络分析软件 Pajek 计算网络特征指标和可视化分析。基于上述内容，提出了本节的研究流程图，具体如图 7 - 1 所示。

（2）词频与语义关联分析。在上述四个步骤的文本挖掘分析中，接下来着重对现行创新创业政策的关键词进行可视化的词频统计分析和语义关联分析。首先，针对一些高频关键词绘制了词云分布图。为了能够更直观地观察创新创业政策文本中的关键词特征，绘制了带有权重的词云分布图，其中，节点的大小代表该词在政策文本中出现的频次。词云分布图中，某关键词越大，该关键词出现的

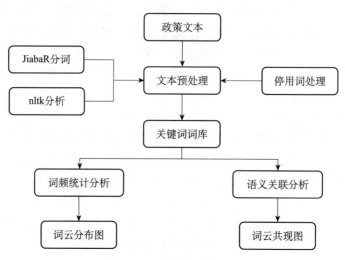

图 7 - 1 本节的研究流程

频次越高，同时也进一步说明，政策文本中相对来说比较强调该词相关内容。其次，利用语义关联网络绘制了词云共现图。为了能够了解文本内容之间的关联关系，绘制了带有权重的语义关联网络。本节在进行可视化绘制二元词组共现网络中，图7-1中的节点大小代表该词在网络中的核心程度，就是网络的中心度，而边的粗细则代表二元词组联系的强度。

基于语义的关联分析能够充分利用本体的丰富概念层次结构和语义知识，发现隐藏在文本中不易被人察觉的关联事件，实现语义层面的文本挖掘，有利于我们从多个视角观察分析文本。本节利用文本的网络图结构发现关联模式。语义关联分析的基本原理是：文本的网络图结构采用二元组形式定义，即 $T = (V, E)$。其中，$V = \{v_1, v_2, \cdots, v_i, \cdots, v_n\}$ 表示节点的集合，在这里表示词组；$E = \{e_{12}, e_{13}, \cdots, e_{ij}, \cdots\}$ 表示无向边集合，在这里表示两个邻接词组按照先后共同出现在文本中的顺序。然后利用两节点共线频率进行关联强度计算，计算公式为：$ST = \sum_{v_i \in V, v_j \in V} \{(V_i, V_j)\}$。在本章进行可视化的过程中，为了清晰展示主要关键节点的重要程度，我们去除了部分关联关系少的节点。图7-2给出了具体的语义关联网络结构示例。

7.1.2.2 数据收集

本节的目的是描述创新创业相关政策的内容并考察其政策结构。立足文本分析法的研究步骤，首先需要对我国创新创业政策进行样本选取。在样本的选取时间方面，由于国家首个双创政策《关于发展众创空间推进大众创业万众创新的指导意见》是在2015年3月11日发布，因此，样本时间选取从该文件发布之日起至2020年11月20日。在样本选取的内容方面，主要从国务院、国务院办公厅、

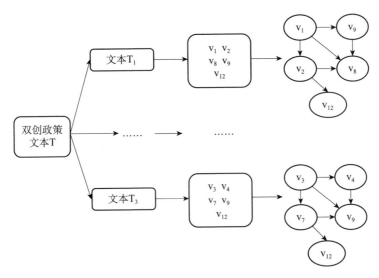

图7-2　语义关联网络结构

各部委、各省级政府网站获取了公开发布的创新创业政策文本。创新创业政策的文本主要是指各政策制定主体为了促进大众参与创客运动，以书面的形式颁布的各种国家和地方性的法规、规章、规范性文件等。

随后，根据政策文件题目与内容对政策进行筛选，选取了与大众创业万众创新、众创空间、创客空间、创客等关联度较大的国家与地区政策文本。其中，对于地区层面的创新创业政策，基于中国四大经济区域：东部、中部、西部和东北四大地区，选取了东部的上海市、江苏省和广东省，中部的湖南省与陕西省，西部的云南省和新疆维吾尔自治区，以及东北地区的黑龙江省等作为区域的代表，对其进行了政策文本分析。通过对政策的整理与分析，本节构建了政策文本数据和可视化图谱，包括政策发文时间、政策名称、政策发文主题和政策内容等，最终为后续引导大众参与创客运动和创新创业政策建议的提出打下了坚实的基础。

7.1.3　国家政策文本分析

本小节着重分析了国家层面支持创新创业发展的相关政策。首先，搜集整理了国家相关政策文本。其次，结合词频分析技术和人工提取的方法，提取了具有实际意义的关键词语并构建创新创业政策的关键词库，并计算出该词语出现的频次。最后，利用Gephi软件将已经筛选出的关键词进行可视化图谱分析。

创新创业相关的政策不仅是创新创业生态系统有效运行的重要支撑，而且是我国实现经济由高速增长阶段向高质量增长阶段转变的重要保障。首先，研究人员从理论上初步分析了国家创新创业政策，并对政策文本内容做了基本的描述与分析。自2015年3月11日起至2020年11月20日，国家层面的创新创业政策共整理出 171 份，剔除政策相关性较弱的政策文件，最终获得政策文本 118 份。国家层面创新创业政策的文本统计分析结果见表 7 - 1。

表 7 - 1　　　　　　　　　国家层面创新创业政策统计　　　　　　　　　单位：份

部门	2015 年	2016 年	2017 年	2018 年	2019 年	2020 年	政策文本数量合计
国务院	19	24	9	2	0	2	56
科技部	3	3	6	2	5	11	30
国家发改委	1	0	1	4	1	1	8
财政部	0	0	0	5	1	0	6
工业和信息化部	1	1	0	4	0	1	7
人力资源和社会保障部	1	2	0	2	0	1	6
农业部	0	0	0	2	1	0	3
教育部	0	0	0	1	1	0	2
合计	25	30	16	22	9	16	118

资料来源：笔者根据政府网站信息整理所得。

由表 7 - 1 可知，国务院、科技部、国家发改委、财政部、工业和信息化部、人力资源和社会保障部、农业部、教育部等部委纷纷出台了与大众创业万众创新密切相关的政策。基于政策发布单位视角，研究发现，科技部出台的创新创业政策较为丰富，而国家发改委、财政部、工业和信息化部、人力资源和社会保障部出台的相关政策数量差距不大。基于时间视角，出台与大众创业万众创新密切相关的政策在 2015 ~ 2016 年最为集中，而在 2019 年出现了骤减的趋势。总体来说，国务院出台的一系列鼓励大众创业万众创新的政策在所有政策中扮演着最重要的作用，在其引领下，各部门也纷纷出台了相应的扶持政策，鼓励大众创新创业。

7.1.3.1　国家政策文本高频词汇分析

（1）整体政策的高频词汇分析。本小节着重对国家层面的创新创业政策文本进行了词频统计分析。基于提取的高频关键词，运用词频分析技术，从整体和动态视角分析了创新创业政策文本的关注要点，并绘制了可视化的词云分布图。表 7 - 2 和图 7 - 3 给出了 2015 ~ 2020 年在政策文本中出现的前 45 个高频词汇以及整个词云分布图。研究发现，在政策实施的目的方面，"知识产权"和"科技成果"出现频次均很高，表明国家各部委一直比较关注创新创业项目的核心知识保护以及科技成果转化与落地。在政策实施的对象方面，"中小企业""科技企业"和"小微企业"出现频次较高，意味着近几年以来，国家越来越关注中小微企业特别是科技型创新企业的培育和发展，这也说明中小企业是推动大众创业万众创新的核心力量。在政策支持的方式方面，"融资""贷款担保""贷款""补贴""基金"等出现频次较高，表示国家各部委采取了多种多样的资金支持方式来支持创新创业，尤其鼓励风险资本对大众参与创新创业的融资支持。

表 7 – 2 国家层面创新创业政策文本的前 45 个高频词汇

序号	关键词	频次	序号	关键词	频次	序号	关键词	频次
1	众创	809	16	创业投资	253	31	专利	173
2	知识产权	750	17	战略性新兴产业	238	32	用地	173
3	科技成果	521	18	大众创业	229	33	创新驱动发展	170
4	环境	496	19	示范基地	229	34	驱动发展	170
5	融资	463	20	开发区	228	35	科技园	166
6	科技创新	360	21	公共服务	227	36	贷款	165
7	中小企业	350	22	专业化	222	37	毕业生	160
8	信息化	337	23	万众创新	221	38	创新发展	157
9	基金	319	24	科技成果转化	217	39	税收	157
10	众创空间	313	25	基础设施	213	40	技术创新	155
11	新兴产业	309	26	新技术	210	41	融资担保	155
12	人力资源	296	27	分工负责	206	42	人民政府	152
13	电子商务	295	28	小微企业	204	43	医疗	150
14	战略性	264	29	科研院所	189	44	公平竞争	149
15	社会保障	256	30	服务平台	184	45	补贴	143

资料来源：笔者根据相关资料整理所得。

图 7 – 3 国家层面创新创业政策文本的词云分布

资料来源：笔者根据相关资料整理绘制。

（2）历年政策高频词汇分析。本小节以年为单位，分析了历年创新创业政策文本的特征。我们从动态视角分析了 2015～2020 年的政策文本特征，旨在发现历年国家政策的核心侧重点。图 7 – 4 显示了 2015～2020 年各年的创新创业政策文本的词云分布。

（2015 年）

（2016 年）

(2017 年)

(2018 年)

(2019 年)

(2020 年)

图 7-4 国家层面历年创新创业政策文本的词云分布

资料来源：笔者根据相关资料整理绘制。

基于以上高频词汇分析，可得出以下结论。

一是国家鼓励建立更为完善的创业创新主体体系。已有的政策文本主要涉及九类创新创业主体，分别是科研人员、大学生、农民工、退役军人、失业人员、回国人才、境外人才、海外人才和企业员工。从图 7-4 可以看出，2015 年，政策文本中频繁出现了"小微企业"和"中小企业"的企业员工这一市场创新主体；2017 年，"高校毕业生"出现较为频繁；2018 年，针对"退役军人"出现次数较多；2019 年，对"农民工"和"大学生"这两个群体重点给予关注；2020 年，政策文本中多次提及了"高新区"和"高校毕业生"等创新主体。总体而言，国家在建立多元创新创业主体方面主要关注大学生和企业员工，其次是退伍军人、农民工等，但是对于回国人才、境外人才、失业人员等创新创业主体的具体鼓励政策较少。

二是国家积极布局多样化的创新创业载体生态。已有的政策主要涉及三类创新创业载体，分别是区域众创空间、高校和科研院所众创空间以及企业众创空间。2015 年，与众创空间建设有关的"基础设施"如房租、宽带接入、公共软硬件等多次被提及，显示出国家对众创空间建设的高度关注；2017 年，"众创空间""示范基地"和"示范区"出现频次较高，说明国家鼓励充分利用国家自主创新示范区、国家高新技术产业开发区的有利条件构建一批开放式的众创空间；2018 年，"中小企业"出现的频次很高，表明国家越来越鼓励中小微企业围绕主营业务方向建设众创空间；2019 年，出现频次最高的关键词为"科技园"和"科研院所"，表明国家支持大学科技园和高校、科研院所等利用有利条件建立众创空间。总体而言，目前关于创新创业发展的众创空间载体生态仍不够完善，已有的政策主要强调对区域众创空间和高校与科研院所众创空间的支持，而对企业众创空间关注相对较少。

三是国家大力构建灵活宽松的财税金融支持体系。已有的政策主要涉及三类财税金融支持方式，包括财政资金引导、投融资服务和普惠性税收政策。2015 年，"融资""基金""补贴""融资担保"出现频次较高，表明国家鼓励开展科技融资担保的金融服务，鼓励大众利用互联网金融开展实物众筹和股权众筹；2018 年，"基金""税收"等关键词出现的频率较高，反映出国家积极推行房产税、增值税等税收优惠政策来促进大众创新创业；2019 年，"担保机构""贷款""基金"出现频次相对较高，说明国家鼓励开展科技融资担保、知识产权质押、股权质押等方式的科技金融服务。总体来说，国家在完善财政金融体系方面，强调综合利用多种多样的资源，在财政资金引导、投融资服务和普惠性税收等方面协同推动我国创新创业的发展。

四是国家多方位完善创新创业服务机制。已有的国家政策主要涉及四个方面的创新创业服务：创新创业培训、资源信息共享、知识成果转化服务和创新创业文化氛围营造。2015 年，为了提高大众的创新能力与知识，国家强调通过"创业教育""创业培训""创业服务"等方式给予大众便捷的学习资源；2016 年，"科技成果"出现频次相对最高，表明国家重点关注创新创业科技成果转化；2018 年，"人才培养"出现较为频繁，说明国家在鼓励创新创业过程中强调人才培养的文化氛围；2020 年，"创业大赛"和"创新创业大赛"出现频次相对较高，反映出国家鼓励积极办好中国创新创业大赛、科技创新创业大赛等赛事活动，积极支持参与国际创新创业大赛。综合来看，国家在创新创业服务方面，主要强调知识成果转化服务和建立知识成果转化平台，在创新创业培训和创新创业文化氛围营造方面政策数量居中，而在资源信息共享方面的鼓励政策较少。

五是国家不断优化创新创业生态环境。目前，国家政策主要从金融环境、产权环境、服务环境和市场环境四个方面来进行创新创业生态环境布局。2015 年，频次出现最高的关键词是"电子商务"，结合国家出台的多项促进电子商务发展的政策可知，国家强调利用"电子商务＋双创项目"计划鼓励发展众创经济；2016 年，"战略性新兴产业"和"产业化"出现频次较高，反映出国家鼓励积极创建新兴的市场环境，完善公平竞争的市场环境，以建立统一透明、规范有序的市场环境；2017 年，"社会保障"和"医疗"出现频次也较高，这与国家一直以来关注民生的系列举措相吻合，表明国家为了鼓励大众进行创新创业，着力改善大众衣食住行等方面的难题；2018 年和 2019 年，"知识产权保护"出现频次较高，说明国家在产权环境方面，通过加大对反复侵权、恶意侵权等行为的处罚力度、完善行政调解等非诉讼纠纷解决途径等措施不断完善知识产权管理服务体系。总体来说，环境型创新创业政策中，产权环境相关的政策最多，其次强调创新创业过程中的金融与市场环境，而信用体系建设相关的政策较少。

综上所述，"大众创业、万众创新"双创运动推行五年多以来，诞生了一些新型创新创业模式，培育了一批科技创新企业。具体而言，为促进各类社会主体参与创客运动，首先，国家采取了系列减税、降费、补贴等优惠政策，并通过加大信贷投放力度，在资金方面给予大力支持；其次，重点扶持小微企业和高校创新创业，对这些重点支持对象"因地制宜"地实施了针对性措施；再次，致力于不断完善创新创业成果的"知识产权保护"机制；最后，不断探索创新，先行先试，鼓励创建了大批科技园、大学众创空间和示范基地，促进了创新创业成果和示范区的成功经验向全社会扩散。这一系列举措，催生了一大批新的科技企业，形成了新的创新创业成果，促进了众创经济的快速发展。

7.1.3.2　国家政策文本语义关联分析

（1）整体政策语义关联分析。通过对国家层面的创新创业政策文本进行语义关联分析，梳理出了现行政策之间的内在联系和网络关系。具体而言，从整体和动态视角，分析了现有政策的语义关联特征并绘制了词云共现图。图 7 - 5 为 2015 ~ 2020 年国家政策文本的词云共现图。

图 7 - 5 显示，整体上，国家创新创业政策文本的二元词组共现网络相对紧密，"众创""中小企业""融资"等词处于网络的中心位置。由此可知，国家创新创业政策近几年来主要聚焦于两个部分：一是以"众创空间"为中心不断扩散，关注众创空间建设与科技创新活动。与此相关的系列政策强调：①为广大创新创业者提供良好的工作空间、网络空间、社交空间和资源共享空间；②为创新创业者提供低成本的创业场地、设备设施、宽带网络、开源软硬件、商务服务等基础条件和服务；③提供一站式、高效率的商事、商务、政务和科技等相关服务，积极推进资本、技术、人才、市场等要素的不断融合；④为创新创业主体提供全方位的增值服务，并面向大众创新创业者开放设备设施、信息资源和工作空间，提供交流、分享、互动的社交平台。二是以"融资"为中心不断扩散，表示国家积极通过各种国家新兴产业创业投资引导基金、天使投资基金、专利许可费收益权证券化、专利保险等科技金融服务，并结合免征房产税和增值税等税收优惠政策，来促进大众参与创新创业。

（2）历年政策语义关联分析。我们从动态视角，分析了 2015 ~ 2020 年国家

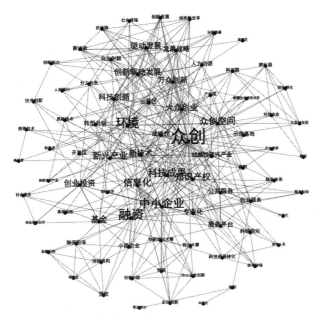

图7-5 国家层面政策文本的词云共现

资料来源：笔者根据相关资料整理绘制。

创新创业政策文本的语义关联特征。以年为单位绘制了2015～2020年历年的创新创业政策文本的语义关联网络，结果如图7-6所示。

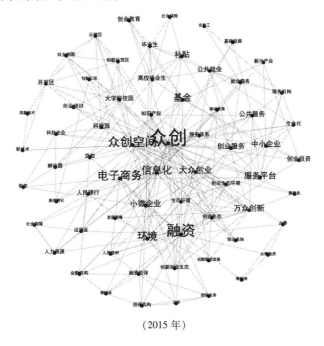

（2015年）

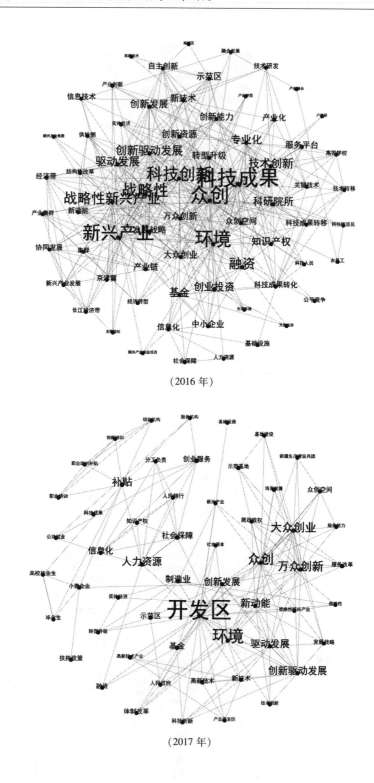

（2016 年）

（2017 年）

（2018 年）

（2019 年）

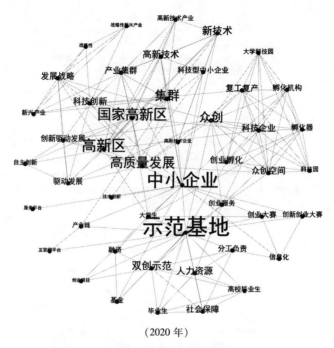

（2020 年）

图 7 - 6　国家层面历年政策文本的词云共现

资料来源：笔者根据相关资料整理绘制。

基于上述语义关联分析，可以得出如下结论。

第一，历年国家创新创业政策文本的二元词组共现网络的密度差异较大，表明国家每年均有多个差异化的战略布局。2015 ~ 2020 年，国家政策文本的二元词组共现网络相对稠密，每年政策网络聚焦的核心任务都存在差异。其中，2015 年政策关注的焦点是"电子商务"和"融资"，2016 年是"科技成果"，2017 年是"开发区"，2018 年是"中小企业"，2019 年是"科技园"，2020 年是"示范基地"。在具体的创新创业政策文本中，国家依次强调从产业环境、科技成果转化、创新创业主体和众创空间建设等方面为各创新创业主体提供资源保障。

第二，历年国家创新创业政策文本的二元词组共现网络的话题差异明显，说明国家政策各年关注的战略要点不同。2015 ~ 2020 年各年的二元词组的话题侧重点差异甚大。2015 年以"融资"为话题中心向外扩散，关注融资担保、贷款和金融机构；而 2019 年以"融资"为话题，强调基金、银行和贷款。另外，2017 ~ 2020 年则以区域众创空间为话题中心向外扩散，均强调区域众创空间建设；2017 年重视以"开发区"为主导的众创空间建设，关注新技术的发展；2019 年注重以"科技园"为主导的众创空间建设，强调以融合发展为核心内容；2020 年注重以"示范基地"为主导的众创空间建设，鼓励以科技企业为主导建设重创空间。整体而言，2015～2020年，国家创新创业相关政策涉及了多种战略要素，各战略要素的局部也存在较大差异。

7.1.4　地方政策文本分析

我们整理和筛选了2015年3月11日至2020年11月20日我国各省市的创新创业相关政策。其中，上海市共搜集了70份，剔除与创新创业相关性较弱的政策文本，最终获得57份；江苏省共搜集了87份，剔除政策相关性较弱的文本文件，最终获得48份；广东省搜集了80份，剔除政策相关性较弱的文本文件，最终获得50份；湖南省共整理出21份，剔除政策相关性较弱的文本文件，最终获得18份；黑龙江省共整理出20份，剔除政策相关性较弱的文本文件，最终获得17份。云南省也在国家的号召下出台了一系列创新创业政策，共整理出58份，剔除政策相关性较弱的文本文件，最终获得36份。新疆维吾尔自治区整理出政策文本16份，剔除相关性较弱的文本文件，最终获得14份。省级层面创新创业政策的文本统计分析结果见表7－3。

表7－3　　　　　　　　　省区市层面历年创新创业政策文本数量　　　　　　　　单位：份

年份	上海市	江苏省	广东省	湖南省	黑龙江省	云南省	新疆维吾尔自治区
2015	10	10	10	4	4	6	2
2016	6	10	24	3	4	14	5
2017	14	11	6	5	8	6	1
2018	17	9	6	2	0	8	1
2019	4	4	2	2	0	1	3
2020	6	4	2	2	1	3	1
合计	57	48	50	18	17	40	14

资料来源：笔者根据政府网站信息整理所得。

由表7－3以及梳理的现有政策文本可知，2015～2018年，江苏省人民政府、人力资源与社会保障厅、教育厅、科学技术厅、发展改革委出台了一系列促进创新创业的政策，但自2019年便逐渐减少。黑龙江省人民政府推出了一些鼓励大众创业万众创新的政策，但自2018年以来出台的政策非常少，几乎没有。云南省的创新创业政策集中在2015～2018年，其中2016年出台最多，但在2019年骤减。新疆维吾尔自治区人民政府、经济和信息化委员会、人力资源和社会保障厅、自治区经信委、科技厅、财政厅等部门相继出台了一些政策，但政策数量在逐年递减。广东省在2015年和2016年出台政策较多，而在2019年和2020年较少。湖南省人民政府出台了一系列鼓励创新创业的政策，紧接着各个地州市和部门也纷纷出台了相应的政策。上海市多个政府部门都积极参与了创新创业政策的制订，涉及市政府、知识产权局、人力资源和社会保障厅、教育委员会、财政厅、科学技术委员会、工商行政管理局、经济和信息化委员会、发展和改革委员会、规划和国土资源管理厅、市场监督管理局等，但从 2019 年开始骤减。综上可知，各省区市都集中在 2015～2018 年推出了大量的创新创业政策，但近两年政策数量较少。

7.1.4.1 地方政策文本高频词汇分析

（1）整体政策高频词汇分析。我们从整体层面对 2015～2020 年上海市、江苏省、广东省、湖南省、黑龙江省、云南省、新疆维吾尔自治区的创新创业政策文本进行了高频词汇分析。图 7－7 展示了各省区市相关政策文本的词云分布图。

（上海市）

（江苏省）

（广东省）

（湖南省）

（黑龙江省）

（云南省）

（新疆维吾尔自治区）

图 7 - 7　省区市层面政策文本的词云分布

资料来源：笔者根据相关资料整理绘制。

由图 7 - 7 可知，上海市政策文本中，出现频次较高的是"人工智能""工业互联网""电子商务""智能制造"等词汇，表明上海市重点关注通过促进工业互联网、智能制造、电子商务等领域的发展，来激发大众参与创客运动的动力，调动社会主体创新创业的积极性。

江苏省政策文本中，"电子商务""信息化""服务平台""科研院所""大学生"出现的频次较高，表明江苏省强调激发高校毕业生的创新活力，借助科研机构的支撑，力图利用信息技术和科技服务平台打通制约创新创业的"瓶颈"，推动众创经济发展。

广东省政策文本中，"知识产权""制造业""退伍军人"等词出现的频次较高，说明广东省侧重对知识产权以及信息化建设的扶持，同时关注制造业领域的发展，并对退伍军人创新主体给予较多的关注。

湖南省政策文本中，"科技成果""返乡就业""农民工""融资"出现的频次很高，说明湖南省政府更关注创新创业的科技成果转化和融资问题，并高度关注农村这一关键领域和农民这一关键群体。

黑龙江省政策文本中，"创业投资""融资""天使投资"等频繁出现，说明黑龙江省积极推动天使投资、创业投资、融资担保等投融资机构为大众创新创业提供投融资服务。

云南省政策文本中，"知识产权""人工智能""新技术"等关键词出现频率较高，表明云南省比较注重知识产权的创造、运用和保护，积极营造有利于知识产权发展的法治环境，且重视构建开放协同的人工智能科技创新体系，为大众创新创业提供技术支撑。

新疆维吾尔自治区政策文本中，"融资""众创空间""创业服务""小微企业"等关键词出现频率较高，表明其更关注对中小企业的扶持，且将小微企业作为促进创新创业发展的主导力量，并不断为其提供资金支持和创业服务。

（2）历年政策高频词汇分析。我们从动态视角分析了 2015～2020 年各个省区市的创新创业政策文本，旨在对比出各省区市政策侧重点的差异化特征。具体以年为单位，分别分析了上海市、江苏省、广东省、湖南省、黑龙江省、云南省和新疆维吾尔自治区历年的创新创业政策文本的特征，并绘制了相对应的词云分布图。

①上海市政策高频词汇分析。上海市历年创新创业政策文本高频词汇分析的词云分布如图 7－8 所示。

（2015 年）

（2016 年）

（2017 年）

（2018 年）

（2019 年）

（2020 年）

图 7－8 上海市历年政策文本的词云分布

资料来源：笔者根据相关资料整理绘制。

　　如图 7 - 8 所示，在各年中，"智能制造"和"人工智能"等关键词出现较为频繁，说明上海市重视在互联网新技术领域培养创新创业人才，关注高科技、新技术的发展。其中，2015 年强调"科技创新"，2017 年强调"科技成果转化"，表明上海市有序促进科技创新的发展，积极建立技术创新与标准化协调发展的促进机制。2016 年强调"科研院所"，且在 2018 年和 2020 年强调"科研人员"，表明上海市高度重视高校和研究机构的科技人员，积极培育具有国际竞争力和技术主导力的创新创业人才。2016 年强调"电子商务"，且在 2018 年强调"供应链"，2020 年强调"信息化"，说明上海市着力推进电子商务高速发展，重视智慧供应链示范城市建设，关注信息化服务平台的整合融合，鼓励激发各类创新创业主体的创新动力和创造活力。

　　整体而言，上海市的创新创业政策聚焦点比较一致和明确，各年政策之间衔接比较紧密。结合上海自身的众创经济发展特征，上海市致力于在高端人工智能和互联网技术新领域推动创新创业的发展，以科研人员为核心力量进行科技创新，并注重成果转化环境的培育。

　　②江苏省政策高频词汇分析。江苏省历年创新创业政策文本高频词汇分析的词云分布如图 7 - 9 所示。

（2015 年）

（2016 年）

（2017 年）

（2018 年）

（2019 年）　　　　　　　　　　　（2020 年）

图 7 - 9　江苏省历年政策文本的词云分布

资料来源：笔者根据相关资料整理绘制。

　　由图 7 - 9 可知，在历年的政策中，"电子商务""医疗""互联网"等关键词出现的频率较高，表明在信息技术迅猛发展的背景下，江苏省鼓励基于互联网发展的电子商务和医疗等行业。近几年，江苏省逐步激活了多样化的创新创业主体，比如，2015 年强调"农民工"和"大学生"，2017 年强调"从业人员"，2018 年强调"小微企业"，2019 年强调"科研人员"。江苏省也努力营造知识成果转化服务环境，从产权保护到信息共享平台等方面打造知识产权运营服务体系，比如，2016 年强调"知识产权"保护，2018 年强调"技术转移"，2020 年强调"信息化"和"一体化"。

　　综合而言，江苏省在推行系列创新创业政策时具有较强的战略布局，考虑物联网技术的发展，并以智慧医疗、电子商务等新兴产业为契机，努力推动创业发展；同时，从各个创新主体出发，积极鼓励大众开展创新创业，并为其打造全流程的创新培训活动和成果转化的信息服务体系。

　　③广东省政策高频词汇分析。广东省历年创新创业政策文本高频词汇分析的词云分布如图 7 - 10 所示。

（2015 年）　　　　　　　　　　　（2016 年）

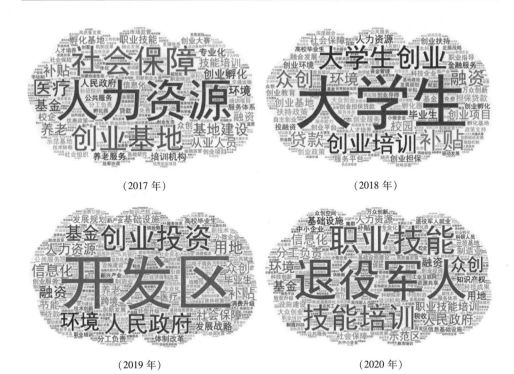

（2017年）   （2018年）

（2019年）   （2020年）

图7-10 广东省历年政策文本的词云分布

资料来源：笔者根据相关资料整理绘制。

由图7-10可知，广东省历年政策的核心关键词较为明确，但是各年之间关键词的连接性相对较弱。2015年和2017年强调"创业投资"和"众筹"，说明广东省鼓励运用科技股权众筹等手段来营造良好融资环境，重视借助税收优惠及补助、创业投融资、公共服务等环境性政策扶持工具来完善支持创新创业发展的金融和服务环境。2016年强调"知识产权"，说明其对创新创业的知识产权和成果转化过程比较关注。2019年强调"社会保障"，表明广东省主要利用基础设施建设、开发区建设、建设用地等方面的供给型政策工具来营造健康的众创环境。2017年和2020年强调"退役军人"和"大学生"两类创新创业群体，意味着广东省重点关注大学生和退役军人的创新创业，并积极采用资金支持、基础设施建设等供给型政策工具来持续优化创新创业平台，助推大众创业万众创新。

整体而言，在创新创业过程中，广东省比较关注三个方面的问题：一是利用创业投资和众筹等来加强金融服务；二是注重知识产权的保护及科技成果转化等科技服务；三是重视对退役军人和大学生等特定群体的创新创业服务。此外，广东省对各类创新创业主体所需的关键要素如人才、资金、基础设施和科技信息等都给予了充分的政策支持，但每年支持的方向各有侧重。

④湖南省政策高频词汇分析。湖南省历年创新创业政策文本高频词汇分析的词云分布如图7-11所示。

（2015 年）

（2016 年）

（2017 年）

（2018 年）

（2019 年）

（2020 年）

图 7 – 11   湖南省历年政策文本的词云分布

资料来源：笔者根据相关资料整理绘制。

由图 7 – 11 可知，第一，湖南省历年政策的焦点主要集中在"科技创新"和"环境"，这表明湖南省高度重视科技创新的引领和驱动作用，一方面积极营造科技创新环境，利用各种创新举措实现创新创业发展；另一方面推动科技成果转化和创新创业的实践应用，努力打造科技创新平台。第二，湖南省逐步推进多样化的众创空间建设，如 2015 年强调"创业园"为主导的区域众创空间建设，2016 年和 2018 年重视"示范区"为引领的区域众创空间建设，2019 年转为"科研院所"为重点的众创空间建设。第三，湖南省积极构建以融资为核心的财税金融扶持政策体系。2015～2020 年各年政策中，融资一直是创新创业政策内容的核心关键词。其中，2015 年强调"贷款"和"融资"，2016 年强调"基金"和"融资"，2017 年强调"补贴"和"融资"，2018 年强调"补贴"和"引资"，2019 年强调"基金"和"融资"，2020 年则强调"基金"和"税收"。

　　整体来看，湖南省创新创业政策历年关注的要点比较一致，重点解决大众在创新创业过程中的资金短缺问题，努力创建多样化的众创空间，并着眼于加快产业技术创新战略的发展。

　　⑤黑龙江省政策高频词汇分析。黑龙江省历年创新创业政策文本高频词汇分析的词云分布如图 7－12 所示。

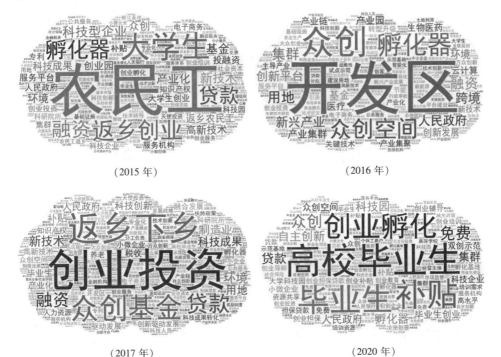

图 7－12　黑龙江省历年政策文本的词云分布

资料来源：笔者根据相关资料整理绘制。

　　由图 7－12 可知，黑龙江省 2018 年和 2019 年没有紧密相关的创新创业政策出台，出现了断裂的现象。综合已有的政策来看，黑龙江省的创新创业政策比较关注对"返乡创业"和"高校毕业生"两类创新主体的支持。其中，该省在 2015 年和 2017 年均大力推动农民工返乡创业，不断激发大众参与创新创业的热情，而 2020 年则开始鼓励"毕业生"进行创新创业，表明黑龙江省重点关注高校毕业生进行自主创新并给予适当的创新创业支撑。整体来说，黑龙江省历年的创新创业政策有较强的连贯性，但是在某些年份却出现了断层。

⑥云南省政策高频词汇分析。云南省历年创新创业政策文本高频词汇分析的词云分布如图 7 - 13 所示。

(2015 年)

(2016 年)

(2017 年)

(2018 年)

(2019 年)

(2020 年)

图 7 - 13　云南省历年政策文本的词云分布

资料来源：笔者根据相关资料整理绘制。

如图 7 - 13 所示，云南省历年的创新创业政策关注的焦点差异较大。2015 年"返乡创业"频繁出现在各类政策中，说明农民工群体的创新创业受到了大力支持。2016 年"知识产权"经常出现在相关政策文件中，说明该省越来越重视知识产权保护。2017 年"产业园"出现频次最高，意味着云南省积极推进各类产业的集聚发展。2018 年"开发区"和"技术转移"多次被提及，表明该省重视高新技术的成果转化和产业化，并充分挖掘开发区的作用。2019 年"人工智能"

出现频次最高，开始强调人工智能对大众创新创业的支撑作用。2020 年"科技成果转化"多次被强调，表示该省正积极搭建科技成果与市场的对接渠道，健全科技成果转化平台，不断促进创新创业成果的转移转化。

综合而言，云南省创新创业政策关注的焦点不一，涉及返乡创业、产业园、技术转移、知识产权、人工智能等，但不难发现，近几年越来越关注科技创新的成果转移和转化问题。

⑦新疆维吾尔自治区政策高频词汇分析。新疆维吾尔自治区历年创新创业政策文本高频词汇分析的词云分布如图 7-14 所示。

（2015 年）　　　　　　　　　　　（2016 年）

（2017 年）　　　　　　　　　　　（2018 年）

（2019 年）　　　　　　　　　　　（2020 年）

图 7-14　新疆维吾尔自治区历年政策文本的词云分布

资料来源：笔者根据相关资料整理绘制。

由图 7 - 14 可知，新疆维吾尔自治区历年的政策聚焦点都比较一致，围绕着"中小企业"和"小微企业"来布局。这表明新疆维吾尔自治区注重以中小微企业作为推动创新创业发展的核心力量，并努力为其营造良好的创新创业环境，如2015 年的"创业基地"，2016 年的"创业服务"，2017 年的"信息化"，2018 年的"融资"，2019 年的"实体经济"以及 2020 年的"新技术"。

综合来看，新疆维吾尔自治区历年政策比较聚焦，积极推动中小微企业参与创新创业，并强调相关配套服务，但对于大众创新创业的支持稍显不足。

总体而言，不同区域间的大众创业万众创新政策在着力点上有所差异。第一，在对创新创业主体的支持方面，各省区市关注的主体不一。其中，上海市强调科研人员，江苏省强调农民工和高新技术企业，广东省强调大学生和退役军人，湖南省强调农民工，黑龙江省强调农民工和大学生，云南省强调民营企业，新疆维吾尔自治区强调中小企业。第二，关于创新创业载体的建设方面，相对于江苏省、广东省、湖南省、黑龙江省、云南省和新疆维吾尔自治区，上海市更注重高校和科研院所的众创空间建设，而其他省区市均重视区域众创空间建设。第三，在科技和信息化建设方面，上海市和黑龙江省关注资源信息共享，江苏省和云南省强调知识产权和科技成果转化，广东省重视创新创业技能培训，湖南省致力于强化创新创业氛围的营造，而新疆维吾尔自治区则强调创业服务。第四，在财税金融支持体系的布局方面，各省区市均涉及了财政资金引导、投融资服务和普惠性税收优惠等方面的政策，将其作为驱动创新创业发展的重要工具。

不同区域间的创新创业政策在发展目标上也有所差异。基于各省区市创新创业政策文本的词频分析结果，并结合《国务院办公厅关于发展众创空间推进大众创新创业的指导意见》中的发展目标来看，各省区市在经济社会的发展和优势产业的培育等方面的目标存在一定差异。在培育创新型企业方面，上海市和云南省都强调结合互联网技术的发展，加强电子商务基础设施建设，并促进集成电路、人工智能、生物医药等重点产业的中小企业培育；广东省和湖南省积极推进服务业大数据应用，鼓励移动电子商务和社交电子商务等方面的中小企业发展。在提升创新能力方面，上海市以科技创新为核心，大力促进互联网、大数据、人工智能等新技术的创新；广东省以提升职业技能为核心，积极推进国际化、标准化和专业化的创新创业人才队伍培养和建设。

7.1.4.2 地方政策文本语义关联分析

（1）整体政策语义关联分析。我们对上海市、江苏省、广东省、湖南省、黑龙江省、云南省、新疆维吾尔自治区自 2015 年 3 月 11 日至 2020 年 11 月 20 日发布的创新创业相关政策进行了语义关联分析，并绘制了各省区市历年创新创业政策文本的词云共现图，具体如图 7 - 15 所示。

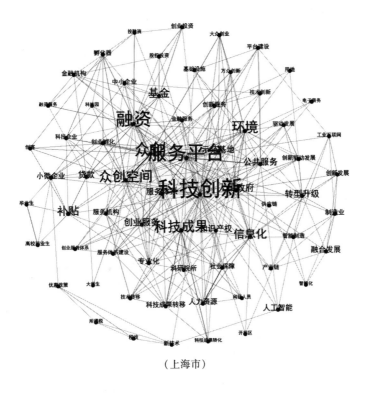

（上海市）

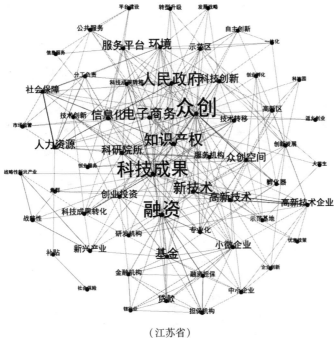

（江苏省）

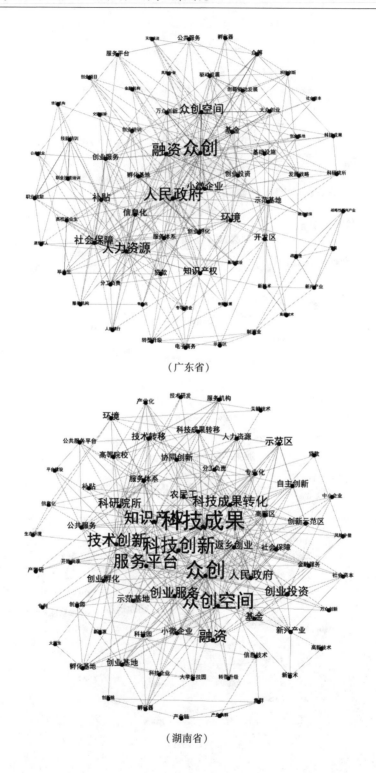

（广东省）

（湖南省）

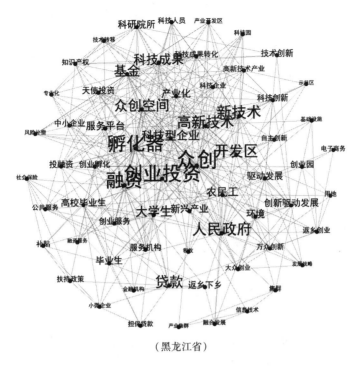

（黑龙江省）

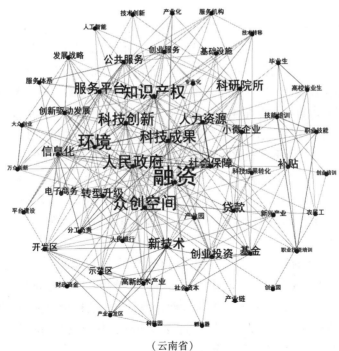

（云南省）

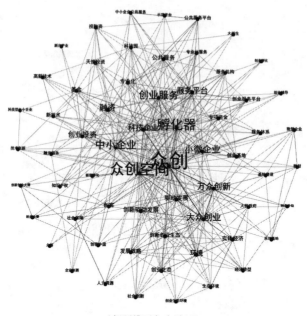

（新疆维吾尔自治区）

图 7 - 15　省区市层面政策文本的词云共现

资料来源：笔者根据相关资料整理绘制。

图 7 - 15 所展示的语义关联网络结构特征说明：首先，江苏省和云南省政策文本的二元词组共线网络最为稠密，说明这两个省份的政策联系较为紧密，相关性较高；而广东省和新疆维吾尔自治区政策文本的共线网络最为稀疏，表示这两个省份的政策之间的相互联系较弱，关联性不高。其次，图 7 - 15 中呈现的政策文本的主题关联特征表明，除了湖南省和新疆维吾尔自治区外，上海市、江苏省、广东省、黑龙江省和云南省在财税金融支持方面均以"融资"为政策中心点进行扩散，比较关注财政资金引导方面的基金、补助和股权奖励，投融资服务方面的众筹、贷款和融资，以及普惠性税收方面的补贴、产权质押和研发费用加计扣除等。另外，除了广东省和新疆维吾尔自治区以外，上海市、江苏省、湖南省、黑龙江省和云南省均以"科技成果"为政策中心点进行扩散，说明这些省份一方面关注对知识产权的保护，另一方面强调知识成果转化的过程。

整体而言，各省区市的词云共现图略有差异，但是都聚焦于创新创业的财税金融支持以及科技成果保护和转化这两个方面。此外，"人力资源"处于广东省政策网络的核心位置，说明该省重视对创新创业主体的社会保障和科技服务；而"众创空间"处于湖南省和新疆维吾尔自治区政策网络的核心位置，表示这两个省份注重对大众创新创业载体的建设。

（2）历年政策语义关联分析。我们将从动态视角分析 2015 ~ 2020 年各省区市的政策文本特征，并对比分析各省区市政策的侧重点及差异点。具体以年为单位，采用语义关联分析方法，分别分析了上海市、江苏省、广东省、湖南省、黑龙江省、云南省和新疆维吾尔自治区历年创新创业相关政策文本的网络特征，并绘制了相应的词云共现图。

①上海市政策文本语义关联分析。上海市历年创新创业政策文本语义关联分析的词云共现图如图7-16所示。

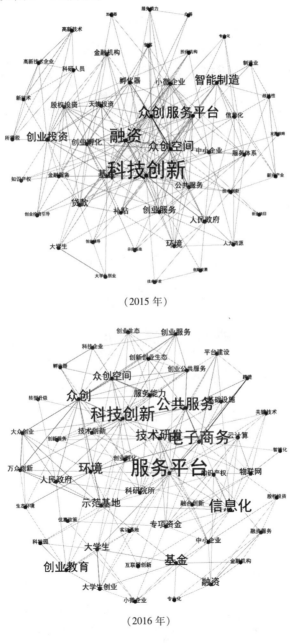

（2015 年）

（2016 年）

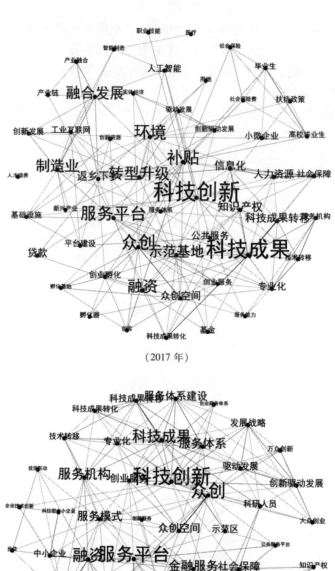

（2017 年）

（2018 年）

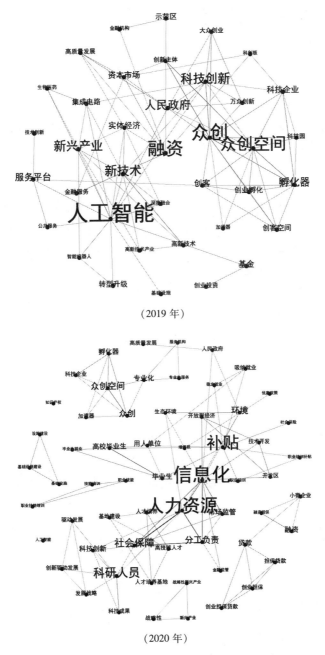

（2019 年）

（2020 年）

图 7 – 16 上海市历年政策文本的词云共现

资料来源：笔者根据相关资料整理绘制。

由图 7 – 16 可知，2015 年上海市的政策文本中"科技创新""融资"等词处于政策网络的中心位置，说明该市创新创业政策大多是围绕科技创新和融资两个方面加以布局。具体而言，一是以"科技创新"为政策中心，同时关注智能制造、信息化和服务平台等；二是以"融资"为政策中心，强调基金、创业投资和服务平台等的共同建设。

2016年，"服务平台""电子商务""科技创新"等词处于政策网络的中心位置。结合图7-16可知，上海市当年有两大布局：一是以"服务平台"为政策中心，同时关注科技创新、服务体系、环境、服务能力和创业服务等；二是以"信息化"为政策中心，重视对创业教育、基金、技术研发、示范基地和大学生等的支持。

2017年，"服务平台""科技成果""科技创新""制造业""众创""补贴""融资"等词处于政策网络的中心位置。说明这一年上海市的创新创业政策关注的领域比较广，但较注重对两个方面的支持：一是以"科技创新"为政策中心，关注科技成果、服务平台、转型升级、平台、融合发展和环境建设等；二是以"融资"为政策中心，强调补贴、贷款和返乡下乡等。

2018年，"科技创新""服务平台""科技成果""众创""融资"等词处于上海市政策网络的中心位置。由图7-16可知，该市这一年政策文本的二元词组共线网络相对稠密，主要集中在两个方面：一方面，以"科技创新"为政策中心，关注科技成果、服务体系、创业服务、专业化、众创空间、科研人员、服务体系等；另一方面，以"供应链"为政策中心，注重融资、服务平台、服务机构、金融服务、融资服务、金融机构等。

2019年，上海市政策文本的二元词组共线网络相对稀疏。其中，"融资""人工智能""众创""众创空间""科技创新"等词处于网络的中心位置。表明这一年该市政策关注的领域比较广泛，但同时围绕着"融资"加以布局，看重众创空间、科技创新、孵化器、新兴产业、实体经济和资本市场等的发展。

2020年，上海市政策文本的二元词组共线网络比较稀疏，"补贴""人力资源""信息化""科研人员"等词处于网络的中心位置，说明上海市当年的整个政策网络比较发散，没有核心话题。

整体来说，2015～2020年，上海市历年政策关注的焦点差异很大。从该市政策的语义关联网络结构特征来看，近几年来，其创新创业政策的语义关联网络逐步趋于稀疏状态，政策网络密度和节点的平均度逐步下降，节点数量和节点之间的距离逐步降低。说明随着创新创业的持续推进，上海市创新创业政策的关注点不再集中，趋于分散。

②江苏省政策文本语义关联分析。江苏省历年创新创业政策文本语义关联分析的词云共现图如图7-17所示。

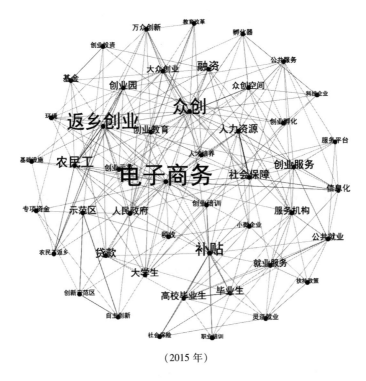

（2015 年）

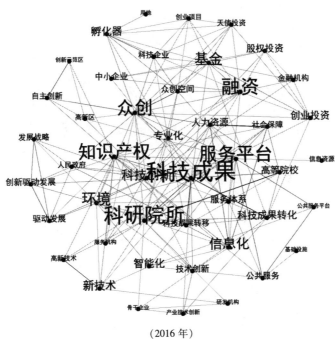

（2016 年）

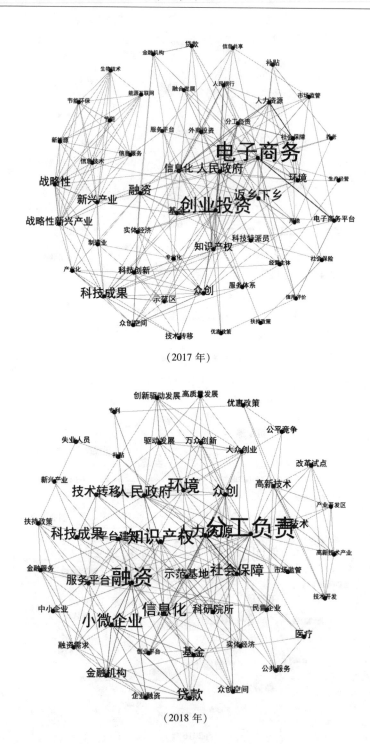

（2017 年）

（2018 年）

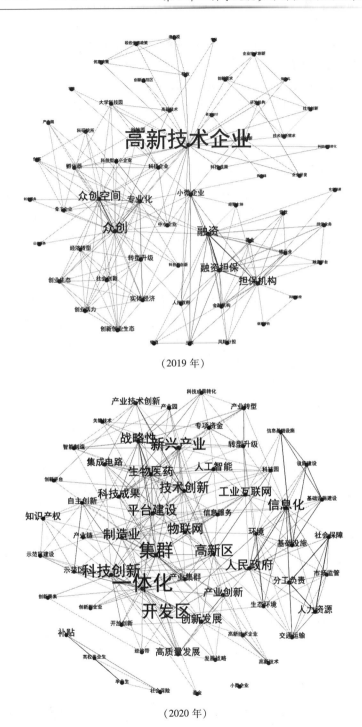

（2019 年）

（2020 年）

图 7 – 17　江苏省历年政策文本的词云共现

资料来源：笔者根据相关资料整理绘制。

从图7-17可知，2015年，"电子商务""返乡创业""补贴"等词处于江苏省创新创业相关政策网络的中心位置。其中，该省以"电子商务"为政策中心，关注与其相关的补贴、社会保障、创业园、融资和贷款等。

2016年，"科技成果""服务平台""知识产权""科研院所"等词依次处于政策网络的中心位置，说明江苏省当年主要以"科技成果"为政策中心，重视解决知识产权、科技成果、服务平台和科技成果转移转化等问题。

2017年，"电子商务""创业投资""科技成果""战略性""战略性新兴产业"等词处于江苏省政策网络的中心位置。结合图7-17可知，江苏省这一年主要围绕两个方面的工作加以展开：一是以"电子商务"为政策中心，关注返乡下乡、电子商务平台、环境和贷款等；二是以"战略性新兴产业"为政策中心，强调信息技术、战略性和节能环保等。

2018年，"分工负责""小微企业""融资""科技成果""信息化""环境""社会保障"等词处于网络的中心位置。结合图7-17可知，江苏省当年比较注重对两个方面的支持：一方面，以"分工负责"为政策支持核心，重视发挥分工负责、民营企业、市场监管和科技创新等的作用；另一方面，以"融资"为政策支持核心，强调对小微企业、贷款、信息化、科技成果和金融机构等的扶持。

2019年，"高新技术企业""众创空间""专业化""融资"等词依次处于政策网络的中心位置，说明近两年以来，江苏省非常重视对"高新技术企业"的政策支持，其中，着重支持高新技术、小微企业和新技术等的发展。

2020年，"战略性""集群""一体化""开发区""制造业""平台建设"等词处于政策网络的中心位置。结合图7-17可知，近年来，江苏省的创新创业政策主要有两个聚焦点：一是以"战略性"为政策中心，重点扶持战略性新兴产业、平台建设、制造业、技术创新等；二是以"一体化"为政策中心，强调对科技创新、创新发展、科技创新、高质量发展、知识产权和自主创新等要点问题的关注。

综合来看，2015~2020年，江苏省每年创新创业政策关注的核心要点从市场环境向创新创业服务平台建设转移。从该省历年政策的语义关联网络结构特征来看，2015~2018年，无论是其网络密度和节点的平均度，还是其节点数量和节点之间的距离均类似，但从2019年之后，这种趋势逐步减弱。这说明，前几年江苏省的政策关注点比较集中，后几年则比较分散。

③广东省政策文本语义关联分析。广东省历年创新创业政策文本语义关联分析的词云共现图如图7-18所示。

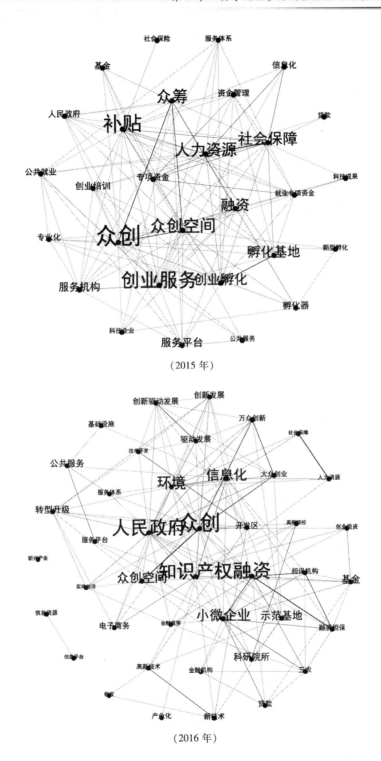

（2015 年）

（2016 年）

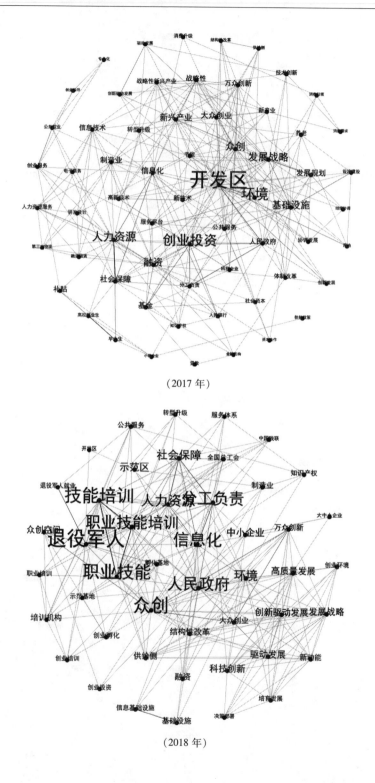

（2017 年）

（2018 年）

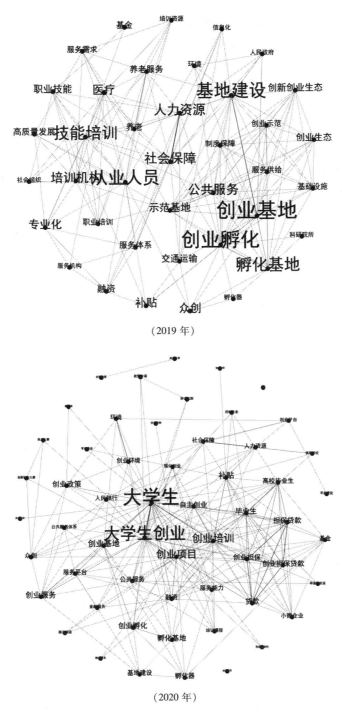

（2019 年）

（2020 年）

图 7 - 18　广东省历年政策文本的词云共现

资料来源：笔者根据相关资料整理绘制。

由图 7－18 可知，2015 年，"众创""创业服务""补贴""人力资源"等词依次处于广东省政策网络的中心位置，说明其以"众创"为政策中心，注重对众创空间、社会保障、人力资源、创业基地、创业孵化和服务平台等方面的服务支持。

2016 年，"知识产权""众创""信息化""融资""人民政府"等词处于政策网络的中心位置，说明广东省当年的创新创业政策主要聚焦在两个方面：一方面，以"众创"为政策中心，关注众创空间、示范基地、环境、信息化、知识产权、驱动发展等；另一方面，以"融资"为政策中心，重点扶持小微企业、基金、融资担保和电子商务等几个方面。

2017 年，"开发区""创业投资""人力资源""环境""发展战略"等词处于政策网络的中心位置。与 2016 年相比，这一年广东省创新创业政策的核心关注点转向了另外两个方面：一是以"开发区"为政策中心，鼓励新兴产业、融资、基础设施、信息化、人力资源等的发展；二是以"创业投资"为政策中心，着重支持社会保障、转型升级、基金和服务平台等。

2018 年，"信息化""退役军人""技能培训""信息化"等词依次处于广东省政策网络的中心位置。这一年比较关注对"职业技能"的支持，并强调发挥人力资源、社会保障、技能培训、信息化和社会保障等的作用。

2019 年，"创业基地""创业孵化""技能培训""从业人员""基地建设"等词处于政策网络的中心位置。对比 2018 年，近两年广东省开始关注两个板块的建设：一是以"创业基地"为重点支持对象，着力发挥基地建设、孵化基地、创业孵化、创新创业生态、交通运输等的作用；二是以"技能培训"为政策中心，重视培训机构、从业人员和职业技能专业化等方面的发展。

2020 年，"大学生""大学生创业""创业项目""创业培训"等词依次处于政策网络的中心位置，说明近年来广东省的创新创业政策开始侧重于对"大学生"创新创业的支持，并从大学生创业、创业项目、服务平台和创业培训等方面对其进行了配套支持。

整体而言，2015～2020 年，广东省各年创新创业政策关注的焦点差异很大。从广东省创新创业政策的语义关联网络结构特征来看，近几年，无论是其网络密度和节点的平均度，还是其节点数量和节点之间的距离都类似，说明其每年政策网络结构差异不大。但是每一年各个政策网络的核心关注点比较分散，说明广东省历年政策支持的要点较多，重点不明显。

④湖南省政策文本语义关联分析。湖南省历年创新创业政策文本语义关联分析的词云共现图如图 7－19 所示。

（2015 年）

（2016 年）

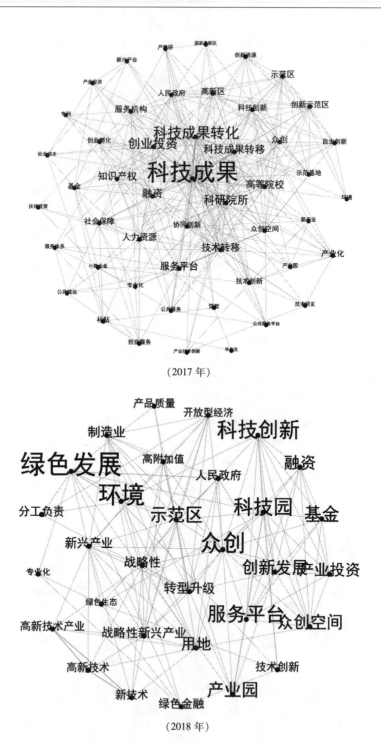

（2017 年）

（2018 年）

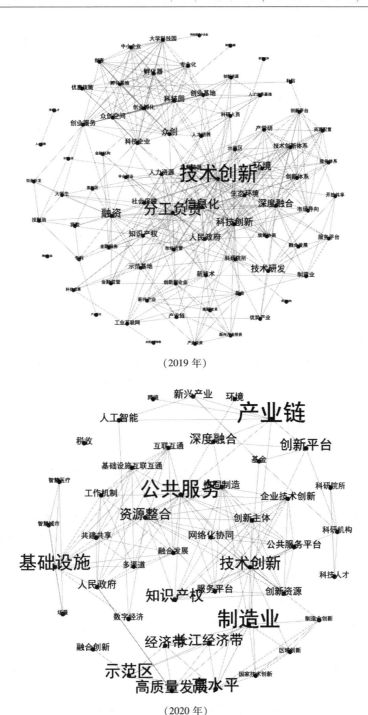

（2019 年）

（2020 年）

图 7-19　湖南省历年政策文本的词云共现

资料来源：笔者根据相关资料整理绘制。

如图 7 - 19 所示，2015 年，"返乡创业""农民工""创业服务"等词依次处于湖南省政策网络的中心位置，表明该省当年主要聚焦于"返乡创业"，同时积极促进与其相关的小微企业、农民工、服务平台、社会保障等的发展。

2016 年，"科技创新""科技成果"等词处于网络的中心位置。这一年湖南省主要围绕两大问题进行政策安排：一是以"科技创新"为政策中心，特别关注与其相关的示范区、自主创新、成果转移等；二是以"众创"为政策中心，注重对众创主体的创业投资、服务平台、科技成果转化等支持。

2017 年，"科技成果""创业投资""科研院所"等词依次处于政策网络的中心位置，说明当年政策主要聚焦于解决与科技成果相关的问题，特别是强化了对与科技成果高度相关的技术转移、知识产权、融资和科研院所等的扶持力度。

2018 年，"绿色发展""环境""科技创新""服务平台"等词处于政策网络的中心位置，说明这一年以来，湖南省比较重视两个方面的发展：一是延续前两年的策略，继续以"科技创新"为政策中心，进一步加大了对于科技创新相关的创业服务、大学科技园和技术服务等的支持；二是以"示范区"为政策中心，重点关注与制造业、新技术和新兴产业等相关的战略性支持和转型升级。

2019 年，"技术创新""分工负责""融资""科技创新""基地建设"等词依次处于支持网络的中心位置，表示这一年湖南省仍然延续往年的风格，聚焦于"技术创新"，但更强调科技创新的深度融合、知识产权和生态环境等方面的问题。

2020 年，"公共服务""产业链""制造业""基础设施"等词处于政策网络的中心位置。结合前几年的政策聚焦点，发现近年来，湖南省的创新创业政策关注点逐步转移到两个方面：一是以"公共服务"为政策中心，关注基础设施、技术创新、知识产权和资源整合等；二是以"制造业"为政策中心，更重视制造业的高质量发展、创新平台、创意产业和新型城镇化等。

总体而言，从湖南省的语义关联网络结构特征可知，2015~2020 年，该省创新创业政策的核心关注点差异较小，主要聚焦于科技创新和成果转化两大主题。从历年的政策网络关联度来看，该省历年的政策具有较强的连贯性，一直围绕科技创新进行政策设计与布局。

⑤黑龙江省政策文本语义关联分析。黑龙江省历年创新创业政策文本语义关联分析的词云共现图如图 7 - 20 所示。

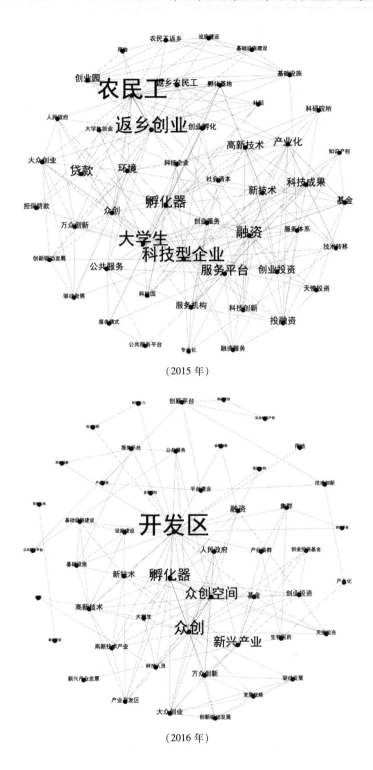

（2015 年）

（2016 年）

（2017 年）

（2018 年）

图 7 - 20　黑龙江省历年政策文本的词云共现

资料来源：笔者根据相关资料整理绘制。

图 7-20 显示，2015 年，"返乡创业""农民工""科技型企业""大学生"等词处于黑龙江省政策网络的中心位置。这一年，该省比较强调对"农民工"的支持，同时关注相关的融资、孵化器、返乡创业和科技成果等。

2016 年，"开发区""众创空间""新兴产业"等词依次处于网络的中心位置，意味着该省当年以"开发区"为政策中心，关注孵化器、融资、新技术和新兴产业等。

2017 年，"创业投资""高新技术""返乡下乡"等词依次处于网络的中心位置，表明这一年"创业投资"成为政策中心，与其相关的科技成果、融资、高新技术和科技成果转化等问题也受到了极大的关注。

2020 年，"毕业生""补贴"等词依次处于网络的中心位置，说明"毕业生"近年来广受关注，相关的免费、补贴、小微企业和创业孵化等也是政策的聚焦点。

总体来说，2015～2020 年，黑龙江省政策文本的语义关联网络结构特征显示该省历年创新创业政策的聚焦点差异较大。从先前的农民工返乡创业到开发区发展，再到创业投资、毕业生发展等，每一年的侧重点都不一样。此外，图 7-20 中的网络密度和节点特征表明，尽管该省历年关注焦点不一，但每年的关注点都比较聚焦，说明黑龙江省更重视关联政策的集合效应，推动双创运动的关注点比较单一且持续，政策内容的连续性较高。

⑥云南省政策文本语义关联分析。云南省历年创新创业政策文本语义关联分析的词云共现图如图 7-21 所示。

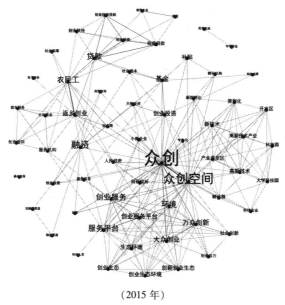

（2015 年）

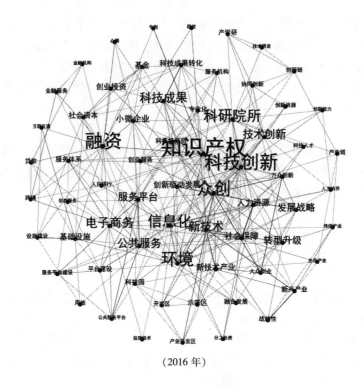

（2016 年）

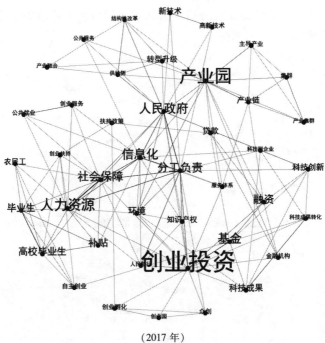

（2017 年）

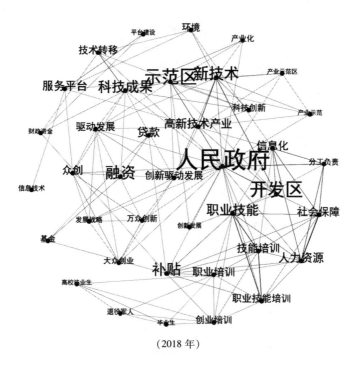

（2018 年）

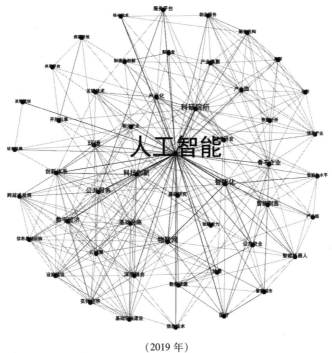

（2019 年）

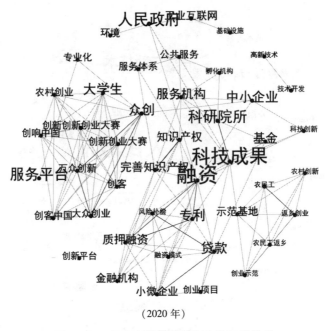

（2020年）

图7-21 云南省历年政策文本的词云共现

资料来源：笔者根据相关资料整理绘制。

图7-21表明，2015年，"众创空间""融资""服务平台""创业服务"等词分别处于云南省政策网络的中心位置。其中，尤其关注"众创空间"的发展，并重视对与其相关的融资、贷款和创业服务等的支持。

2016年，"融资""知识产权""科技创新"等词处于网络的中心位置。这一年该省主要以"知识产权"为政策中心，同时关注信息化、科研院所、技术创新和电子商务等的发展。

2017年，"创业投资""人力资源""社会保障"等词依次处于网络的中心位置，说明该省当年主要聚焦于对"创业投资"的支持，并注重融资、基金和分工负责等的作用。

2018年，"人民政府""开发区""示范区""新技术"等词依次处于网络的中心位置，表示该省重点关注"人民政府"的力量，强调创新驱动发展、补贴、职业技能和科技成果等方面的问题。

2019年，"人工智能""科技创新"等词处于网络的中心位置，且更为关注与"人工智能"相关的问题，但相应的配套支持不明显。

2020年，"科技成果""融资""服务平台"等词依次处于网络的中心位置，意味着其主要以"科技成果"为政策中心，同时重视对与其相关的科研院所、贷款、专利和知识产权等的配套支持。

　　总体而言，云南省创新创业政策的语义关联网络结构特征说明，2015～2020年，该省各年政策的关注点差异较大。从其政策网络的密度和节点来看，该省历年政策的关注点也较多，且分布比较均衡。由此可知，该省近几年的创新创业政策比较分散，不仅年与年之间的政策差异较大，而且每一年的政策涉及多个要点。

　　⑦新疆维吾尔自治区政策文本语义关联分析。新疆维吾尔自治区历年创新创业政策文本语义关联分析的词云共现图如图 7－22 所示。

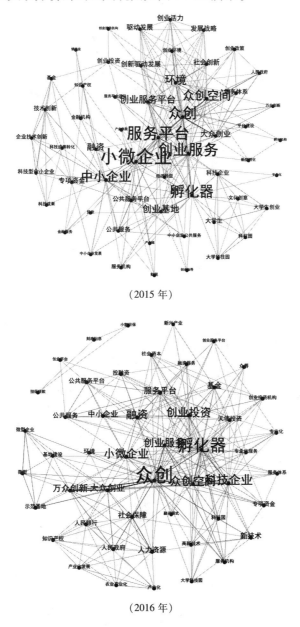

（2015 年）

（2016 年）

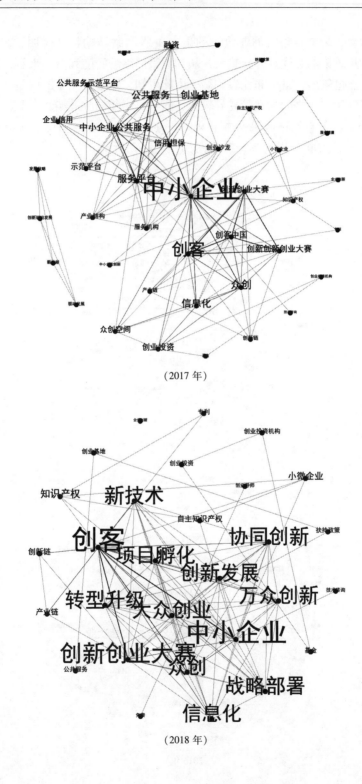

（2017 年）

（2018 年）

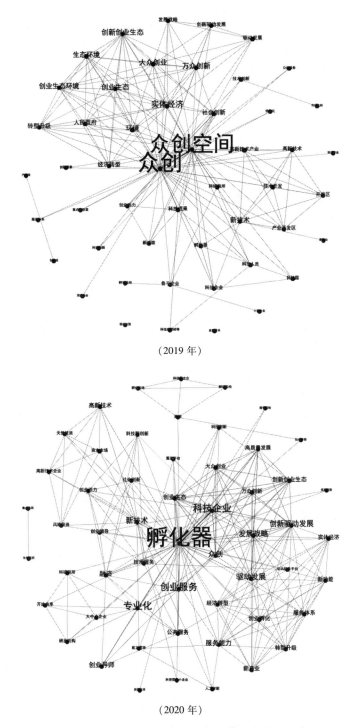

（2019 年）

（2020 年）

图 7 − 22　新疆维吾尔自治区历年政策文本的词云共现

资料来源：笔者根据相关资料整理绘制。

图 7 - 22 显示，2015 年，"创业服务""小微企业""服务平台""众创空间"等词依次处于新疆维吾尔自治区政策网络的中心位置，说明这一年主要以"创业服务"为政策中心，并关注创业基地、服务平台和孵化器等问题。

2016 年，"孵化器""科技企业""创业投资"等词依次处于政策网络的中心位置，意味着其主要聚焦对"孵化器"的支持，尤其重视激发相关创业服务、融资、创业投资和社会保障等的作用。

2017 年，"中小企业""创客""服务平台"等词处于政策网络的中心位置。其中，加大了对"中小企业"的扶持力度，重点关注相关的公共服务平台、创业大赛和创客中国等方面的问题。

2018 年，"创客""中小企业""创新创业大赛"等词处于政策网络的中心位置，主要聚焦以"创客"为政策中心，从创新创业大赛、战略部署和转型升级等方面对其进行了配套支持。

2019 年，"众创空间""众创"等词处于政策网络的中心位置。其中，尤其重视对"众创空间"的支持，涉及实体经济、社会保障和创新创业生态等。

2020 年，"孵化器""创业服务""科技企业"等词依次处于政策网络的中心位置，说明当年创新创业政策主要以"孵化器"为中心，并关注与其相关的专业化、创业生态、新技术和发展战略等问题。

综合而言，从政策的语义关联网络结构特征来看，2015～2020 年，新疆维吾尔自治区历年创新创业政策的关注点差异较大，依次涉及创业服务、中小企业、创客、众创空间和孵化器等。尽管如此，新疆维吾尔自治区历年的创新创业政策仍然比较聚焦，主要围绕创新创业的主体如中小企业和创客、创新创业的载体如众创空间和孵化器以及创新创业服务三个方面加以展开。

总体而言，不同区域间的创新创业政策关注点和聚焦度差异较大。首先，从各省区市创新创业政策的整体网络节点数量来看，江苏省和云南省网络节点数量最多，新疆维吾尔自治区的网络节点最少，说明江苏省和云南省的政策关注面比较广，而新疆维吾尔自治区较窄。其次，从网络节点间的距离大小来看，广东省和江苏省网络节点的平均度最小，新疆维吾尔自治区的网络节点平均度最大，意味着广东省和江苏省政策之间具有较强的关联性和连贯性，而新疆维吾尔自治区较弱。最后，从各省区市的政策网络结构来看，广东省和黑龙江省的网络结构比较紧密，表示其政策关注点比较聚焦，相关配套支持也较丰富；相比而言，湖南省的网络结构比较稀疏，其政策关注点比较分散。

各个区域历年的创新创业政策焦点分布和布局变化较大。对比各省区市历年的政策核心关键词可知，江苏省、广东省、黑龙江省、云南省和新疆维吾尔自治区的核心关键词在年与年之间存在很大差异，而湖南省则差异较小。说明湖南省的创新创业政策焦点历年来具有较强的一致性和连续性，而其他省份各个年份的焦点不一。对比各省区市历年的政策网络结构变化趋势可以发现，上海市、湖南省、黑龙江省、云南省和新疆维吾尔自治区历年来的网络结构变化较大，而江苏省和广东省则较小。表明江苏省和广东省各年之间的创新创业政策布局都比较统一，而前面几个省份则统一性较差。

7.1.5　结果讨论

7.1.5.1　国家政策分析的结果讨论

近年来，我国创新创业主体规模不断壮大，创新创业全要素服务格局正在形成。但是，我国大众创业万众创新发展起步较晚，尚未形成完善的创新创业政策支撑体系，支撑各个创新创业环节的服务能力也有待进一步提升。基于对创新创业相关政策的整体和动态分析，发现国家层面的创新创业政策具有以下几个特征。

第一，创新创业主体覆盖面持续扩大，但创新创业主体结构欠优。已有创新创业政策中，科研人员、大学生、农民工、退役军人、失业人员、回国人才、境外人才、海外人才和企业员工等主体逐渐成为大众创业万众创新的核心力量，创新创业主体覆盖面不断扩大。但是，大学生和科研人员在政策文本中提及的比较频繁，而其他创新创业主体提及次数较少。

第二，创新创业载体越来越广泛多元，但企业参与共建的载体数量较少。区域众创空间、高校和科研院所众创空间以及企业众创空间是创客运动的主要载体。众创空间是支持各类创新创业主体的工作空间、社交空间和学习空间。随着创新创业主体日益多元化，覆盖面日益扩大，需要配置更多样化的众创空间。但是，在已有的创新创业政策文本中，区域众创空间提及的次数较多，而企业众创空间提及的次数较少，说明国家政策对企业众创空间的支持还有待进一步提升。

第三，创新创业服务资源供给规模不断放大，但各资源的供需适配度仍有待优化。人才、资本、服务和信息是促进创新创业发展的关键支持资源。在已有的创新创业政策文本中，资本资源在相关政策中被提及的次数比较多，且内容和方式都比较多样化。相对而言，其他所需要的资源如人才、服务和信息等被提及的频率较低。另外，创新创业是一个复杂的长期过程，不同的创新创业生命周期对相关资源的需求会有所差异，但已有的政策在创新创业各个生命周期阶段的资源供给细节不够完善，各资源供需适配度还有待进一步优化。

第四，创新创业生态环境日益优化，但市场主体活力仍需加强。我国创新创业政策综合运用了供给型、需求型和环境型政策，但是应用程度有所区别。供给型政策在政策总体中占比最高，环境型政策适中，而需求型政策占比最低。这说明，现行政策注重从供给端去促进大众创新创业，并努力为其营造良好的环境氛围，但却较少从市场需求端从源头上激活大众参与创新创业的动力和活力。供给、需要和环境是政策发挥最大效用的有力保障，缺一不可，对其中任何一个环节的支持弱化，都可能会影响整个创新创业的产业链和生态链。

7.1.5.2 地方政策分析的结果讨论

近年来，各个省区市为了加快实施创新驱动发展战略，在国家双创政策的基础上出台了一系列地方创新创业政策，在更大范围和更深程度上推动了大众创业万众创新。自 2015 年"双创运动"推出以来，各省区市的众创空间如雨后春笋般爆发，但各众创空间的平均入住率仅为 30%。结合本节对创新创业政策的整体和动态分析发现，地方层面的创新创业政策有以下几个特征。

第一，各省区市的创新创业主体规模均有所扩大，但其核心参与主体差异较大。2015 年以来，各省区市参与创新创业的主体在规模上不断壮大，在类型上越来越多样。对比各省区市历年的大众创业万众创新政策，可以发现，各省区市对各类创新创业主体提及的频率差异非常明显。整体而言，东部地区更强调激励科研人员和大学生等创新创业主体参与大众创业万众创新，中部地区更关注农民工，东北地区更重视农民工和高校毕业生，西部地区则更聚焦于科研人员创新创业。

第二，各省区市均重视创新创业载体的建设，但其扶持的载体各有侧重。众创空间成为推动大众创业万众创新的主要载体。在各省区市大众创业万众创新政策中，众创空间出现的频次都较高，加强众创空间建设成为推动创新创业发展的关键举措。然而，各省区市在众创空间的布局及侧重点差异较大。例如，上海市强调对高校和科研院所众创空间的建设，重视发挥各类资源和信息的作用；广东省则强调对区域众创空间的建设，注重创新创业的技能培训。

第三，各省区市每年均有明确的发展主题，但其发展方式多种多样。整体而言，各省区市每年的核心发展主题都比较明确。在历年的创新创业政策文本中，各省区市重点关注的主题出现的次数与频率均很高。例如，江苏省各年均重点提及智慧医疗、电子商务和互联网技术等。但是，各省区市的核心发展主题差异较大、方式多样。例如，东部地区强调利用高端人工智能和互联网技术等来推动创新创业发展，中部地区则强调通过高新技术和科技成果转化等方式来推动创新创业发展。

第四，各省区市之间的政策体系差异较大，但其内部政策连贯性较强。对比各省区市的语义关联网络结构特征发现，各省区市之间的政策体系布局不一，形态各异。其中，江苏省和云南省的政策网络最为稠密，两者政策之间的关联度较高，自成体系；广东省和新疆维吾尔自治区的政策网络则较为稀疏，联系较弱。尽管如此，各省区市内部历年的政策布局较为统一，连贯性较强。例如，上海市、江苏省、湖南省、黑龙江省和云南省历年来均强调以"科技成果"为政策中心，一方面关注对与其相关的知识产权的保护，另一方面则强调对其科技成果转移转化的支持。

7.2　政策效应评估

7.2.1　评估背景与评估意义

从 2015 年国务院推出《关于大力推进大众创业万众创新若干政策措施的意见》至 2018 年颁布《关于推动创新创业高质量发展打造"双创"升级版的意见》可知，近几年以来，大众参与创新和创业一直备受瞩目，得到了国家和各级政府的大力支持。双创运动强调加快推动创新创业发展动力升级，持续推进创新创业能力升级，着力促进创新创业环境升级。然而，这些政策是否达成了预期效果？大众创新创业具体受到了哪些影响？因此，有必要通过定量分析对政策的实施效应进行评估。

目前，我国针对大众创业万众创新相关政策实施效果的评估研究较为有限。从宏观视角，有学者指出，国家的金融政策和公共服务政策与创业孵化绩效之间呈倒 U 型关系（黄聿舟等，2018）。从微观视角，有学者提出，创客对政策的感知会正向影响其创新行为（冉建宇等，2019）。由此可见，学者们对创新创业政策的效果认知存在冲突，有的认为其有利于创新创业，有的认为过多的政策不一定会有所助力。究其原因，一是因为学者们分别独立从创新和创业两个方面来开展研究，二是因为他们探讨的是某一特定类型的政策对某一区域的影响。为了解决上述问题，我们采用量化手段评估我国创新创业政策的实施效果。本节将结合创新和创业两个维度，采用双重差分方法（DID），基于中国 31 个省区市（港澳台地区除外，下同）的统计数据，对大众创业万众创新政策进行政策效应评估。

7.2.2　研究方法和数据收集

7.2.2.1　研究方法

政策效果评估是公共政策研究的重要内容。双重差分方法（differences-in-differences，DID），又被称为倍差法和差中差，是用于评估公共政策实施效果的常用方法。在政策效果评估中，如果简单地对比政策前后的变化程度，会受时间趋势和个体效应变动的影响，从而影响对真实效果的判断。DID 是一种建立在"自然实验"基础上的一种因果效应评估方法，该方法将政策当作一次外生冲击，其既能控制样本之间不可观测的个体异质性，又能控制随时间变化的不可观测总体因素的影响，因而能够解决传统方法固有的问题，得到对政策效果的无偏估计（陈林、伍海军，2015）。

DID 方法的基本思想和估计流程如下：第一步，将某一特定政策视为一个自然实验，将全部的样本数据分为两组：一组有受到政策的影响，被当作处理组；另一组未受到同一政策的影响，被当作对照组。第二步，选取一个需要估计的个体指标，根据政策实施前后进行第一次差分得到两组变化量，如此可以消除个体不随时间变化的异质性。第三步，对两组变化量进行第二次差分，以此消除随时间变化的增量。经过这两次差分，最终得到某一政策实施的净效应，即为其因果效应（胡日东、林明裕，2018）。具体而言，基本的 DID 模型如下：

$$Y_{it} = \alpha_0 + \alpha_1 du + \alpha_2 dt + \alpha_3 du \cdot dt + \varepsilon_{it}$$

其中，du 为分组虚拟变量，若个体 i 受政策实施的影响，则个体 i 属于处理组，对应的 $du = 1$；若个体 i 不受政策实施的影响，则个体 i 属于对照组，对应的 $du = 0$。dt 为政策虚拟变量，在政策实施之前，$dt = 0$，在政策实施之后，$dt = 1$。$du \cdot dt$ 为分组虚拟变量与政策实施虚拟变量的交互项，其系数为 α_3，反映了政策实施的净效应。表 7 - 4 列出了 DID 模型相关系数的解释说明。

表 7 - 4 　　　　　　　　　　　　　　DID 模型系数说明

数据分组	政策实施前	政策实施后	差异
处理组	$\alpha_0 + \alpha_1$	$\alpha_0 + \alpha_1 + \alpha_2 + \alpha_3$	$\alpha_2 + \alpha_3$
对照组	α_0	$\alpha_0 + \alpha_2$	α_2
差异	α_1	$\alpha_1 + \alpha_3$	α_3

7.2.2.2　数据收集

本节选取 2011 ~ 2019 年 31 个省区市的统计数据，共 248 份有效样本。为了探讨大众参与创新创业政策的影响效应，本书着重分析了中国 31 个省级行政区划单位的统计数据，剔除了中国香港、澳门和台湾地区的样本数据。本节所使用的样本数据主要源自《中国火炬统计年鉴》《中国统计年鉴》《中国科技统计年鉴》。

在数据处理过程中，由于一些数据缺失，采用线性插值法将缺失数据进行补齐。在数据录入和编码过程中，分别用 "1 ~ 31" 来代替各省区市的名字并对其进行进一步编码。在研究对象的选取上，2015 年，国务院印发了《关于发展众创空间推进大众创业万众创新的指导意见》，首次从国家层面提出大众创业万众创新政策。因此，选取该政策为研究对象，并将此政策的发布视为一次自然实验。自 2015 年该政策推出以来，全国各省区市也纷纷发布了相应的政策，特别地，各省区市建立了大量的众创空间，不断激励大众参与创新创业。因此，2015 年作为该政策执行的关键时间点。

7.2.2.3　变量测量

（1）自变量。核心解释变量包括政策虚拟变量、时间虚拟变量以及两者的交叉项。其中，政策虚拟变量 du 根据某省份是否受大众创业万众创新的影响进行赋值。如果某个省份颁布了大众创业万众创新密切相关的政策，则将该省份 $du = 1$；如果该省份没有颁布大众创业万众创新密切相关的政策，则 $du = 0$。时间虚拟变量 dt 根据创新创业政策实施前后进行赋值。2015 年之后 $dt = 1$，2015 年之前 $dt = 0$。两者的交叉项为政策虚拟变量与时间虚拟变量的交乘项。此外，由于各省区市政策的实施强度很难从政策本身测度出来，而众创空间是大众创业万众创新政策的直接结果，是创新创业政策直接作用的结果。因此，本节进一步研究以每个省份每年众创空间的收入来测度每个省份对创新创业政策实施的强度，并以此来分析创新创业政策的效应。

（2）因变量。核心被解释变量包括创新绩效和创业绩效两个变量。其中，创新绩效，参考陈玲和段尧清（2020）的研究，使用各省区市专利受理数量来对其进行测量，该测量指标反映了各省区市的创新产出水平，专利受理数量越多，表明其创新绩效越高。创业绩效，使用各省区市当年新成立的企业个数来进行测量，该测量指标反映了各省区市创业产出水平，新成立的企业个数越多，表示其创业绩效越高。

（3）控制变量。控制变量为控制了可能会对创新绩效和创业绩效产生影响的关键变量。结合本书的相关研究，考虑面板数据的可获得性和完整性，以及变量之间的相关性，最终在模型中控制了如下变量：其一，技术创新方面，控制了技术市场交易额、科学研究人员工资、规模以上工业企业新产品项目数；其二，在财政支持方面，控制了地方财政教育支出、地方财政金融监管支出、地方财政科学技术支出、地方财政社会保障和就业支出、地方财政税收收入；其三，在社会保障方面，控制了公共图书馆举办培训班数、普通高等学校毕业生数、教育业法人单位数、城镇登记失业人数、参加失业保险人数；其四，在市场环境方面，控制了工业增加值和居民消费价格指数。

7.2.3 数据分析与结果讨论

7.2.3.1 数据分析

（1）描述性统计分析。表 7 - 5 展示了相关变量的描述性统计分析结果。所有的样本中，创新绩效最好的省份一年可以有高达 793819 个专利受理数，而创新绩效最差的省份一年仅有 170 个专利受理数。这说明，不同省份或者同一省份的不同年份专利受理数量差异比较大。创业绩效最好的省份一年拥有 124606 家新成立的企业，而最差的仅有 487 家新成立的企业，而且其标准差为 27669.87，数据差异很大。这表示各省区市之间的创业绩效也存在很大的差异，创业活力差距明显。

表 7 – 5 全样本描述性统计

变量	样本数量	均值	标准差	最小值	最大值
创新绩效	248	85859.24	27570.21	170	793819
创业绩效	248	29921.07	27669.87	487	124606
城镇登记失业人数	248	24.97476	14.049	1.04	56.26
技术市场成交额	248	111.5267	159.0587	4.09	1217.15
科学研究人员工资	248	111.5267	159.0587	4.09	1217.15
规模以上工业企业新产品项目数	248	12411.91	18319.96	7	121523
参加失业保险人数	248	551.7891	542.5033	9.60	3361.75
地方财政教育支出	248	761.7098	464.9155	77.81	2792.90
地方财政金融监管支出	248	11.41988	16.99295	0.07	159.47
地方财政科学技术支出	248	107.3776	133.8769	3.38	1034.71
地方财政社会保障和就业支出	248	565.1613	319.0607	57.68	1644.17
地方财政税收收入	248	1909.023	1729.34	45.83	9737.51
公共图书馆举办培训班数	248	1195.235	1294.768	6	10189
居民消费价格指数	248	102.4956	1.287412	100.60	106.30
普通高等学校毕（结）业生数	248	21.7952	13.98555	0.82	58.59
工业增加值	248	8806.99	7744.606	48.18	37651.05
教育业法人单位数	248	14881.08	11039.84	791	71352

资料来源：根据《中国火炬统计年鉴》《中国统计年鉴》《中国科技统计年鉴》等资料整理所得。

（2）实证分析结果。表 7 – 6 显示了本节的实证分析结果。结果表明，创新创业政策不仅能够显著增加各省区市的创新绩效，也能显著提升其创业绩效。将所有的数据进行标准化分析，研究发现，创新创业政策对创新绩效的影响效应为 0.105，而对创业绩效的影响效应为 0.0826。总体而言，该政策对创新和创业绩效的影响比较均衡，但是对创新绩效的影响相对较大。

表 7 – 6 政策效应 DID 分析结果

变量	模型 1	模型 2
创新创业政策的交互性	0.105 ***	0.0826 ***
城镇登记失业人数	0.0468	0.0881
技术市场成交额	0.0965	0.0807
科学研究、技术服务和地质勘查业城镇单位就业人员工资总额（亿元）	0.00731	− 0.0833
规模以上工业企业新产品项目数（项）	0.652 ***	0.136 ***
参加失业保险人数（万人）	0.00756	0.0251
地方财政教育支出（亿元）	0.0785	− 0.119
地方财政金融监管支出（亿元）	0.0392 **	− 0.0245 *
地方财政科学技术支出（亿元）	0.222 *	− 0.0425
地方财政社会保障和就业支出（亿元）	0.0392	− 0.0258
地方财政税收收入（亿元）	− 4.39E − 05	3.06E − 06
公共图书馆举办培训班数（个）	− 0.0269	0.0489
居民消费价格指数（上年 = 100）	0.00484	0.00119
普通高等学校毕（结）业生数（万人）	0.0832	0.377 ***
工业增加值（亿元）	0.0538	0.324 ***

续表

变量	模型 1	模型 2
教育业法人单位数（个）	0.0605	−0.0639
常数项	0.102	−0.00571
观察值（个）	60	60
组数（个）	30	30

注：*** p<0.001，** p<0.01，* p<0.05。

（3）稳健性检验结果。为了获得更稳健的结果，本节使用各省区市的众创空间数量作为其创新绩效的替代变量。由于数据的可获得性，目前，众创空间数量仅能查询到 2017～2019 年的数据，而各省份的创新创业数据处于 2011～2018 年之间。因此，本节选取了 2017～2018 年的众创空间数量，用来深入剖析各省区市创新创业政策的实施效果，结果见表 7-7，大众创业万众创新政策仍然显著提高了省区市层面的创新与创业绩效，这说明本节研究的结果是一致的、稳健的。

表 7-7　　　　　　政策效应面板固定效应分析结果

变量	模型 1	模型 2
众筹空间的总收入	0.0158 **	0.0165 ***
城镇登记失业人数	−0.0462	−0.111
技术市场成交额	−0.124	−0.142
科学研究、技术服务和地质勘查业城镇单位就业人员工资总额（亿元）	0.275	0.204
规模以上工业企业新产品项目数（项）	0.880 ***	0.305 ***
参加失业保险人数（万人）	−0.217	0.173
地方财政教育支出（亿元）	−0.00978	−0.0254
地方财政金融监管支出（亿元）	−0.00225	−0.00173
地方财政科学技术支出（亿元）	0.222 *	−0.0425
地方财政社会保障和就业支出（亿元）	0.0392	−0.0258
地方财政税收收入（亿元）	−4.39E−05	3.06E−06
公共图书馆举办培训班数（个）	−0.0269	0.0489
居民消费价格指数（上年 =100）	0.00484	0.00119
普通高等学校毕（结）业生数（万）	0.0832	0.377 ***
工业增加值（亿元）	0.0538	0.324 ***
教育业法人单位数（个）	0.0605	−0.0639
常数项	0.102	−0.00571
观察值（个）	60	60
组数（个）	30	30

注：*** p<0.001，** p<0.01，* p<0.05。

7.2.3.2　结果讨论

本节利用双重差分法，以 31 个省区市为研究对象，对各省区市创新创业政策的实施效果进行了实证分析，得出了如下结论。

第一，各省区市的财政支出结构差异明显，但金融监管支出是最有效的支出方式。在各省区市现有的政策中，鼓励创新创业的财政支出主要包括财政教育支出、财政金融监管支出、财政科学技术支出、财政社会保障和就业支出等，但各省区市之间的财政支出结构存在很大差异。其中，东部地区如广东省、江苏省和上海市等都采用了多种多样财政支持手段，各种类型的财政支出强度都较大。与东部地区相比，西部地区的财政支出结构有很大差异，如四川省在财政社会保障和就业支出方面相对较多。此外，在各类财政支出中，财政金融监管支出对各省区市的创新和创业绩效的影响最为显著。

第二，众创空间的建设促进了创新和创业绩效，但对创业绩效的影响更大。自 2015 年以来，我国在大众创业万众创新政策的大力支持下，各省区市相继创建了一大批众创空间。众创空间为创新创业者提供了多样化的工作空间、网络空间、社交空间和资源共享空间，帮助其不断提升创新能力和创业能力。在这些众创空间的影响下，各省区市每年的专利数量和新创建的企业数量持续增长。但是，与创新绩效相比，众创空间对创业绩效的正向作用强度更大。这可能是因为目前我国入驻众创空间的群体主要是创业人群和创业企业，导致其对创业绩效的影响效应更大。

第三，现行政策显著提升了创新和创业绩效，但对创新绩效的影响更强。在大众创业万众创新政策的推动下，越来越多的社会大众和市场主体积极参与到创新创业活动中来，创新创业主体由专家、精英、科学家等不断扩展覆盖到普通大众，并由传统企业不断扩散到新兴的创业团队和组织，使得各省区市的创新创业活力进一步增强，创新创业绩效也有所提升。另外，相比创业绩效，创新创业政策对创新绩效的正向影响更强。这可能是因为近年来，创新创业政策吸引了一大批草根创新者，积极培育了更多以兴趣爱好为主的创新主体，使得大众的创新能力显著提高。

7.3 政策建议

推动大众参与创新创业是国家深入实施创新驱动发展战略的重要支撑，是深入推进供给侧结构性改革的重要途径。近年来，随着一系列创新创业政策的出台，大众创业万众创新正持续向更大范围、更高层次和更深程度推进，我国创新创业理念逐步深入人心，创新创业主体也日益多元，各类支撑平台不断丰富，创新创业社会氛围更加浓厚，创新创业环境持续改善，已经取得显著成效。

然而，我国经济已由高速增长阶段转向高质量发展阶段，对推动大众创业万众创新提出了新的更高要求。同时，在我国创新创业发展过程中，还存在一些关键性问题急需国家政策的大力支持。特别是，我国创新创业主体覆盖面持续扩大，但创新创业主体结构欠优；创新创业载体越来越广泛多元，但企业参与共建的载体数量较少；创新创业服务资源供给规模不断放大，各类资源的供需适配度仍有待提高；创新创业生态环境日益优化，但市场主体活力仍需加强。而且，我国创新创业正面临"合法性缺陷"，存在创客之间互动交流较少、创新创业文化氛围不够浓厚等现象。因此，进一步完善我国创新创业相关政策势在必行。

基于对大众创新创业关键影响因素的识别，结合对我国和各省区市创新创业政策现状分析和实施效果评估的结果，我们提出，可以从如下几个方面对创新创业相关政策加以完善。一方面，进一步完善创新创业政策体系，加强对各类创新创业主体、载体、服务资源和整体生态系统的支持力度；另一方面，全方位提升创新创业政策的支撑面，着力激发大众参与创新创业的动机，提升大众参与创新创业的能力，为大众参与创新创业营造更多的机会。这些政策支撑有助于营造良好的创新创业生态环境，激发亿万群众的创新创业活力，对建设创业型社会和创新型国家意义重大。

7.3.1　完善大众创新创业的政策体系

7.3.1.1　增强对多主体的创新创业支持

我国人口众多，具有人力资源转化为人力资本的巨大潜力。推进大众创业万众创新，需要全面调动各类创新创业主体的积极性，鼓励更多社会主体参与到创新创业过程中。目前的创新创业政策主要聚焦于对科研人员和大学生两类主体的支持，需要强化对其他类型创新创业主体的政策支持，进一步壮大大众参与创新创业的规模。一方面，可以进一步加大对农民工、退役军人、失业人员、回国人员、境外人才、海外人才和企业员工等创新创业主体的支持力度；另一方面，针对不同类型创新创业主体的需求差异，可以提供与之匹配的资金、人才、科技信息和基础设施等不同的创新创业资源服务。

7.3.1.2　激励市场主体创建创新创业载体

众创空间是创新创业主体的"梦工厂"与经济发展的"新引擎"。要充分发挥众创空间这个创新创业载体的作用，就需要有效利用各类市场主体的力量，激励其参与创建多样化的众创空间，为创新创业主体提供良好的工作空间、网络空间、社交空间和资源共享空间。比如，积极鼓励在法律基础、风险投资、企业管理和国际商务等方面具有丰富经验的专业精英和成熟企业，参与创办更多专业化的众创空间；鼓励在云计算、大数据、3D 打印和智能制造等领域的优秀企业和科研院所进一步开放实验室与软硬件设备，参与建立开放共享的众创空间。

7.3.1.3　科学配置创新创业服务资源

资金、人才、科技信息和基础设施等服务资源的科学配置是推动大众参与创新创业的基本保障。在大众参与创新创业的过程中，不同发展阶段所需要的资源差异较大，因此，需要针对创新创业发展的具体阶段更科学合理地配置各类服务资源，实现资源供需精准匹配。例如，在大众创新创业的初级创意阶段，往往需要更多样化的科技信息和基础设施，以帮助将创意转化为新技术或新产品；在后期的商业化阶段，往往会面临更大的科技成果转化风险，此时需要更多的资金如政府财政资金和风险投资基金的支持。因此，根据创新创业发展的阶段性需求，配置相对应的资金、人才、科技信息和基础设施等服务资源很有必要。

7.3.1.4 构建更完善的创新创业生态系统

大众创业万众创新是培育和催生经济社会发展新动能的必然选择。促进大众参与创新创业，就需要搭建更为完善的创新创业生态系统，促进创新创业系统要素的供需匹配以及系统内部的优化升级。其一，重点构建众创、众筹、众扶和众包全链条的创新创业平台，利用大数据技术实现科技成果交易的供需双向精准匹配与检索，充分发挥政府、企业和大众三种力量的作用来促进创新创业生态系统要素的供需匹配。其二，着力推动创新创业政策的绩效评价与追踪反馈，及时发现政策内容在落实过程中不作为、乱作为和假作为等问题，进一步优化政策的设计与实施，促使创新创业生态系统持续优化升级。

7.3.2 激发大众参与创客运动的动机

7.3.2.1 激发大众参与创客运动的社会动机

（1）开展兴趣爱好型的创客教育。个体之间具备差异性，在不同方面有着各自的兴趣与特长。创客教育应发现并发挥每个个体的偏好与特长，使个体在接受创客教育中能够享受创新创造、乐于创新创业。首先，开展创客教育前需深入了解创客的兴趣偏好、认知水平和学习风格等个性化特征。其次，要根据创客偏好和特长优化设计创客教育课程体系。除开设创新创业基础理论课程外，还要依据学科分类设计更具针对性的选修课程，鼓励创客选择与自身兴趣爱好契合的相关课程，为其提供个性化的学习资源。最后，跳出传统教育成果的评价形式。针对创客教育尝试运用基于大数据的过程评价，通过采集个体接受创客教育的情境数据，如个体行为特征、周围环境等，为创客建立数字化的教育档案，全过程地记录创客在接受创客教育过程中的成长变化。

（2）强化专业化众创空间的社交属性。专业化众创空间聚焦于特定细分领域，其服务领域和服务对象的高度专业化，有利于同领域内志同道合创客们的集聚与沟通交流。除了加强专业化众创空间的集聚功能，还需强化其社交属性来激发创客的社会动机，促进其参与更多的创新创造活动。一方面，需要强化空间内创客共同的组织认同。鼓励创客依托专业化空间建立领域内自我管理的行业组织或协会，在组织中为创客提供如身份徽章、入会证书等社交身份，促进其形成对空间的归属感与认同感。另一方面，需要缩短空间内创客的社交距离。鼓励专业化空间定期举办创客之间的交流分享活动，提升创客的学习和创新能力，从而帮助其不断产生新的想法与发现。

7.3.2.2　激发大众参与创客运动的经济动机

（1）完善创新成果交易平台建设。完善创新成果交易平台的建设，有助于拓宽市场需求信息的发布渠道，为创客提供市场知识，帮助创客实现创新成果的商业化。一是利用大数据技术实现创新成果供需双向精准匹配与检索。在建立完备的数据库的基础上通过智能算法为各参与主体进行资源精准推荐，实现创新成果智能化的供需"双向匹配"。二是建立创新成果交易数据中心。历史交易数据有利于帮助创客挖掘创新成果供需前景发现商机，开展技术热点、价格预测和技术流向等分析。此外，还可以基于历史交易数据建设技术交易信誉评价体系。通过监督技术交易双方谈判、交易及合约履行情况，处理交易中可能发生的违约行为，为创客创新成果的成功商业化助力。

（2）完善创新创业风险保障机制。一是制定二次或多次创业的激励政策，对创新创业失败者给予经济方面的风险补偿。同时，从保护债权人权益向保护债务人转变，通过完善创业人员个人破产制度，在个人信用体系基本形成的前提下，对于诚实的资不抵债者实行免责主义。二是充分鼓励产业风险投资（CVC），为创业主体分担风险。CVC 作为一种崭新的风险投资组织形式，相比单纯追求财务回报的独立风险投资风险容忍度更高。可以依据投资年限设定收益补偿，将投资失败项目成本纳入加计抵扣范围，为风险投资提供退出的风险保障手段，以此鼓励产业风险投资的长期参与，为创客分担创业失败的风险。

7.3.3　提升大众参与创客运动的能力

7.3.3.1　优化众创空间培训活动

（1）开展主题多样的创新创业培训活动。参与主题多样的创新创业培训活动有助于创客提升其新知识学习能力与创新绩效，政府应鼓励众创空间开展主题多样化的创新创业培训活动。例如，鼓励众创空间吸纳经验丰富的企业家、创业导师、技术专家、投资人、企业管理人员、财务管理人员等举办创新创业大讲堂、创新创业论坛、创业沙龙等培训活动；鼓励建立线上线下相结合的专业化创新创业培训社区，针对重点领域开展线上线下相结合的、多样化的创新创业训练营。

（2）开设周期规律的创新创业培训活动。短期内高频参与创新创业培训活动将损害创客的新知识学习能力与创新绩效，应引导众创空间合理控制创新创业培训活动开展的频率，鼓励众创空间规律性地开设创新创业培训活动。一方面，鼓励众创空间将其年度考核指标由创新创业培训活动开展数量调整为月度创新创业培训活动开展数量，引导众创空间有规律地开展创新创业培训活动；另一方面，支持众创空间为入驻的创客设定专属的创新创业培训活动参与日志，建立入驻创客参与创新创业培训活动的频率预警机制，避免入驻创客一段时间内高频参与创新创业培训活动。

7.3.3.2 丰富创新创业竞赛活动

（1）鼓励市场主体举办创新创业大赛。目前，国内创新创业大赛主要由政府举办，但企业才是最活跃的创新主体，大量科技创新成果是由企业完成的，很多基础与理论创新也是由企业承担的，应鼓励并引导以企业为主的市场主体积极举办创新创业大赛。例如，第一，鼓励国内外龙头企业联合行业协会、高校、科研院所等机构，举办各类创新创业挑战赛，解决企业实际创新创业需求；第二，引导高校、科研院所等机构主动推介优质科研创新成果、指导优质创客参与创新创业大赛，利用创新创业大赛推进技术创新的产学研深度融合。

（2）优化创新创业大赛的激励方式。创新创业大赛的奖励方式只有与不同类型创客（创意客与创利客）的动机相匹配，才能提升创客的创新创业能力，政府应根据创客的类型分类设计创新创业大赛及其奖励方式。例如，以创业项目为主的创新创业大赛，应加强经济型奖励方式，如货币奖励、风险投资等，从而促进以经济动机为主的创利客提升其创新创业能力；以基础创新项目为主的创新创业大赛，则应加强社会型奖励方式，如名誉奖励、荣誉证书等，从而促进以社会动机为主的创意客创新创业能力的提升。

7.3.4 营造大众参与创客运动的机会

7.3.4.1 改善众创空间的物理环境建设

（1）建设多类型的移动式众创空间。激励众创空间为创新创业活动提供办公空间、工作环境、设施设备等物理环境方面的支持，能够为大众参与创新创业活动营造良好的机会。要鼓励建设多种多样的移动式众创空间，使众创空间的物理环境主动触达民众，增加大众参与创客运动的便利性，吸引更多大众到众创空间中来参与创新创业。

（2）升级众创空间的物理环境配置。不同类型的创客具有差异化的创新创造环境需求，提供适配的、优良的众创空间物理环境和设备设施，能够吸引更多类型创客并为其提供更多样化的创新创造机会。一方面，鼓励优化众创空间的物理环境设计，如线条、颜色、灯光等，将物理空间设计纳入众创空间年度评价体系，并推动建设与创客任务相匹配的物理环境，有效提升创客创新创业绩效。另一方面，配套相应资金支持众创空间设施设备的创建、完善与分享，尤其是云计算、大数据和 3D 打印等重点领域的大型设施设备，为大众参与创新创业活动提供良好的物理工作环境和资源支持保障。

7.3.4.2　加强众创空间的文化环境建设

（1）建设宽容失败的创新创业文化。创新创业文化是创客运动的精神力量，发挥着整合、导向、秩序和传承等功能，影响大众对参与创客运动的实践认识、实践行为和思维方式。创新创业失败概率大、风险性高，在驱动大众参与创客运动时，宽容失败的创新创业文化有利于引导和激励大众参与创客运动。首先，要鼓励众创空间设置失败容错底线，适当容忍因缺乏经验、先行先试导致的失误，激励大众参与到创新创业活动中来。其次，鼓励众创空间建立失败项目数据库，并以适当的方式公开，以降低同领域、同行业的创新创业者犯相同错误的概率，提升社会整体的创新创业能力。最后，鼓励众创空间探索创新创业失败修复的教育课程体系，在创新创业教育中嵌入失败认知、情绪恢复和失败学习模块，以引导创新创业主体正确对待创业失败，快速从消极情绪中恢复过来，并对失败进行复盘学习，为再次创新创业累积经验、蓄积能量。

（2）加强创新创业典范的多渠道宣传。多渠道对创新创业典范展开宣传，有利于在全社会宣传创客运动的重大意义，增进大众对创客运动的认识，提高全民参与创客运动的意识。在驱动大众参与创客运动时，利用多种多样的渠道对创新创业典范进行宣传是引导大众参与创客运动的有效措施。首先，在全社会倡导敢为人先的创新创业文化，树立崇尚创新、创业致富的价值导向，引导大众积极参与创新创业。其次，树立一批活跃在创新创业一线的先进模范，表彰和奖励典型成功的单位和个人，激发全民参与创新创业的热情。最后，拍摄先进领域重大技术创新创业记录片，对典型案例和模范的技术创新成果与创新创业过程，通过网络视频、影院、电视节目、广播、宣传册、培训类课程、主题性讲座等进行多渠道宣传，借助模范案例和典型经验加强社会对创新创业的认知，在全社会营造浓郁的大众创业万众创新的文化氛围。

7.3.4.3　促进众创空间的开放共享

（1）建立多元化的开放共享形式。鼓励不同类型的众创空间以开放共享的形式促进大众积极参与创新创业，不仅能够进一步拓宽、丰富大众参与创新创业的机会，还能够最大化提升众创空间的利用效率。因此，应鼓励企业、高校、科研院所等多元市场主体积极开放共享其众创空间，加强不同空间内科技成果、人才、技术、信息、资本、供应链、市场对接等资源的开放共享和交流合作，协同促进大众创业万众创新。同时，也应支持建设开放式和半开放式的众创空间，最大程度降低大众进入众创空间参与创客运动的门槛，为大众参与创新创业提供便利条件。

（2）创建多样化的开放共享机制。在驱动大众参与创客运动时，众创空间的开放共享是营造大众参与创客运动机会的重要手段，因此，需要激励众创空间之间积极建立多种多样的开放共享机制。其一，鼓励国家、省、市等不同层面的众创空间创建纵向开放共享机制，促进不同级别众创空间的优势互补；其二，鼓励综合性、专业性等不同类型众创空间之间的横向开放共享机制，加强空间共享和设施设备的相互融通，尽可能为大众将创新创业想法转化为现实提供机会，促进大众创业万众创新和我国创客运动的快速发展。

参考文献

［1］蔡莉，崔启国，史琳．创业环境研究框架［J］．吉林大学社会科学学报，2007（1）：50－56.

［2］曹芬芳，郭佳，杨雪梅．基于 TAM 的图书馆创客空间使用意愿实证研究［J］．图书馆学研究，2018（1）：24－33.

［3］曹芬芳，王涵，黄倩．图书馆创客空间用户使用影响因素实证研究［J］．图书馆建设，2017（10）：21－28.

［4］曾敬．移动式创客空间的建设现状及思考［J］．现代情报，2017，37（3）：116－118.

［5］陈玲，段尧清．政务大数据政策的技术创新效应分析——基于 PSM-DID 方法的估计［J］．图书情报工作，2020（10）：1－10.

［6］陈夙，项丽瑶，俞荣建．众创空间创业生态系统：特征，结构，机制与策略——以杭州梦想小镇为例［J］．商业经济与管理，2015（11）：35－43.

［7］陈向明．扎根理论的思路和方法［J］．教育研究与实验，1999（4）：58－63，73.

［8］陈章旺，柯玉珍，孙湘湘．我国众创空间产业政策评价与改进策略［J］．科技管理研究，2018，38（6）：18－24.

［9］储结兵．图书馆员参与创客空间转型服务激励机制研究［J］．新世纪图书馆，2020（3）：57－63.

［10］崔海雷，吕爽．"多维协同、一体两翼"众创空间模式创新研究［J］．宏观经济研究，2020（7）：87－96.

［11］崔祥民．基于三维视角的众创空间政策文本分析［J］．科技管理研究，2019（17）：30－36.

［12］代磊．高校图书馆创客空间服务大学生双创能力提升研究［J］．图书馆学研究，2018（17）：80－83，16.

［13］戴亦舒，叶丽莎，董小英．创新生态系统的价值共创机制——基于腾讯众创空间的案例研究［J］．研究与发展管理，2018，30（4）：24－36.

［14］杜宝贵，王欣．众创空间创新发展多重并发因果关系与多元路径［J］．科

技进步与对策，2020，37（19）：9－16.

[15] 杜文龙，谢珍，柴源. 全民创新背景下社区图书馆创客空间建设研究——来自澳大利亚社区图书馆的启示［J］. 图书馆工作与研究，2017（9）：25－29.

[16] 冯海红，曲婉. 社会网络与众创空间的创新创业——基于创业咖啡馆的案例研究［J］. 科研管理，2019，40（4）：168－178.

[17] 高雁，盛小平. 公共图书馆创客空间用户使用意愿影响因素实证研究［J］. 图书情报工作，2018（9）：89－96.

[18] 顾晶. 创客空间：创新设计人才培养的新路径［J］. 中国高校科技，2017（9）：87－89.

[19] 韩莹. 众创空间中企业创业拼凑对创新绩效的影响研究［J］. 科学学研究，2020，38（8）：1436－1443.

[20] 郝君超，张瑜. 国内外众创空间现状及模式分析［J］. 科技管理研究，2016，36（18）：21－24.

[21] 胡贝贝，王胜光，任静静. 互联网时代创业活动的新特点：基于创客创业活动的探索性研究［J］. 科学学研究，2015，33（10）：1520－1527.

[22] 黄飞，柳礼泉. 塑造具有中国特色的创客空间文化［J］. 学习与实践，2017（8）：124－131.

[23] 黄文彬，王冰璐，步一，等. 国内外创客空间研究进展——基于文献计量的分析［J］. 图书馆建设，2017（6）：4－10.

[24] 黄玉蓉，王青，郝云慧. 创客运动的中国流变及未来趋势［J］. 山东大学学报（哲学社会科学版），2018（5）：54－63.

[25] 黄聿舟，裴旭东，刘骏. 创业支持政策对创客空间创业孵化绩效的影响［J］. 科技进步与对策，2019，36（3）：111－116.

[26] 黄兆信，李炎炎. 社会创业教育的理念与行动［J］. 教育研究，2018（7）：103－109.

[27] 霍生平，赵葳. 众创空间创客团队断裂带对创新行为的影响：基于知识共享的中介跨层研究［J］. 科学学与科学技术管理，2019，40（4）：94－108.

[28] 贾天明，雷良海. 众创空间的内涵、类型及盈利模式研究［J］. 当代经济管理，2017，39（6）：13－18.

[29] 科技部. 科技部关于印发《发展众创空间工作指引》的通知［Z］. 2015.

[30] 寇垠，刘杰磊，韦雨才. 图书馆创客空间理论在中国的实践研究——基于文献分析视角［J］. 兰州大学学报（社会科学版），2018（3）：59－69.

[31] 雷良海，贾天明. 上海市众创空间扶持政策研究［J］. 上海经济研究，2017（3）：34－41.

[32] 李宏岳. 大学生创客创业政策的基本特征和发展态势——大学生创业政策情报分析 [J]. 情报杂志, 2017 (1): 82 - 86.

[33] 李华琴, 罗英. 基于大众创业万众创新制度设计研究 [J]. 科学管理研究, 2015, 33 (6): 16 - 19.

[34] 李卢一, 郑燕林. ARCS 模型视角下创客项目设计研究 [J]. 现代远距离教育, 2018 (2): 12 - 19.

[35] 李卢一, 郑燕林. 美国社区创客教育的载体——社区创客空间的发展动力, 功用与应用 [J]. 开放教育研究, 2015, 21 (5): 41 - 48.

[36] 李双金, 郑育家. 高校众创空间的组织模式选择——基于控制权的视角 [J]. 上海经济研究, 2018 (8): 37 - 44.

[37] 李燕萍, 陈武. 中国众创空间研究现状与展望 [J]. 中国科技论坛, 2017 (5): 12 - 18, 56.

[38] 李燕萍, 陈武, 陈建安. 创客导向型平台组织的生态网络要素及能力生成研究 [J]. 经济管理, 2017 (6): 101 - 115.

[39] 李燕萍, 李洋. 价值共创情境下的众创空间动态能力——结构探索与量表开发 [J]. 经济管理, 2020, 42 (8): 68 - 84.

[40] 李燕萍, 李洋. 科技企业孵化器与众创空间的空间特征及影响因素比较 [J]. 中国科技论坛, 2018 (8): 49 - 57.

[41] 李燕萍, 秦书凝, 陈武. 众创平台管理者创业服务能力结构及其生成逻辑: 基于创业需求——资源分析视角 [J]. 江苏大学学报 (社会科学版), 2017, 19 (6): 62 - 72.

[42] 李振华, 任叶瑶. 双创情境下创客空间社会资本形成与影响机理 [J]. 科学学研究, 2018, 36 (8): 1487 - 1494, 1515.

[43] 李子彪, 刘爽, 刘磊磊. 众创空间培育在孵中小企业增值路径研究——来自天津市 69 家众创空间的经验 [J]. 科技进步与对策, 2018, 35 (3): 72 - 79.

[44] 梁荣贤. 图书馆构建移动创客空间探讨 [J]. 新世纪图书馆, 2018 (11): 60 - 64.

[45] 梁炜, 卢章平, 刘桂锋, 王正兴. 基于扎根理论的创客知识需求研究 [J]. 图书情报工作, 2018, 62 (10): 10 - 17.

[46] 林少雄. 创客运动与传统文化的现代转型 [J]. 学术研究, 2017 (3): 43 - 47.

[47] 林祥, 高山, 刘晓玲. 创客空间的基本类型、商业模式与理论价值 [J]. 科学学研究, 2016, 34 (6): 923 - 929.

[48] 刘建国. 政府和市场参与众创空间创设的生态机制——基于全国 52 个市级行政区域的证据 [J]. 华东经济管理, 2018, 32 (7): 55 - 64.

[49] 刘静. 基于创客空间的高校图书馆服务创新提升路径实证研究 [J]. 图书馆工作与研究, 2020 (4): 39 – 47.

[50] 刘晓敏. 中国大学生参与创客运动的关键驱动因素 [J]. 开放教育研究, 2016, 22 (6): 93 – 102.

[51] 刘巍伟. 中国创客运动发展的现状、问题与对策 [J]. 浙江社会科学, 2017 (8): 148 – 155.

[52] 刘云, 石金涛. 组织创新气氛与激励偏好对员工创新行为的交互效应研究 [J]. 管理世界, 2009 (10): 88 – 101.

[53] 刘志迎, 孙星雨, 徐毅. 众创空间创客创新自我效能感与创新行为关系研究——创新支持为二阶段调节变量 [J]. 科学学与科学技术管理, 2017, 38 (8): 144 – 154.

[54] 雒亮, 祝智庭. 创客空间 2.0: 基于 O2O 架构的设计研究 [J]. 开放教育研究, 2015, 21 (4): 35 – 43.

[55] 明均仁, 张俊. 高校图书馆创客空间用户参与意愿影响因素研究 [J]. 数字图书馆论坛, 2018 (4): 21 – 27.

[56] 明均仁, 张玄玄, 张俊, 等. 大学生参与高校图书馆创客空间意愿的影响因素研究 [J]. 图书情报工作, 2017, 61 (14): 70 – 77.

[57] 明均仁, 赵鹤, 吴诗嫚, 等. 图书馆创客空间用户的知识分享意愿研究 [J]. 图书馆学研究, 2019 (14): 58 – 65.

[58] 秦佳良, 张玉臣. 草根创新可持续驱动模式探析——来自农民 "创客" 的依据 [J]. 科学学研究, 2018, 36 (8): 1495 – 1504.

[59] 冉建宇, 胡培, 童洪志. 创客政策感知对其创新行为的影响机理——知识获取的中介与创新自我效能感的调节 [J]. 科技进步与对策, 2020, 37 (13): 1 – 9.

[60] 宋刚, 白文琳, 安小米, 等. 创新 2.0 视野下的协同创新研究: 从创客到众创的案例分析及经验借鉴 [J]. 电子政务, 2016 (10): 68 – 77.

[61] 四川省科学技术厅. 四川省大力发展创客空间 [J]. 中国农村科技, 2015, (243): 64 – 65.

[62] 苏瑞波. 基于共词分析的广东与江苏、浙江、北京、上海支持众创空间政策的对比分析 [J]. 科技管理研究, 2017, 37 (13): 94 – 100.

[63] 孙荣华, 张建民. 基于创业生态系统的众创空间研究: 一个研究框架 [J]. 科技管理研究, 2018, 38 (1): 244 – 249.

[64] 孙文静, 袁燕军. 基于生态位理论的众创空间发展模式研究——以北京市为例 [J]. 科技管理研究, 2017, 37 (24): 19 – 27.

[65] 孙晓娥. 扎根理论在深度访谈研究中的实例探析 [J]. 西安交通大学学报

（社会科学版），2011，31（6）：87 – 92.

[66] 滕飞. 企业众创机制内涵及作用机理研究［J］. 财经问题研究，2017（11）：92 – 97.

[67] 田剑，赵蕾，尹祥信. 众创空间中创客参与动机与创业行为关系的实证研究［J］. 科技管理研究，2018，38（10）：140 – 145.

[68] 田颖，田增瑞，赵袁军. H-S-R 三维结构视角下众创空间智力资本协同创新对创客创新绩效的影响［J］. 科技进步与对策，2018（8）：15 – 23.

[69] 汪群. 众创空间生态系统的构建［J］. 企业经济，2016（10）：5 – 9.

[70] 王丹，王钊，孙铭媚. 军事创客空间构建研究［J］. 图书馆工作与研究，2018（10）：124 – 128.

[71] 王海花，李玉，熊丽君，等. 依存型多层网络视角下众创空间地方政策供给研究：以上海市为例［J］. 研究与发展管理，2019，31（6）：13 – 23.

[72] 王海花，熊丽君，谢萍萍. 创业生态系统视角下众创空间运行模式研究——基于国家备案的上海众创空间［J］. 科技管理研究，2020，40（2）：222 – 231.

[73] 王建明，王俊豪. 公众低碳消费模式的影响因素模型与政府管制政策——基于扎根理论的一个探索性研究［J］. 管理世界，2011（4）：58 – 68.

[74] 王丽平，刘小龙. 价值共创视角下众创空间"四众"融合的特征与运行机制研究［J］. 中国科技论坛，2017（3）：109 – 116.

[75] 王璐，高鹏. 扎根理论及其在管理学研究中的应用问题探讨［J］. 外国经济与管理，2010，32（12）：10 – 18.

[76] 王庆金，李如玮. 众创空间网络嵌入与商业模式创新：共生行为的中介作用［J］. 广东财经大学学报，2019（3）：34 – 42.

[77] 王兴元，朱强. 众创空间支持对大学生创客团队创新绩效影响机制研究［J］. 科技进步与对策，2018（1）：128 – 134.

[78] 王亚文，徐飞，刘智平，等. 高校创客社团的架构设计与案例分析——以 X 大学网络空间安全创客社团为例［J］. 现代教育技术，2019，29（7）：106 – 112.

[79] 王阳. 美国费耶特维尔公共图书馆创客空间服务研究及启示［J］. 国家图书馆学刊，2018，27（2）：59 – 67.

[80] 王佑镁，陈赞安. 从创新到创业：美国高校创客空间建设模式及启示［J］. 中国电化教育，2016（8）：1 – 6.

[81] 王佑镁，叶爱敏. 从创客空间到众创空间：基于创新 2.0 的功能模型与服务路径［J］. 电化教育研究，2015，36（11）：5 – 12.

[82] 王佑镁，王晓静，包雪. 成为自造者：众创时代的创客素养及其发展

[J]. 中国电化教育，2017（4）：10－16.

[83] 王正青，温小琪. 美国高校创客教育各支持主体职能与协同运行 [J]. 外国教育研究，2019，46（8）：69－78.

[84] 王志强，杨庆梅. 美国教育创客空间的发展逻辑、核心议题与未来展望 [J]. 比较教育研究，2019，41（7）：36－43.

[85] 温雯，杨庆. 创客运动与手工艺跨界创新研究 [J]. 广西民族大学学报（哲学社会科学版），2017，39（6）：21－27.

[86] 温雯，王青. 创客运动对文化创意产业业态创新的影响 [J]. 同济大学学报（社会科学版），2017，28（3）：41－47.

[87] 乌仕明，李正风. 孵化到众创：双创政策下科技企业孵化器的转型 [J]. 科学学研究，2019（9）：1626－1701.

[88] 吴杰，战炤磊，周海生."众创空间"的理论解读与对策思考 [J]. 科技管理研究，2016，36（13）：37－41.

[89] 吴琳，吴文智，牛嘉仪，等. 生意还是生活？——乡村民宿创客的创业动机与创业绩效感知研究 [J]. 旅游学刊，2020，35（8）：105－116.

[90] 吴卫华，宋进英，王艳红. 美国高校图书馆创客空间建设实践与启示 [J]. 图书馆工作与研究，2018（6）：22－27.

[91] 吴卫华，孙会清，崔继方，等."双创"背景下高校图书馆创客空间建设模式及运营策略研究 [J]. 图书馆工作与研究，2020，289（3）：45－50，69.

[92] 夏轶群，苏洪锐. 图书馆创客空间用户参与意愿研究——基于创客创业生态系统视角 [J]. 图书馆，2019（8）：64－70.

[93] 向永胜，古家军. 基于创业生态系统的新型众创空间构筑研究 [J]. 科技进步与对策，2017，34（22）：20－24.

[94] 项国鹏，钭帅令. 核心企业主导型众创空间的构成，机制与策略——以腾讯众创空间为例 [J]. 科技管理研究，2019，39（17）：1－6.

[95] 邢小强，周平录，张竹，等. 数字技术，BOP 商业模式创新与包容性市场构建 [J]. 管理世界，2019，35（12）：116－136.

[96] 熊泽泉，段宇锋. 上海图书馆"创·新空间" [J]. 图书馆杂志，2018，37（2）：26－32.

[97] 徐广林，林贡钦. 公众参与创新的社会网络：创客文化与创客空间 [J]. 科学学与科学技术管理，2016，37（2）：11－20.

[98] 徐婧，房俊民，唐川，田倩飞，王立娜. Fab Lab 发展模式及其创新生态系统 [J]. 科学学研究，2016，34（5）：765－770.

[99] 徐示波. 我国众创空间发展政策作用效果评估 [J]. 科技管理研究，2020

(8).

[100] 许素菲.长三角"众创空间"调研报告发布 [R].上海:浦东时报, 2015 – 07 – 08.

[101] 杨刚.创客教育双螺旋模型构建 [J].现代远程教育研究,2016 (1): 62 – 68.

[102] 杨琳,屈晓东.众创空间研究综述:内涵解析,理论诠释与发展策略 [J].西安财经学院学报,2019 (3):18.

[103] 杨现民,李冀红.创客教育的价值潜能及其争议 [J].现代远程教育研 究,2015 (2):23 – 34.

[104] 杨绪辉,沈书生.创客空间的内涵特征、教育价值与构建路径 [J].教 育研究,2016 (3):28 – 33.

[105] 姚登宝,秦国汀.安徽省金融支持众创空间发展的评价指标体系研究 [J].华东经济管理,2020,34 (9):12 – 22.

[106] 姚梅芳,张兰,葛晶,等.基于中国情境的生存型创业环境要素体系构建 [J].预测,2010,29 (5):31 – 36.

[107] 易全勇,刘许,姚歆玥,罗丽莎.众创空间对大学生创客团队创新绩效的 影响及机制研究 [J].重庆高教研究,2020 (7):24 – 35.

[108] 詹一虹,周雨城.创客运动视角下高校创新创业教育发展路径研究 [J]. 学术论坛,2016,39 (5):153 – 158.

[109] 张建民,陈雅惠,李亚玲.众创空间用户持续使用意愿形成机理:基于自我 决定理论的一个研究框架 [J].科技管理研究,2020,40 (4):232 – 238.

[110] 张立国,师亚媛,刘晓琳.教育创客空间生态模型的构建 [J].现代教 育技术,2018,28 (5):115 – 120.

[111] 张硕,李英姿,张晓冬.创新扩散视角下众创设计社区参与者选择行为模 型 [J].科技进步与对策,2018,35 (21):15 – 22.

[112] 张肃,靖舒婷.众创空间知识生态系统模型构建及知识共享机制研究 [J].情报科学,2017,35 (11):61 – 65.

[113] 张耀一.创客空间运作:理论逻辑、模式选择及案例研究 [J].江淮论 坛,2017 (3):78 – 82.

[114] 张玉利,白峰.基于耗散理论的众创空间演进与优化研究 [J].科学学 与科学技术管理,2017,38 (1):22 – 29.

[115] 张育广.高校众创空间的运行机制及建设策略——以广东工业大学国家级 创客空间为例 [J].科技管理研究,2017,37 (13):101 – 106.

[116] 张哲,王以宁,陈晓慧,等.高校学生创客空间采纳行为意向影响因素研 究——以"数字媒体制作"创客空间为例 [J].开放教育研究,2016,

22（1）：112-120.

[117] 张卓，魏杉汀．基于双网络视角的众创空间合作创新网络演化机制研究 [J]．科技进步与对策，2020，37（13）：10-19.

[118] 张玉臣，周宣伯，罗芬芬，俞少栋．创客个人动机与外部环境影响关系研究 [J]．科技进步与对策，2015，32（18）：150-154.

[119] 赵坤，郭东强，刘闲月，等．互联网创客孵化项目融资成效研究——基于海尔海创汇平台的实证分析 [J]．科研管理，2018，39（7）：168.

[120] 赵坤，郭东强，刘闲月．众创式创新网络的共生演化机理研究 [J]．中国软科学，2017（8）：74-81.

[121] 赵岚．共赢组合：中美公共图书馆中的创客空间构建 [J]．图书馆，2017（2）：96-101.

[122] 郑燕林，李卢一．技术支持的基于创造的学习——美国中小学创客教育的内涵、特征与实施路径 [J]．开放教育研究，2014，20（6）：42-49.

[123] 郑燕林．美国高校实施创客教育的路径分析 [J]．开放教育研究，2015，21（3）：21-29.

[124] 中国科技部火炬中心．中国众创空间白皮书2018：众创空间数量跃居全球第一．https：//www.sohu.com/a/258681686_324617.2018.

[125] 周必彧，邢喻．众创空间赋能形式与培育绩效研究——基于浙江省185家众创空间的实证研究 [J]．浙江社会科学，2020（2）：60-66，59，157.

[126] 周博文，张再生．国内外众创经济研究述评——基于文献计量与扎根理论分析 [J]．当代经济管理，2020，42（3）：1-11.

[127] 周博文，张再生．基于政策工具视角的我国众创政策量化分析 [J]．西南大学学报（社会科学版），2019，45（1）：62-71.

[128] 周娜．参与式学习视角下高校图书馆服务设计研究 [J]．图书馆建设，2016（1）：81-86.

[129] 周新旺，霍国庆，张璋．双创背景下我国创客组织的盈利模型研究 [J]．中国软科学，2017（4）：182-192.

[130] 朱伟．西方政策设计理论的复兴、障碍与发展 [J]．南京社会科学，2018（5）：75-81，88.

[131] 朱苟．国外图书馆移动创客空间创建实践研究 [J]．图书馆建设，2018（12）：70-75.

[132] 祝智庭，雒亮．从创客运动到创客教育：培植众创文化 [J]．电化教育研究，2015，36（7）：5-13.

[133] 祝智庭，孙妍妍．创客教育：信息技术使能的创新教育实践场 [J]．中国电化教育，2015（1）：14-21.

［134］ Acar O A. Motivations and solution appropriateness in crowdsourcing challenges for innovation ［J］. Research Policy, 2019, 48 (8): 103716.

［135］ Adamczyk S, Bullinger A C, Slein K M. Innovation contests: A review, classification and outlook ［J］. Creativity & Innovation Management, 2012, 21 (4): 335 – 360.

［136］ Ahuja G. The duality of collaboration: Inducements and opportunities in the formation of interfirm linkages ［J］. Strategic Management Journal, 2000, 21 (3): 317 – 343.

［137］ Aiken L S, West S G. Multiple regression: Testing and interpreting interactions ［M］. Newbury Park, CA: Sage, 1991.

［138］ Ajzen I. From intentions to actions: A theory of planned behavior ［M］. In Action Control, Springer, Berlin, Heidelberg, 1985: 11 – 39.

［139］ Al-Hasan A, Hann I H, Viswanathan S. Information spillovers and strategic behaviors in open innovation crowdsourcing contests: An empirical investigation ［J］. Working Paper, 2017.

［140］ Alper M. Making space in the makerspace: Building a mixed-ability maker culture ［J］. Proceedings of the Interaction Design and Children (IDC-13), New York, NY, USA, 2013: 24 – 27.

［141］ Amabile T M, Barsade S G, Mueller J S, et al. Affect and creativity at work ［J］. Administrative science quarterly, 2005, 50 (3): 367 – 403.

［142］ Amabile T M, Conti R, Coon H, et al. Assessing the work environment for creativity ［J］. Academy of management journal, 1996, 39 (5): 1154 – 1184.

［143］ Amabile T M, Gitomer J. Children's artistic creativity: Effects of choice in task materials ［J］. Personality and Social Psychology Bulletin, 1984, 10 (2): 209 – 215.

［144］ Amabile T M, Gryskiewicz N D. The creative environment scales: Work environment inventory ［J］. Creativity Research Journal, 1989, 2 (4): 231 – 253.

［145］ Amabile T M, Mueller J S, Simpson W B, et al. Time pressure and creativity in organizations: A longitudinal field study ［J］. HBS Working Paper, 2002, 20 (3): 2 – 73.

［146］ Amabile T M. A model of creativity and innovation in organizations ［J］. In B M Staw, L L, Cummings (Eds.). Research in Organizational Behavior (pp. 123 – 167). United Kingdom: Elsevier Ltd. 1988.

［147］ Amabile T M. Creativity and innovation in organizations ［M］. Massachusetts: Harvard Business School Teaching Note. 1996.

[148] Amabile T M. Motivating creativity in organizations: On doing what you love and loving what you do [J]. California Management Review, 1997, 40 (1): 39 – 58.

[149] Amabile T M. The social psychology of creativity: A componential conceptualization [J]. Journal of Personality and Social Psychology, 1983, 45 (2): 357.

[150] Anderson C. Makers: The new industrial revolution (Chinese version) [M]. CITIC Publishing House, 2012.

[151] Anderson C. Makers: The new industrial revolution [M]. New York: Crown Business, 2012.

[152] Antikainen M J, Vaataja H K. Rewarding in open innovation communities—how to motivate members [J]. International Journal of Entrepreneurship and Innovation Management, 2010, 11 (4): 440 – 456.

[153] Ardichvili A, Cardozo R, Ray S. A theory of entrepreneurial opportunity identification and development [J]. Journal of Business Venturing, 2003, 18 (1): 105 – 123.

[154] Armanios D E, Eesley C E, Li J, et al. How entrepreneurs leverage institutional intermediaries in emerging economies to acquire public resources [J]. Strategic Management Journal, 2017, 38 (7): 1373 – 1390.

[155] Armstrong J S, Overton T S. Estimating nonresponse bias in mail surveys [J]. Journal of Marketing Research, 1977, 14 (3): 396 – 402.

[156] Arnold M. Emotion and personality [M]. New York: Columbia University Press, 1960.

[157] Aryan V, Bertling J, Liedtke C. Topology, typology, and dynamics of commons-based peer production: On platforms, actors, and innovation in the maker movement [J]. Creativity and Innovation Management, 2020.

[158] Ashton-James C E, Chartrand T L. Social cues for creativity: The impact of behavioral mimicry on convergent and divergent thinking [J]. Journal of Experimental Social Psychology, 2009, 45 (4): 1036 – 1040.

[159] Audia P G, Goncalo J A. Past success and creativity over time: A study of inventors in the hard disk drive industry [J]. Management Science, 2007, 53 (1): 1 – 15.

[160] Baer M, Oldham G R. The curvilinear relation between experienced creative time pressure and creativity: Moderating effects of openness to experience and support for creativity [J]. Journal of Applied Psychology, 2006, 91

(4): 963.

[161] Bagozzi R P, Yi Y. On the evaluation of structural equation models [J]. Journal of the Academy of Marketing Science, 1988, 16 (1): 74 –94.

[162] Bailyn L. Autonomy in the industrial R & D lab [J]. Human Resource Management, 1985, 24 (2): 129 – 146.

[163] Baker W E, Sinkula J M. The synergistic effect of market orientation and learning orientation on organizational performance [J]. Journal of the Academy of Marketing Science, 1999, 27 (4): 411 – 427.

[164] Balka K, Raasch C, Herstatt C. The effect of selective openness on value creation in user innovation communities [J]. Journal of Product Innovation Management, 2014, 31 (2): 392 – 407.

[165] Bandura A. Social foundations of thought and action [M]. Englewood Cliffs, NJ, 1986: 23 – 28.

[166] Bar M, Neta M. Humans prefer curved visual objects [J]. Psychological Science, 2006, 17 (8): 645 – 648.

[167] Bar M, Neta M. Visual elements of subjective preference modulate amygdala activation [J]. Neuropsychologia, 2007, 45 (10): 2191 – 2200.

[168] Barbot B, Besançon M, Lubart T I. Assessing creativity in the classroom [J]. The Open Education Journal, 2011, 4 (1): 58 – 66.

[169] Baron R A, Tang J. The role of entrepreneurs in firm-level innovation: Joint effects of positive affect, creativity, and environmental dynamism [J]. Journal of Business Venturing, 2011, 26 (1): 49 – 60.

[170] Baron R M, Kenny D A. The moderator-mediator variable distinction in social psychological research: Conceptual, strategic, and statistical considerations [J]. Journal of Personality and Social Psychology, 1986, 51 (6): 1173 – 1182.

[171] Barrett T, Pizzico M, Levy B D, et al. A review of university maker spaces [C]. Georgia Institute of Technology, 2015.

[172] Barron F. The disposition toward originality [J]. The Journal of Abnormal and Social Psychology, 1955, 51 (3): 478 – 485.

[173] Bartol K M, Srivastava A. Encouraging knowledge sharing: The role of organizational reward systems [J]. Journal of Leadership and Organizational Studies, 2002, 9 (1): 64 – 76.

[174] BattlleforKids. http: //p21. org.

[175] Bauer J, Franke N, Tuertscher, P. Intellectual property norms in online communities: How user-organized intellectual property regulation supports innova-

tion [J]. Information Systems Research, 2016, 27 (4): 724 - 750.

[176] Bayus B L. Crowdsourcing new product ideas over time: An analysis of the Dell I-dea Storm community [J]. Management Science, 2013, 59 (1): 226 - 244.

[177] Bertamini M, Palumbo L, Gheorghes T N, Galatsidas M. Do observers like curvature or do they dislike angularity? [J]. British Journal of Psychology, 2016, 107 (1): 154 - 178.

[178] Bharadwaj S, A. Making innovation happen in organizations: Individual creativity mechanisms, organizational creativity mechanisms or both? [J]. Journal of Product Innovation Management: An International Publication of the Product Development & Management Association, 2000, 17 (6): 424 - 434.

[179] Binnewies C, Wörnlein S C. What makes a creative day? A diary study on the interplay between affect, job stressors, and job control [J]. Journal of Organizational Behavior, 2011, 32 (4): 589 - 607.

[180] Bock G W, Zmud R W, Kim Y G, et al. Behavioral intention formation in knowledge sharing: Examining the roles of extrinsic motivators, social-psychological forces, and organizational climate [J]. MIS quarterly, 2005: 87 - 111.

[181] Bogardus E. Fundamentals of social psychology (2nd ed.) [M]. New York, NY: Appleton-Century-Crofts, 1931.

[182] Bonaccorsi A, Rossi C. Comparing motivations of individual programmers and firms to take part in the open source movement: From community to business [J]. Knowledge Technology & Policy, 2006, 18 (4): 40 - 64.

[183] Boudreau K J, Lacetera N, Lakhani K R. Incentives and problem uncertainty in innovation contests: An empirical analysis [J]. Management Science, 2011, 57 (5): 843 - 863.

[184] Braga M, Guttmann G. The knowledge networks in a makerspace: The topologies of collaboration [J]. International Journal of Science and Mathematics Education, 2019, 17 (1): 13 - 30.

[185] Bringslimark T, Hartig T, Patil G G. The psychological benefits of indoor plants: A critical review of the experimental literature [J]. Journal of Environmental Psychology, 2009, 29 (4): 422 - 433.

[186] Browder R E, Aldrich H E, Bradley S W. Entrepreneurship research, makers, and the maker movement [J]. Academy of Management Annual Meeting Proceedings, 2017, 2017 (1): 143 - 161.

[187] Browder R E, Aldrich H E, Bradley S W. The emergence of the maker movement: Implications for entrepreneurship research [J]. Journal of Business

Venturing, 2019, 34 (3): 459 – 476.

[188] Bullinger A C, Möslein K M. Innovation contests—where are we? [M]. In AMCIS, 2010, 28.

[189] Cacioppo J, Priester J, Berntson G. Rudimentary determinants of attitudes, II: Arm flexion and extension have differential effects on attitudes [J]. Journal of Personality and Social Psychology, 1993, 65 (1): 5 – 17.

[190] Camacho N, Nam H, Kannan P K, et al. Tournaments to crowdsource innovation: The role of moderator feedback and participation intensity [J]. Journal of Marketing, 2019, 83 (2): 138 – 157.

[191] Carlile P R. Transferring, translating, and transforming: An integrative framework for managing knowledge across boundaries [J]. Organization Science, 2004, 15 (5): 555 – 568.

[192] Carson S J, Madhok A, Wu T. Uncertainty, opportunism, and governance: The effects of volatility and ambiguity on formal and relational contracting [J]. Academy of Management Journal, 2006, 49 (5): 1058 – 1077.

[193] Cerasoli C P, Ford M T. Intrinsic motivation, performance, and the mediating role of mastery goal orientation: A test of self-determination theory [J]. The Journal of Psychology, 2014, 148 (3): 267 – 286.

[194] Cerasoli C P, Nicklin J M, Ford M T. Intrinsic motivation and extrinsic incentives jointly predict performance: A 40-year meta-analysis [J]. Psychological Bulletin, 2014, 140 (4): 980.

[195] Ceylan C, Dul J, Aytac S. Can the office environment stimulate a manager's creativity? [J]. Human Factors and Ergonomics in Manufacturing and Service Industries, 2008, 18 (6): 589 – 602.

[196] Chang H H, Chuang S S. Social capital and individual motivations on knowledge sharing: Participant involvement as a moderator [J]. Information and Management, 2011, 48 (1): 9 – 18.

[197] Chen M H, Chang Y Y, Lin Y C. Exploring creative entrepreneurs' happiness: Cognitive style, guanxi and creativity [J]. International Entrepreneurship and Management Journal, 2018, 14 (4): 1089 – 1110.

[198] Chen M, Bargh J A. Consequences of automatic evaluation: Immediate behavioral predispositions to approach or avoid the stimulus [J]. Personality and Social Psychology Bulletin, 1999, 25 (2): 215 – 224.

[199] Chen Y, HO T H, Kim Y M. Knowledge market design: A field experiment at Google Answers [J]. Journal of Public Economic Theory, 2010, 12 (4):

641 – 664.

[200] Cialdini R B, Reno R R, Kallgren C A. A focus theory of normative conduct: Recycling the concept of norms to reduce littering in public places [J]. Journal of Personality and Social Psychology, 1990, 58 (6): 1015 – 1026.

[201] Cian L, Krishna A, Elder R S. This logo moves me: Dynamic imagery from static images [J]. Journal of Marketing Research, 2014, 51 (2): 184 – 197.

[202] Cohen C, Kaplan T R, Sela A. Optimal rewards in contests [J]. The RAND Journal of Economics, 2008, 39 (2): 434 – 451.

[203] Cohen J, Jones W M, Smith S, et al. Makification: Towards a framework for leveraging the maker movement in formal education [J]. Journal of Educational Multimedia and Hypermedia, 2017, 26 (3): 217 – 229.

[204] Cohen W M, Levinthal D A. Absorptive capacity: A new perspective on learning and innovation [J]. Administrative Science Quarterly, 1990, 35 (1): 128 – 152.

[205] Colzato L S, Szapora A, Hommel B. Meditate to create: The impact of focused-attention and open-monitoring training on convergent and divergent thinking [J]. Frontiers in Psychology, 2012 (3): 116.

[206] Corbin J M, Strauss A. Grounded theory research: Procedures, canons, and evaluative criteria [J]. Qualitative Sociology, 1990, 13 (1): 3 – 21.

[207] Corbusier L. Towards a new architecture [M]. Massachusetts: Courier Corporation. 2013.

[208] Corwin G. Minor studies from the psychological laboratory of Cornell University [J]. American Journal of Psychology, 1921, 32 (4): 563 – 570.

[209] Cotter K N, Silvia P J, Bertamini M, Palumbo L, Vartanian O. Curve appeal: Exploring individual differences in preference for curved versus angular objects [J]. i-Perception, 2017, 8 (2): 1 – 17.

[210] Croidieu G, Kim P H. Labor of love: Amateurs and lay-expertise legitimation in the early U. S. radio field [J]. Administrative Science Quarterly, 2018, 63 (1): 1 – 42.

[211] Cronbach L J. Coefficient alpha and the internal structure of tests [J]. Psychometrika, 1951, 16 (3): 297 – 334.

[212] Cross R, Cummings J N. Tie and network correlates of individual performance in knowledge-intensive work [J]. Academy of Management Journal, 2004, 47 (6): 928 – 937.

[213] Dahlander L, O'Mahony S, Gann D M. One foot in, one foot out: How does

individuals' external search breadth affect innovation outcomes? [J]. Strategic Management Journal, 2016, 37 (2): 280 – 302.

[214] Dane E. Reconsidering the trade-off between expertise and flexibility: A cognitive entrenchment perspective [J]. Academy of Management Review, 2010, 35 (4): 579 – 603.

[215] Darwin C. The origin of species [M]. New York: The Modern Library. 1859.

[216] David P A, Shapiro J S. Community-based production of open-source software: What do we know about the developers who participate? [J]. Information Economics and Policy, 2008, 20 (4): 364 – 398.

[217] Davis F D, Bagozzi R P, Warshaw P R. Extrinsic and intrinsic motivation to use computers in the workplace [J]. Journal of Applied Social Psychology, 1992, 22 (14): 1111 – 1132.

[218] Dazkir S S, Read M A. Furniture forms and their influence on our emotional responses toward interior environments [J]. Environment and Behavior, 2012, 44 (5): 722 – 732.

[219] De Dreu C K, Baas M, Nijstad B A. Hedonic tone and activation level in the mood-creativity link: Toward a dual pathway to creativity model [J]. Journal of Personality and Social Psychology, 2008, 94 (5): 739 – 756.

[220] De Vries H B, Lubart T I. Scientific creativity: Divergent and convergent thinking and the impact of culture [J]. The Journal of Creative Behavior, 2019, 53 (2): 145 – 155.

[221] Deci E L, Ryan R M. Intrinsic motivation and self-determination in human behavior [M]. New York and London: Plenum, 1985.

[222] Deci E L, Ryan R M. The "what" and "why" of goal pursuits: Human needs and the self-determination of behavior [J]. Psychological Inquiry, 2000, 11 (4): 227 – 268.

[223] DeTienne D R, Chandler G N. Opportunity identification and its role in the entrepreneurial classroom: A pedagogical approach and empirical test [J]. Academy of Management Learning and Education, 2004, 3 (3): 242 – 257.

[224] Dewett T. Linking intrinsic motivation, risk taking, and employee creativity in an R & D environment [J]. R & D Management, 2007, 37 (3): 12.

[225] Dickinson A, Dearing M F. Appetitive-aversive interactions and inhibitory processes [J]. Mechanisms of learning and motivation: A memorial volume to Jerzy Konorski, 1979: 203 – 231.

[226] DiPalantino D, Vojnovic M. Crowdsourcing and all-pay auctions [J]. In Pro-

ceedings of the 10th ACM conference on electronic commerce, ACM, 2009, 119 – 128.

[227] Dissanayake I, Zhang J, Yasar M, et al. Strategic effort allocation in online innovation tournaments [J]. Information and Management, 2018, 55 (3): 396 – 406.

[228] Doob L. The behavior of attitudes [J]. Psychological Review, 1947, 54 (3): 135 – 156.

[229] Doorley S, Witthoft S. Make space: How to set the stage for creative collaboration [M]. John Wiley & Sons, 2012.

[230] Dougherty D. Free to make: How the maker movement is changing our schools, our jobs, and our minds [M]. North Atlantic Books, 2016.

[231] Dougherty D. The maker movement [J]. Innovations: Technology, Governance, Globalization, 2012, 7 (3): 11 – 14.

[232] Doussard M, Schrock G, Wolf-Powers L, et al. Manufacturing without the firm: Challenges for the maker movement in three US cities [J]. Environment and Planning A: Economy and Space, 2018, 50 (3): 651 – 670.

[233] Drews T R. Motivational factors relevant to the performance of R & D employees [J]. Industrial Management, 1977, 19 (4): 5 – 11.

[234] Dul J, Ceylan C, Jaspers F. Knowledge workers' creativity and the role of the physical work environment [J]. Human Resource Management, 2011, 50 (6): 715 – 734.

[235] Dweck C S. Motivational processes affecting learning [J]. American Psychologist, 1986, 41 (10): 1040 – 1048.

[236] Ebner W, Leimeister M J, Krcmar H. Community engineering for innovations: The ideas competition as a method to nurture a virtual community for innovations [J]. R & D Management, 2009, 39 (4): 342 – 356.

[237] Edwards J R, Cable D M, Williamson I O, et al. The phenomenology of fit: Linking the person and environment to the subjective experience of person-environment fit [J]. Journal of Applied Psychology, 2006, 91 (4): 802 – 827.

[238] Edwards J R, Lambert L S. Methods for integrating moderation and mediation: A general analytical framework using moderated path analysis [J]. Psychological Methods, 2007 (12): 1 – 22.

[239] Elisabeth U, Jing S, Margit H, et al. The environmental value and impact of the maker movement—Insights from a cross-case analysis of European maker initiatives [J]. Business Strategy and the Environment, 2019, 28 (8): 1518 – 1533.

[240] Elliot A J, Covington M V. Approach and avoidance motivation [J]. Educational Psychology Review, 2001, 13 (2): 73 – 92.

[241] Elliot A J, Gable S L, Mapes R R. Approach and avoidance motivation in the social domain [J]. Personality and Social Psychology Bulletin, 2006, 32 (3): 378 – 391.

[242] Elliot A J, Harackiewicz J M. Approach and avoidance achievement goals and intrinsic motivation: A mediational analysis [J]. Journal of Personality and Social Psychology, 1996, 70 (3): 461 – 475.

[243] Elliot A J. Approach and avoidance motivation and achievement goals [J]. Educational Psychologist, 1999, 34 (3): 169 – 189.

[244] Elliot A J. Handbook of approach and avoidance motivation [M]. New York: Psychology Press, 2008.

[245] Elliot A J. The hierarchical model of approach-avoidance motivation [J]. Motivation and Emotion, 2006, 30 (2): 111 – 116.

[246] Erez M, Nouri R. Creativity: The influence of cultural, social, and work contexts [J]. Management and Organization Review, 2010, 6 (3): 351 – 370.

[247] Fang E. Customer participation and the trade-off between new product innovativeness and speed to market [J]. Journal of Marketing, 2008, 72 (4): 90 – 104.

[248] Fantz R L, Miranda S B. Newborn infant attention to form of contour [J]. Child Development, 1975, 46 (1): 224 – 228.

[249] Faul F, Erdfelder E, Buchner A, Lang A G. Statistical power analyses using G*Power 3.1: Tests for correlation and regression analyses [J]. Behavior Research Methods, 2009, 41 (4): 1149 – 1160.

[250] Faullant R, Schwarz E J, Krajger I, et al. Towards a comprehensive understanding of lead userness: The search for individual creativity [J]. Creativity and Innovation Management, 2012, 21 (1): 76 – 92.

[251] Fayolle A, Liñán F, Moriano J A. Beyond entrepreneurial intentions: Values and motivations in entrepreneurship [J]. International Entrepreneurship and Management Journal, 2014 (10): 679 – 689.

[252] Fishbein M, Ajzen I. Understanding attitudes and predicting social behavior [M]. Prentice Hall, 1980.

[253] Fleming L. Recombinant uncertainty in technological search [J]. Management Science, 2001, 47 (1): 117 – 132.

[254] Forest C R, Moore R A, Jariwala A S, et al. The invention studio: A university maker space and culture [J]. Advances in Engineering Education, 2014,

4 (2): 1 – 32.

[255] Fornell C, Larcker D F. Evaluating structural equation models with unobservable variables and measurement error [J]. Journal of Marketing Research, 1981, 18 (1): 39 – 50.

[256] Förster J, Higgins E T, Idson L C. Approach and avoidance strength during goal attainment: Regulatory focus and the "goal looms larger" effect [J]. Journal of Personality and Social Psychology, 1998, 75 (5): 1115.

[257] Franke N, Schreier M. Why customers value self-designed products: The importance of process effort and enjoyment [J]. Journal of Product Innovation Management, 2010, 27 (7): 1020 – 1031.

[258] Franke N, Shah S. How communities support innovative activities: an exploration of assistance and sharing among end-users [J]. Research Policy, 2003, 32 (1): 157 – 178.

[259] Frey B S. State support and creativity in the arts: Some new considerations [J]. Journal of Cultural Economics, 1999, 23 (1 – 2): 71 – 85.

[260] Friedman R S, Förster J. Effects of motivational cues on perceptual asymmetry: Implications for creativity and analytical problem solving [J]. Journal of Personality and Social Psychology, 2005, 88 (2): 263 – 275.

[261] Friedman R S, Förster J. The effects of promotion and prevention cues on creativity [J]. Journal of Personality and Social Psychology, 2001, 81 (6): 1001 – 1013.

[262] Friedman R S, Förster J. The influence of approach and avoidance motor actions on creative cognition [J]. Journal of Experimental Social Psychology, 2002, 38 (1): 41 – 55.

[263] Frijda N. The emotions [M]. Cambridge: Cambridge University Press. 1986.

[264] Fritzsche A. Making without fabrication: Do-it-yourself activities for IT security in an open lab [J]. Technological Forecasting and Social Change, 2020, 158: 120 – 163.

[265] Füller J, Hutter K, Hautz J, et al. User roles and contributions in innovation-contest communities [J]. Journal of Management Information Systems, 2014, 31 (1): 273 – 308.

[266] Gagné M, Deci E L. Self-determination theory and work motivation [J]. Journal of Organizational Behavior, 2005, 26 (4): 331 – 362.

[267] Gascó M. Living labs: Implementing open innovation in the public sector [J]. Government Information Quarterly, 2017, 34 (1): 90 – 98.

[268] Gavetti G, Levinthal D A, Rivkin J W. Strategy making in novel and complex worlds: The power of analogy [J]. Strategic Management Journal, 2005, 26 (8): 691 – 712.

[269] George J M, Zhou J. When openness to experience and conscientiousness are related to creative behavior: An interactional approach [J]. Journal of Applied Psychology, 2001, 86 (3): 513.

[270] Gielnik M M, Frese M, Graf J M, Kampschulte A. Creativity in the opportunity identification process and the moderating effect of diversity of information [J]. Journal of Business Venturing, 2012, 27 (5): 559 – 576.

[271] Gómez-Puerto G, Munar E, Nadal M. Preference for curvature: A historical and conceptual framework [J]. Frontiers in Human Neuroscience, 2016 (9): 712.

[272] Gough H G. A creative personality scale for the adjective check list [J]. Journal of Personality and Social Psychology, 1979, 37 (8): 1398 – 1405.

[273] Grant A M, Berry J W. The necessity of others is the mother of invention: Intrinsic and prosocial motivations, perspective taking, and creativity [J]. Academy of Management Journal, 2011, 53 (206): 375 – 383.

[274] Grant R M. Prospering in dynamically-competitive environments: Organizational capability as knowledge integration [J]. Organization Science, 1996, 7 (4): 375 – 387.

[275] Greenberg D, Calabrese Barton A, Tan E, et al. Redefining entrepreneurialism in the maker movement: A critical youth approach [J]. Journal of the Learning Sciences, 2020, 29 (4 – 5): 471 – 510.

[276] Gruber M, Harhoff D, Hoisl K. Knowledge recombination across technological boundaries: Scientists vs. Engineers [J]. Management Science, 2013, 59 (4): 837 – 851.

[277] Gruen T W, Osmonbekov T, Czaplewski A J. How e-communities extend the concept of exchange in marketing: An application of the motivation, opportunity, ability (MOA) theory [J]. Marketing Theory, 2005, 5 (1): 33 – 49.

[278] Gu F F, Hung K, Tse D K. When does guanxi matter? Issues of capitalization and its dark sides [J]. Journal of Marketing, 2008, 72 (4): 12 – 28.

[279] Guilford, J. P. The nature of human intelligence [M]. New York: McGraw-Hill. 1967.

[280] Gupta A K, Smith K G, Shalley C E. The interplay between exploration and exploitation [J]. Academy of Management Journal, 2006, 49 (4): 693 – 706.

[281] Guthrie C. Empowering the hacker in us: A comparison of fab lab and hackerspace ecosystems [C] //5th LAEMOS (Latin American and European Meeting on Organization Studies) Colloquium, Havana Cuba, 2014, 2 (5).

[282] Hackerspaces. org. Retrieved from https://wiki. hackerspaces. org/List_ of_ ALL_ Hacker_ Space, 2020.

[283] Hagedoorn J, Duysters G. Learning in dynamic inter-firm networks: The efficacy of multiple contacts [J]. Organization Studies, 2002, 23 (4): 525 – 548.

[284] Hair J F, Black W C, Babin B J, Anderson R E. Multivariate data analysis: Pearson new international edition [M]. Essex: Pearson Education Limited, 2014.

[285] Halbinger M A. The role of makerspaces in supporting consumer innovation and diffusion: An empirical analysis [J]. Research Policy, 2018, 47 (10): 2028 – 2036.

[286] Hallerstede S, Bullinger A C. Do you know where you go? A taxonomy of online innovation contests [J]. Proceedings of the XXI SPIM Conference, 2010.

[287] Halverson E R, Kimberly S. The maker movement in education [J]. Harvard Educational Review, 2014, 84 (4): 495 – 504.

[288] Hamalainen M, Karjalainen J. Social manufacturing: When the maker movement meets interfirm production networks [J]. Business Horizons, 2017, 60 (6): 795 – 805.

[289] Han S Y, Yoo J, Zo H, et al. Understanding makerspace continuance: A self-determination perspective [J]. Telematics and Informatics, 2017, 34 (4): 184 – 195.

[290] Hansen M T. The search-transfer problem: The role of weak ties in sharing knowledge across organization subunits [J]. Administrative Science Quarterly, 1999, 44 (1): 82 – 111.

[291] Hars A, Ou S. Working for free? Motivations for participating in open-source projects [J]. International Journal of Electronic Commerce, 2002, 6 (3): 25 – 39.

[292] Hartmann F, Mietzner D, Lahr M. Maker movement as a path of digital transformation?: Current understanding and how it may change the social and economic environment [C] //Second Annual International Conference on Foresight,2016: 20 – 30.

[293] Hatch M. The maker movement manifesto: Rules for innovation in the new world of crafters, hackers, and tinkerers [M]. McGraw-Hill Education, 2013.

[294] Hausberg J P, Spaeth S. Why makers make what they make: Motivations to contribute to open source hardware development [J]. R & D Management, 2020, 50 (1): 75 – 95.

[295] Hayes A F. Introduction to mediation, moderation, and conditional process a-nalysis: A regression-based approach [M]. New York: Guilford Press. 2017.

[296] Helson R. Childhood interest clusters related to creativity in women [J]. Jour-nal of Consulting Psychology, 1965, 29 (4): 352 – 361.

[297] Hennessey B, Moran S, Altringer B, et al. Extrinsic and intrinsic motivation [J]. Wiley Encyclopedia of Management, 2015, (11): 1 – 4.

[298] Hertel G, Niedner S, Herrmann S. Motivation of software developers in open source projects: An internet-based survey of contributors to the Linux kernel [J]. Research Policy, 2003, 32 (7): 1159 – 1177.

[299] Hew K F, Hara N. Knowledge sharing in online environments: A qualitative case study [J]. Journal of the American Society for Information Science and Technology, 2007, 58 (14): 2310 – 2324.

[300] Hienerth C, Von Hippel E, Berg Jensen M. User community vs. producer inno-vation development efficiency: A first empirical study [J]. Research Policy, 2014, 43 (1): 190 – 201.

[301] Hienerth C. The commercialization of user innovations: The development of the rodeo kayak industry [J]. R & D Management, 2006, 36 (3): 273 – 294.

[302] Hommel B, Colzato L S, Fischer R, Christoffels I. Bilingualism and creativi-ty: Benefits in convergent thinking come with losses in divergent thinking [J]. Frontiers in Psychology, 2011 (2): 273.

[303] Honey M, Kanter D E. Introduction design, make, play: Growing the next gen-eration of science innovators [J]. Design, Make, Play, 2013 (1): 19 – 24.

[304] Horton J. Continuing education and professional development of library staff in-volved with makerspaces [J]. Library Hi Tech, 2019, 37 (4): 866 – 882.

[305] Hubel D H, Wiesel T N. Receptive fields and functional architecture of monkey striate cortex [J]. The Journal of Physiology, 1968, 195 (1): 215 – 243.

[306] Hyysalo S. User innovation and everyday practices: Micro-innovation in sports industry development [J]. R & D Management, 2009, 39 (3): 247 – 258.

[307] Intel M M. Maker Media Intel, 2012.

[308] Ireland R D, Webb J W. Strategic entrepreneurship: Creating competitive ad-vantage through streams of innovation [J]. Business Horizons, 2007, 50 (1): 49 – 59.

［309］ Irie N R, Hsu Y C, Ching Y H. Makerspaces in diverse places: A comparative analysis of distinctive national discourses surrounding the maker movement and education in four countries ［J］. TechTrends, 2019, 63 (4): 397 –407.

［310］ Jansen J J P, Van Den Bosch F A J, Volberda H W. Exploratory innovation, exploitative innovation, and performance: Effects of organizational antecedents and environmental moderators ［J］. Management Science, 2006, 52 (11): 1661 – 1674.

［311］ Jeppesen L B, Frederiksen L. Why do users contribute to firm-hosted user communities? The case of computer-controlled music instruments ［J］. Organization Science, 2006, 17 (1): 45 –63.

［312］ Jeremy M, Marie S, Sarah D, et al. Is the maker movement contributing to sustainability? ［J］. Sustainability, 2018, 10 (7): 2212.

［313］ Johnson J, Tellis G J. Drivers of success for market entry into China and India ［J］. Journal of Marketing, 2008, 72 (3): 1 –13.

［314］ Johnson M A, Stevenson R M, Letwin C R. A woman's place is in the…startup! Crowdfunder judgments, implicit bias, and the stereotype content model ［J］. Journal of Business Venturing, 2018, 33 (6): 813 –831.

［315］ Jones W M. Teachers' perceptions of a maker-centered professional development experience: A multiple case study ［J］. International Journal of Technology and Design Education, 2020: 1 –25.

［316］ Judd C H. Eye-movements and the aesthetics of visual form ［J］. Psychological Review, 1903, 10 (3): 336 –337.

［317］ Kacperczyk A, Younkin P. The paradox of breadth: The tension between experience and legitimacy in the transition to entrepreneurship ［J］. Administrative Science Quarterly, 2017, 62 (4): 731 –764.

［318］ Kim J, Park Y. Leveraging ideas from user innovation communities: Using text-mining and case-based reasoning ［J］. R & D Management, 2019, 49 (2): 155 – 167.

［319］ Kim K H, Kumar V. The relative influence of economic and relational direct marketing communications on buying behavior in business-to-business markets ［J］. Journal of Marketing Research, 2018, 55 (1): 48 –68.

［320］ Kim S K, Shin S J, Shin J, Miller D R. Social networks and individual creativity: The role of individual differences ［J］. The Journal of Creative Behavior, 2018, 52 (4): 285 –296.

［321］ Kinicki A J, Vecchio R P. Influences on the quality of supervisor-subordinate relations: The role of time-pressure, organizational commitment, and locus of control [J]. Journal of Organizational Behavior, 1994, 15 (1): 75 – 82.

[322] Knasko S C. Ambient odor's effect on creativity, mood, and perceived health [J]. Chemical Senses, 1992, 17 (1): 27 – 35.

[323] Koestler A. The act of creation [M]. New York: Macmillan, 1964.

[324] Konorski J. Integrative activity of the brain: An interdisciplinary approach [M]. Chicago: The University of Chicago Press, 1967.

[325] Kristof A L. Person-organization fit: An integrative review of its conceptualizations, measurement, and implications [J]. Personnel Psychology, 1996, 49 (1): 1 – 49.

[326] Kristof-Brown A L, Zimmerman R D, Johnson E C. Consequences of individuals' fit at work: A meta-analysis of person-job, person-organization, person-group, and person-supervisor fit [J]. Personnel Psychology, 2005, 58 (2): 281 – 342.

[327] Kumpulainen K, Kajamaa A. Sociomaterial movements of students' engagement in a school's makerspace [J]. British Journal of Educational Technology, 2020.

[328] Kwon B R, Lee J. What makes a maker: The motivation for the maker movement in ICT [J]. Information Technology for Development, 2017, 23 (2): 1 – 18.

[329] Lakhani K R, von Hippel E. How open source software works: "Free" user-to-user assistance [J]. Research Policy, 2003, 32 (6): 923 – 943.

[330] Lakhani K R, Wolf R G. Why hackers do what they do: Understanding motivation and effort in free/open source software projects [J] //Feller J, Fitzgerald B, Hissam S, et al. Perspectives on free and open source software. Cambridge, MA: MIT Press, 2003 (9): 3 – 22.

[331] Lampel J, Jha P P, Bhalla A. Test-driving the future: How design competitions are changing innovation [J]. Academy of Management Perspectives, 2012, 26 (2): 71 – 85.

[332] Lane P J, Koka B R, Pathak S. The reification of absorptive capacity: A critical review and rejuvenation of the construct [J]. Academy of Management Review, 2006, 31 (4): 833 – 863.

[333] Lang D. Zero tomaker: Learn (just enough) to make (just about) anything [M]. San Francisco: Maker Media, Inc. , 2013.

[334] Lang P J, Bradley M M. Appetitive and defensive motivation is the substrate of emotion [C]. In A, Elliott (Ed.). Handbook of approach and avoidance

motivation (pp. 51 – 66). New York, NY: Psychology Press, 2008.

[335] Langley D J, Zirngiebl M, Sbeih J, et al. Trajectories to reconcile sharing and commercialization in the maker movement [J]. Business Horizons, 2017, 60 (6): 783 – 794.

[336] Larson C L, Aronoff J, Sarinopoulos I C, Zhu D C. Recognizing threat: A simple geometric shape activates neural circuitry for threat detection [J]. Journal of Cognitive Neuroscience, 2009, 21 (8): 1523 – 1535.

[337] Larson C L, Aronoff J, Stearns J J. The shape of threat: Simple geometric forms evoke rapid and sustained capture of attention [J]. Emotion, 2007, 7 (3): 526 – 534.

[338] Larson C L, Aronoff J, Steuer E L. Simple geometric shapes are implicitly associated with affective value [J]. Motivation and Emotion, 2012, 36 (3): 404 – 413.

[339] Lazarus R. Emotion and adaption [M]. New York: Oxford University Press,1991.

[340] Lee D, Kwon H. Keyword analysis of the mass media's news articles on maker education in South Korea [J]. International Journal of Technology and Design Education, 2020 (1).

[341] Lee F K, Sheldon K M, Turban D B. Personality and the goal-striving process: The influence of achievement goal patterns, goal level, and mental focus on performance and enjoyment [J]. Journal of Applied Psychology, 2003, 88 (2): 256 – 265.

[342] Leimeister J M, Huber M, Bretschneider U, et al. Leveraging crowdsourcing: Activation-supporting components for IT-based ideas competition [J]. Journal of Management Information Systems, 2009, 26 (1): 197 – 224.

[343] Leiponen A, Helfat C E. Innovation objectives, knowledge sources, and the benefits of breadth [J]. Strategic Management Journal, 2010, 31 (2): 224 – 236.

[344] Lerner J, Tirole J. Some simple economics of open source [J]. Journal of Industrial Economics, 2002, 50 (2): 197 – 234.

[345] Lettl C, Herstatt C, Gemuenden H G. Users' contributions to radical innovation: Evidence from four cases in the field of medical equipment technology [J]. R & D Management, 2006, 36 (3): 251 – 272.

[346] Levinthal D A, March J G. The myopia of learning [J]. Strategic Management Journal, 1993, 14 (S2): 95 – 112.

[347] Levy S. Hackers: Heroes of the computer revolution [M]. New York: Anchor

Press/Doubleday, 1984.

[348] Lewin K. A dynamic theory of personality [M]. New York: McGraw-Hill, 1935.

[349] Li H, Atuahene-Gima K. Product innovation strategy and the performance of new technology ventures in China [J]. Academy of Management Journal, 2001, 44 (6): 1123 – 1134.

[350] Limaj E, Bernroider E W. The roles of absorptive capacity and cultural balance for exploratory and exploitative innovation in SMEs [J]. Journal of Business Research, 2019, 94: 137 – 153.

[351] Lin T C, Huang C C. Understanding knowledge management system usage antecedents: An integration of social cognitive theory and task technology fit [J]. Information and Management, 2008, 45 (6): 410 – 417.

[352] Lindenberg S. Intrinsic motivation in a new light [J]. Kyklos, 2001, 54 (2-3): 317 – 342.

[353] Lindtner S. Hacking with Chinese characteristics: The promises of the maker movement against China's manufacturing culture [J]. Science, Technology, & Human Values, 2015, 40 (5): 854 – 879.

[354] Litts B K. Making learning: Makerspaces as learning environments [D]. Doctoral dissertation, The University of Wisconsin-Madison, 2015.

[355] Liu D, Jiang K, Shalley C E, et al. Motivational mechanisms of employee creativity: A meta-analytic examination and theoretical extension of the creativity literature [J]. Organizational Behavior and Human Decision Processes, 2016, 137: 236 – 263.

[356] Liu Y, Li Y, Hao X, Zhang Y. Narcissism and learning from entrepreneurial failure [J]. Journal of Business Venturing, 2019, 34 (3): 496 – 512.

[357] Lock J, Redmond P, Orwin L, et al. Bridging distance: Practical and pedagogical implications of virtual makerspaces [J]. Journal of Computer Assisted Learning, 2020, 36 (6): 957 – 968.

[358] Locke E A, Latham G P. New directions in goal-setting theory [J]. Current Directions in Psychological Science, 2006, 15 (5): 265 – 268.

[359] Lowik S, Kraaijenbrink J, Groen A J. Antecedents and effects of individual absorptive capacity: A micro-foundational perspective on open innovation [J]. Journal of Knowledge Management, 2017, 21 (6): 1319 – 1341.

[360] Lowik S, Kraaijenbrink J, Groen A. The team absorptive capacity triad: A configurational study of individual, enabling, and motivating factors [J]. Journal of Knowledge Management, 2016, 20 (5): 1083 – 1103.

[361] Lubart T I, Besanc‚on M, Barbot B. Evaluation du potentiel créatif [M]. Paris: Editions Hogrefe, 2011.

[362] Luffarelli J, Stamatogiannakis A, Yang H. The visual asymmetry effect: An interplay of logo design and brand personality on brand equity [J]. Journal of Marketing Research, 2019, 56 (1): 89 – 103.

[363] Lundholm H. The affective tone of lines: Experimental researches [J]. Psychological Review, 1921, 28 (1): 43 – 60.

[364] Lüthje C, Herstatt C, Von Hippel E. User-innovators and "local" information: The case of mountain biking [J]. Research Policy, 2005, 34 (6): 951 – 965.

[365] MacInnis D J, Jaworski B J. Information processing from advertisements: Toward an integrative framework [J]. Journal of Marketing, 1989, 53 (4): 1 – 23.

[366] Mack T, Landau C. Submission quality in open innovation contests—an analysis of individual-level determinants of idea innovativeness [J]. R & D Management, 2020, 50 (1): 47 – 62.

[367] MacInnis D J, Moorman C, Jaworski B J. Enhancing and measuring consumers' motivation, opportunity, and ability to process brand information from ads [J]. Journal of Marketing, 1991, 55 (4): 32 – 53.

[368] Mahmood A, Luffarelli J, Mukesh M. What's in a logo? The impact of complex visual cues in equity crowdfunding [J]. Journal of Business Venturing, 2019, 34 (1): 41 – 62.

[369] Mäkelä K, Brewster C. Interunit interaction contexts, interpersonal social capital, and the differing levels of knowledge sharing [J]. Human Resource Management, 2009, 48 (4): 591 – 613.

[370] Makeology: Makerspaces as learning environments (Volume 1) [M]. Routledge, 2016.

[371] Mannucci P V, Yong K. The differential impact of knowledge depth and knowledge breadth on creativity over individual careers [J]. Academy of Management Journal, 2018, 61 (5): 1741 – 1763.

[372] Maravilhas S, Martins J. Strategic knowledge management a digital environment: Tacit and explicit knowledge in Fab Labs [J]. Journal of Business Research, 2019, 94: 353 – 359.

[373] March J G. Exploration and exploitation in organizational learning [J]. Organization Science, 1991, 2 (1): 71 – 87.

[374] May D R, Oldham G R, Rathert C. Employee affective and behavioral reac-

tions to the spatial density of physical work environments [J]. Human Resource Management, 2005, 44 (1): 21 – 33.

[375] McClelland D, Atkinson J, Clark R, Lowell E. The achievement motive [M]. New York: Irvington Publishers, 1953.

[376] McCoy J M, Evans G W. The potential role of the physical environment in fostering creativity [J]. Creativity Research Journal, 2002, 14 (3 – 4): 409 – 426.

[377] McLeod S A. What is the stress response [EB/OL]. Retrieved from https://www.simplypsychology.org/stress-biology.html, 2010.

[378] Mednick S A. The associative basis of the creative process [J]. Psychological Review, 1962, 69 (3): 220 – 232.

[379] Megidish R, Sela A. Allocation of prizes in contests with participation constraints [J]. Journal of Economic and Management Strategy, 2013, 22 (4): 713 – 727.

[380] Mehta R, Dahl D W, Zhu R. Social-recognition versus financial incentives? Exploring the effects of creativity-contingent external rewards on creative performance [J]. Journal of Consumer Research, 2017, 44 (3): 536 – 553.

[381] Mehta R, Zhu R J. Blue or red? Exploring the effect of color on cognitive task performances [J]. Science, 2009, 323 (5918): 1226 – 1229.

[382] Millard J, Sorivelle M N, Deljanin S, et al. Is the maker movement contributing to sustainability? [J]. Sustainability, 2018, 10 (7): 2212.

[383] Milne A, Riecke B, Antle A. Exploring maker practice: Common attitudes, habits and skills from vancouver's maker community [J]. Studies, 2014, 19 (21): 23.

[384] Mitchell R, Schuster L, Jin H S. Gamification and the impact of extrinsic motivation on needs satisfaction: Making work fun? [J]. Journal of Business Research, 2020, 106: 323 – 330.

[385] Moilanen J. Emerging hackerspaces-peer-production generation [C] //IFIP International Conference on Open Source Systems. Springer, Berlin, Heidelberg, 2012: 94 – 111.

[386] Morgan J, Wang R. Tournaments for ideas [J]. California Management Review, 2010, 52 (2): 77 – 97.

[387] Morrison P D, Roberts J H, Von Hippel E. Determinants of user innovation and innovation sharing in a local market [J]. Management Science, 2000, 46 (12): 1513 – 1527.

[388] Moskaliuk J, Burmeister C P, Landkammer F, Renner B, Cress U. Environ-

mental effects on cognition and decision making of knowledge workers ［J］. Journal of Environmental Psychology, 2017, 49: 43 – 54.

［389］ National League of Cities. How cities can grow the maker movement ［EB/OL］. Retrieved from https: //www. nlc. org/sites/default/files/2016-12/Maker% 20Movement% 20Report% 20final. pdf, 2016.

［390］ Nejad K M. Curvilinearity in architecture: emotional effect of curvilinear forms in interior design ［D］. Doctoral dissertation, Texas A & M University, 2007.

［391］ Nonaka I, Toyama R. The knowledge-creating theory revisited: Knowledge creation as a synthesizing process ［J］. Knowledge Management Research & Practice, 2003, 1 (1): 2 – 10.

［392］ Nonaka I. A dynamic theory of organizational knowledge creation ［J］. Organization Science, 1994, 5 (1): 14 – 37.

［393］ Nooteboom B, Van Haverbeke W, Duysters G, et al. Optimal cognitive distance and absorptive capacity ［J］. Research Policy, 2007, 36 (7): 1016 – 1034.

［394］ Ocasio W. Attention to attention ［J］. Organization Science, 2011, 22 (5): 1286 – 1296.

［395］ Oh I S, Guay R P, Kim K, et al. Fit happens globally: A meta-analytic comparison of the relationships of person-environment fit dimensions with work attitudes and performance across east asia, europe, and north america ［J］. Personnel Psychology, 2014, 67 (1): 99 – 152.

［396］ Ohly S, Sonnentag S, Pluntke F. Routinization, work characteristics and their relationships with creative and proactive behaviors ［J］. Journal of Organizational Behavior, 2006, 27 (3): 257 – 279.

［397］ Oldham G R, Cummings A. Employee creativity: Personal and contextual factors at work ［J］. Academy of Management Journal, 1996, 39 (3): 607 – 634.

［398］ Oluwaseyi Ojo A, Raman M, Choy Chong S, et al. Individual antecedents of ACAP and implications of social context in joint engineering project teams: A conceptual model ［J］. Journal of Knowledge Management, 2014, 18 (1): 177 – 193.

［399］ Osborn A F. Applied imagination. New York: Scribner. 1953.

［400］ Osterloh M, Rota S. Open source software development—Just another case of collective invention? ［J］. Research Policy, 2007, 36 (2): 157 – 171.

［401］ Ostertag K, Bodenheimer M, Neuhäusler P, et al. Organisational innovations, social innovations and societal acceptability in the context of sustainability ［M］, Studien zum deutschen Innovations System, 2018, 8.

[402] Ostroff C, Shin Y, Kinicki A J. Multiple perspectives of congruence: Relationships between value congruence and employee attitudes [J]. Journal of Organizational Behavior, 2005, 26 (6): 591 –623.

[403] Palanica A, Lyons, A, Cooper M, Lee A, Fossat Y. A comparison of nature and urban environments on creative thinking across different levels of reality [J]. Journal of Environmental Psychology, 2019, 63: 44 –51.

[404] Palumbo L, Ruta N, Bertamini M. Comparing angular and curved shapes in terms of implicit associations and approach/avoidance responses [J]. PLOS ONE, 2015, 10 (10): e0140043.

[405] Papanek V. The green imperative: Natural design for the real world [M]. New York: Thames and Hudson, 1995.

[406] Papavlasopoulou S, Giannakos M N, Jaccheri L. Empirical studies on the maker movement, a promising approach to learning: A literature review [J]. Entertainment Computing, 2017, 18: 57 –78.

[407] Park G, Shin S R, Choy M. Early mover (dis) advantages and knowledge spillover effects on blockchain startups' funding and innovation performance [J]. Journal of Business Research, 2020, 66 (10): 2007 –2016.

[408] Pavlov I. Conditioned reflexes: An investigation into the physiological activity of the cortex (Translated by G. Anrep) [M], New York: Dover, 1927.

[409] Payne J W, Bettman J R, Johnson E J. Adaptive strategy selection in decision making [J]. Journal of Experimental Psychology: Learning, Memory, and Cognition, 1988, 14 (3): 534.

[410] Peppler K, Bender S. Maker movement spreads innovation one project at a time [J]. Phi Delta Kappan, 2013, 95 (3): 22 –27.

[411] Perry-Smith J E. Social yet creative: The role of social relationships in facilitating individual creativity [J]. Academy of Management Journal, 2006, 49 (1): 85 –101.

[412] Pettigrew A M. The character and significance of strategy process research [J]. Strategic Management Journal, 1992, 13 (S2): 5 –16.

[413] Piezunka H, Dahlander L. Distant search, narrow attention: How crowding alters organizations' filtering of suggestions in crowdsourcing [J]. Academy of Management Journal, 2015, 58 (3): 856 –880.

[414] Podsakoff P M, MacKenzie S B, Lee J, Podsakoff N P. Common method biases in behavioral research: A critical review of the literature and recommended remedies [J]. Journal of Applied Psychology, 2003, 88 (5): 879 –903.

[415] Podsakoff P M, MacKenzie S B, Podsakoff N P. Sources of method bias in social science research and recommendations on how to control it [J]. Annual Review of Psychology, 2012, 63 (1): 539 – 569.

[416] Poffenberger A T, Barrows B E. The feeling value of lines [J]. Journal of Applied Psychology, 1924, 8 (2): 187 – 205.

[417] Porter L W, Lawler E E. Managerial attitudes and performance [J]. Administrative Science Quarterly, 1968, 13 (1): 177.

[418] Preacher K J, Hayes A F. Asymptotic and resampling strategies for assessing and comparing indirect effects in multiple mediator models [J]. Behavior Research Methods, 2008, 40: 879 – 891.

[419] Qiu L, Shi Z, Whinston A B. Learning from your friends' check-ins: An empirical study of location-based social networks [J]. Information Systems Research, 2018, 29 (4): 1044 – 1061.

[420] Rayna T, Striukova L. Open social innovation dynamics and impact: Exploratory study of a fab lab network [J]. R & D Management, 2019, 49 (3): 383 – 395.

[421] Renard D, Davisb J G. Social interdependence on crowdsourcing platforms [J]. Journal of Business Research, 2019, 103: 186 – 194.

[422] Riedl C, Seidel V P. Learning from mixed signals in online innovation communities [J]. Organization Science, 2018, 29 (6): 1010 – 1032.

[423] Ritzer G, Jurgenson N. Production, consumption, prosumption: The nature of capitalism in the age of the digital 'prosumer' [J]. Journal of Consumer Culture, 2010, 10 (1): 13 – 36.

[424] Roberts J A, Hann I H, Slaughter S A. Understanding the motivations, participation, and performance of open source software developers: A longitudinal study of the Apache projects [J]. Management Science, 2006, 52 (7): 984 – 999.

[425] Roper S, Du J, Love J H. Modelling the innovation value chain [J]. Research Policy, 2008, 37 (6 – 7): 961 – 977.

[426] Rosa P, Ferretti F, Guimarães Pereira A, et al. Overview of the maker movement in the European Union [M]. Publications Office of the European Union, Luxembourg, 2017.

[427] Rosenkopf L, Nerkar A. Beyond local search: Boundary-spanning, exploration, and impact in the optical disk industry [J]. Strategic Management Journal, 2001, 22 (4): 287 – 306.

[428] Röth T, Spieth P. The influence of resistance to change on evaluating an inno-

vation project's innovativeness and risk: A sensemaking perspective [J]. Journal of Business Research, 2019, 101: 83 – 92.

[429] Rothenberg A. Einstein's creative thinking and the general theory of relativity: A documented report [J]. American Journal of Psychiatry, 1979, 136 (1): 38 – 43.

[430] Rothenberg A. The Janusian process in scientific creativity [J]. Creativity Research Journal, 1996, 9 (2 – 3): 207 – 231.

[431] Rothschild M L. Carrots, sticks, and promises: A conceptual framework for the management of public health and social issue behaviors [J]. Journal of Marketing, 1999, 63 (4): 24 – 37.

[432] Runco M A, Jaeger, G. J. The standard definition of creativity [J]. Creativity Research Journal, 2012, 24 (1): 92 – 96.

[433] Runco M A. Children's divergent thinking and creative ideation [J]. Developmental Review, 1992, 12 (3): 233 – 264.

[434] Runco M A. Time [J]. Encyclopedia of Creativity, 1999 (2): 659 – 663.

[435] Ryan R M, Connell J P. Perceived locus of causality and internalization: Examining reasons for acting in two domains [J]. Journal of Personality & Social Psychology, 1989, 57 (5): 749 – 761.

[436] Ryan R M, Deci E L. Intrinsic and extrinsic motivations: Classic definitions and new directions [J]. Contemporary Educational Psychology, 2000, 25 (1): 54 – 67.

[437] Ryan R M, Deci E L. Self-determination theory and the facilitation of intrinsic motivation, social development, and well-being [J]. American Psychologist, 2000, 55 (1): 68 – 78.

[438] Sadler J, Shluzas L, Blikstein P, et al. Building blocks of the maker movement: Modularity enhances creative confidence during prototyping [M]. In Design Thinking Research, Springer, Cham, 2016: 141 – 154.

[439] Sang W, Simpson A. The Maker Movement: A global movement for educational change [J]. International Journal of Science and Mathematics Education, 2019, 17 (1): 65 – 83.

[440] Saorín J L, Melian-Diaz D, Bonnet A, et al. Makerspace teaching-learning environment to enhance creative competence in engineering students [J]. Thinking Skills and Creativity, 2017, 23: 188 – 198.

[441] Sarooghi H, Libaers D, Burkemper A. Examining the relationship between creativity and innovation: A meta-analysis of organizational, cultural, and environ-

mental factors [J]. Journal of Business Venturing, 2015, 30 (5): 714 – 731.

[442] Schmidthuber L, Piller F, Bogers M, et al. Citizen participation in public administration: Investigating open government for social innovation [J]. R & D Management. 2019, 49 (3): 343 – 355.

[443] Schneirla T C. An evolutionary and developmental theory of biphasic processes underlying approach and withdrawal [C]. In M R Jones (Eds.) Nebraska symposium on motivation, Vol. 7. Lincoln: University of Nebras, 1959.

[444] Schwarz N. Feelings as information: Informational and motivational functions of affective states [C]. In E T, Higgins, R M, Sorrentino (Eds.). Handbook of motivation and cognition: Foundations of social behavior. New York, Guilford: E-Pulishing Inc, 1990: 527 – 561.

[445] Scott S G, Bruce R A. Determinants of innovative behavior: A path model of individual innovation in the workplace [J]. Academy of Management Journal, 1994, 37 (3): 580 – 607.

[446] Sengupta S, Sahay A, Croce F. Conceptualizing social entrepreneurship in the context of emerging economies: An integrative review of past research from BRICS [J]. International Entrepreneurship and Management Journal, 2018, 14 (4): 771 – 803.

[447] Setia P, Patel P C. How information systems help create OM capabilities: Consequents and antecedents of operational absorptive capacity [J]. Journal of Operations Management, 2013, 31 (6): 409 – 431.

[448] Shah S K. Motivation, governance, and the viability of hybrid forms in open source software development [J]. Management Science, 2006, 52 (7): 1000 – 1014.

[449] Shalley C E, Gilson L L. What leaders need to know: A review of social and contextual factors that can foster or hinder creativity [J]. The Leadership Quarterly, 2004, 15 (1): 33 – 53.

[450] Shane S, Nicolaou N. Creative personality, opportunity recognition and the tendency to start businesses: A study of their genetic predispositions [J]. Journal of Business Venturing, 2015, 30 (3): 407 – 419.

[451] Sharma A, Saboo A R, Kumar V. Investigating the influence of characteristics of the new product introduction process on firm value: The case of the pharmaceutical industry [J]. Journal of Marketing, 2018, 82 (5): 66 – 85.

[452] Sheng S, Zhou K Z, Li J J. The effects of business and political ties on firm performance: Evidence from china [J]. Journal of Marketing, 2011, 75

(1): 1 – 15.

[453] Shepherd D A, Williams T A, Patzelt H. Thinking about entrepreneurial decision making: Review and research agenda [J]. Journal of Management, 2015, 41 (1): 11 – 46.

[454] Sheridan K, Halverson E R, Litts B, et al. Learning in the making: A comparative case study of three makerspaces [J]. Harvard Educational Review, 2014, 84 (4): 505 – 531.

[455] Shibata S, Suzuki N. Effects of an indoor plant on creative task performance and mood [J]. Scandinavian Journal of Psychology, 2004, 45 (5): 373 – 381.

[456] Shibata S, Suzuki N. Effects of the foliage plant on task performance and mood [J]. Journal of Environmental Psychology, 2002, 22 (3): 265 – 272.

[457] Shin S J, Zhou J. Transformational leadership, conservation, and creativity: Evidence from Korea [J]. Academy of Management Journal, 2003, 46 (6): 703 – 714.

[458] Silvia P J. Interest—The curious emotion [J]. Current Directions in Psychological Science, 2008, 17 (1): 57 – 60.

[459] Simon H A. Designing organizations for an information-rich world [J]. International Library of Critical Writings in Economics, 1996, 70: 187 – 202.

[460] Simonton D K. Age and outstanding achievement: What do we know after a century of research? [J]. Psychological Bulletin, 1988, 104 (2): 251.

[461] Simonton D K. Creative development as acquired expertise: Theoretical issues and an empirical test [J]. Developmental Review, 2000, 20 (2): 283 – 318.

[462] Sochacka N W, Guyotte K W, Walther J. Learning together: A collaborative auto-ethnographic exploration of STEAM (STEM + the Arts) education [J]. Journal of Engineering Education, 2016, 105 (1): 15 – 42.

[463] Solorz A K. Latency of instrumental responses as a function of compatibility with the meaning of eliciting verbal signs [J]. Journal of Experimental Psychology, 1960, 59 (4): 239 – 245.

[464] Sosa M E. Where do creative interactions come from? The role of tie content and social networks [J]. Organization Science, 2011, 22 (1): 1 – 21.

[465] Spearman C. Creative mind [M]. New York: Appleton-Century, 1931.

[466] Spencer S J, Zanna M P, Fong G T. Establishing a causal chain: Why experiments are often more effective than mediational analyses in examining psychological processes [J]. Journal of Personality and Social Psychology, 2005, 89 (6): 845 – 851.

[467] Steidle A, Werth L. Freedom from constraints: Darkness and dim illumination promote creativity [J]. Journal of Environmental Psychology, 2013, 35: 67 – 80.

[468] Stein M I. Creativity and culture [J]. The Journal of Psychology, 1953, 36 (2): 311 – 322.

[469] Stephen A T, Zubcsek P P, Goldenberg J. Lower connectivity is better: The effects of network structure on redundancy of ideas and customer innovativeness in interdependent ideation tasks [J]. Journal of Marketing Research, 2016, 53 (2): 263 – 279.

[470] Sternberg R J. Creativity orcreativities? [J]. International Journal of Human-Computer Studies, 2005, 63 (4 – 5): 370 – 382.

[471] Stevenson H H, Roberts M J, Grousbeck H I. New business ventures and the entrepreneur [M]. Homewood, IL: Irwin, 1985.

[472] Stock R M, Oliveira P, Von Hippel E. Impacts of hedonic and utilitarian user motives on the innovativeness of user-developed solutions [J]. Journal of Product Innovation Management, 2015, 32 (3): 389 – 403.

[473] Stock R M, Von Hippel E, Gillert N L. Impacts of personality traits on consumer innovation success [J]. Research Policy, 2016, 45 (4): 757 – 769.

[474] Stone N J, Irvine J M. Direct or indirect window access, task type, and performance [J]. Journal of Environmental Psychology, 1994, 14 (1): 57 – 63.

[475] Strauss A, Corbin J. Grounded theory methodology [J]. Handbook of qualitative research, 1994, 17 (1): 273 – 285.

[476] Sun Y, Fang Y, Lim K H. Understanding sustained participation in transactional virtual communities [J]. Decision Support Systems, 2012, 53 (1): 12 – 22.

[477] Suomi S. Social development in rhesus monkeys: Consideration of individual differences [C]. In A Oliverio, M Zappella (Eds.). The behavior of human infants. New York, NY: Plenum Press, 1983: 71 – 92.

[478] Svensson P O, Hartmann R K. Policies to promote user innovation: Makerspaces and clinician innovation in Swedish hospitals [J]. Research Policy, 2018, 47 (1): 277 – 288.

[479] Tang J, Kacmar K M M, Busenitz L. Entrepreneurial alertness in the pursuit of new opportunities [J]. Journal of Business Venturing, 2012, 27 (1): 77 – 94.

[480] Taormina R J, Lao K M. Measuring Chinese entrepreneurial motivation: Personality andenvironmental influences [J]. International Journal of Entrepre-

neurial Behaviour & Research, 2007, 13 (4): 200 – 221.

[481] Taylor A, Greve H R. Superman or the fantastic four? Knowledge combination and experience in innovative teams [J]. Academy of Management Journal, 2006, 49 (4): 723 – 740.

[482] Taylor N, Hurley U, Connolly P. Making community: The wider role of makerspaces in public life [C] //Proceedings of the 2016 CHI Conference on Human Factors in Computing Systems, 2016: 1415 – 1425.

[483] Terwiesch C, Ulrich K. Innovation tournaments: Creating, selecting, and developing exceptional opportunities [M]. Philadelphia, PA: The Wharton School, 2008.

[484] Terwiesch C, Xu Y. Innovation contests, open innovation, and multiagent problem solving [J]. Management Science, 2008, 54 (9): 1529 – 1543.

[485] Thompson B. Exploratory and confirmationtory factor analysis: Understanding concepts and applications [M]. Washington: American Psychological Association, 2004.

[486] Thurstone L L. The measurement of social attitudes [J]. Journal of Abnormal Psychology, 1931, 26 (3): 249 – 269.

[487] Tomko M, Nagel R L, Linsey J, Aleman M. A qualitative approach to studying the interplay between expertise, creativity, and learning in university makerspaces [C]. In ASME 2017 International Design Engineering Technical Conferences and Computers and Information in Engineering Conference (pp. V003T04A013-V003T04A013). American Society of Mechanical Engineers, 2017.

[488] Tooby J, Cosmides L. The past explains the present: Emotional adaptions and the structure of ancestral environments [J]. Ethology and Sociobiology, 1990, 11 (4): 375 – 424.

[489] Toothaker L E. Multiple regression: Testing and interpreting interactions [J]. Journal of the Operational Research Society, 1994, 45 (1): 119 – 120.

[490] Torvalds L, Diamond D. Just for fun: The story of an accidental revolutionary [M]. New York: Harper Collins, 2002.

[491] Troxler P, Wolf P. Digital maker-entrepreneurs in open design: What activities make up their business model? [J]. Business Horizons, 2017, 60 (6): 807 – 817.

[492] Tushman M L. Special boundary roles in the innovation process [J]. Administrative Science Quarterly, 1977, 22 (4): 587 – 605.

[493] Twenge J M, Campbell S M, Hoffman B J, et al. Generational differences in work values: Leisure and extrinsic values increasing, social and intrinsic values decreasing [J]. Journal of Management, 2010, 36 (5): 1117 – 1142.

[494] Tzabbar D, Margolis J. Beyond the startup stage: The founding team's human capital, new venture's stage of life, founder-CEO duality, and breakthrough innovation [J]. Organization Science, 2017, 28 (5): 857 – 872.

[495] Uncubed. Google, Microsoft, and Quartz are embracing the makerspace [EB/OL]. Retrieved from https://uncubed.com/daily/google-microsoft-and-quartz-are-embracing-the-makerspace/, 2019 – 12 – 08.

[496] Unterfrauner E, Hofer M, Pelka B, et al. A new player for tackling inequalities? Framing the social value and impact of the maker movement [J]. Social Inclusion, 2020, 8 (2): 190 – 200.

[497] van der Meij A, Kloen P I, Hazelaar M. Maker education: The experience of de populier in the netherlands [J]. 2014.

[498] Van Oel C J, Van den Berkhof F D. Consumer preferences in the design of airport passenger areas [J]. Journal of Environmental Psychology, 2013, 36: 280 – 290.

[499] vanVianen A E M. Person-environment fit: A review of its basic tenets [J]. Annual Review of Organizational Psychology and Organizational Behavior, 2018, 5 (1): 75 – 101.

[500] Velamuri V K, Schneckenberg D, Haller J B A, et al. Open evaluation of new product concepts at the front end of innovation: Objectives and contingency factors [J]. R & D Management, 2017, 47 (4): 501 – 521.

[501] Verbeek M, Drent P, Wiepkema P. Consistent individual differences in early exploratory behavior of male great tits [J]. Animal Behavior, 1994, 48 (5): 1113 – 1121.

[502] Verbeke W, Bagozzi R P, Belschak F D. The role of status and leadership style in sales contests: A natural field experiment [J]. Journal of Business Research, 2016, 69 (10): 4112 – 4120.

[503] Vermeulen F, Barkema H. Pace, rhythm, and scope: Process dependence in building a profitable multinational corporation [J]. Strategic Management Journal, 2002, 23 (7): 637 – 653.

[504] Von Hippel E, De Jong J P J, Flowers S. Comparing business and household sector innovation in consumer products: Findings from a representative study in the United Kingdom [J]. Management Science, 2012, 58 (9): 1669 – 1681.

[505] Von Hippel E. "Sticky information" and the locus of problem solving: Implications for innovation [J]. Management Science, 1994, 40 (4): 429 –439.

[506] Von Hippel E. Learning from open-source software [J]. MIT Sloan Management Review, 2001, 42 (4): 82 –86.

[507] Von Krogh G, Haefliger S, Spaeth S, et al. Carrots and rainbows: Motivation and social practice in open source software development [J]. MIS quarterly, 2012, 36 (2): 649 –676.

[508] Waller M A, Fawcett S E. Click here for a data scientist: Big data, predictive analytics, and theory development in the era of a maker movement supply chain [J]. Journal of Business Logistics, 2013, 34 (4): 249 –252.

[509] Ward W C. Convergent and divergent measurement of creativity in children [J]. Educational and Psychological Measurement, 1975, 35 (1): 87 –95.

[510] Warneken F, Tomasello M. Extrinsic rewards undermine altruistic tendencies in 20-month-olds [J]. Developmental Psychology, 2008, 44 (6): 1785.

[511] Weinberger E, Wach D, Stephan U, Wegge J. Having a creative day: Understanding entrepreneurs' daily idea generation through a recovery lens [J]. Journal of Business Venturing, 2018, 33 (1): 1 –19.

[512] Wen W. Making in China: Is maker culture changing China's creative landscape? [J]. International Journal of Cultural Studies, 2017, 20 (4): 343 –360.

[513] Wertz F J. Multiple methods in psychology: Epistemological grounding and the possibility of unity [J]. Journal of Theoretical and Philosophical Psychology, 1999, 19 (2): 131 –166.

[514] West J. Atoms matter: The role of local 'makerspaces' in the coming digital economy [M]. Research Handbook on Digital Transformations, 2016: 182 –202.

[515] Westerqman S J, Gardner P, Sutherland E J, White T, Jordan K, Watts D, Wells S. Product design: Preference for rounded versus angular design elements [J]. Psychology & Marketing, 2012, 29 (8): 595 –605.

[516] Wilson D S, Coleman K, Clark A B, Biederman L. Shy-bold continuum in pumpkinseed sunfish (Lepomis gibbosus): An ecological study of a psychological trait [J]. Journal of Comparative Psychology, 1993, 107 (3): 250 –260.

[517] Wolf-Powers L, Doussard M, Schrock G, et al. The maker movement and urban economic development [J]. Journal of the American Planning Association, 2017, 83 (4): 365 –376.

[518] World Economic Forum. Chinese premier Li Keqiang's speech at Davos 2015

[EB/OL]. Retrieved from https：//www. weforum. org/agenda/2015/01/chi-nese-premier-li-keqiangs-speech-at-davos-2015/, 2015 – 01 – 23.

[519] Xia Y, Schyns B, Zhang L. Why and when job stressors impact voice behav-iour: An ego depletion perspective [J]. Journal of Business Research, 2020, 109: 200 – 209.

[520] Ye H. Encouraging Innovations of Quality from User Innovators: An Empirical Study of Mobile Data Services [J]. Service Science, 2018, 10 (4): 423 – 441.

[521] Yoon C, Rolland E. Knowledge-sharing in virtual communities: familiarity, anonymity and self-determination theory [J]. Behaviour & Information Tech-nology, 2012, 31 (11): 1133 – 1143.

[522] Young R K. Motivation and emotion: A survey of the determinants of human and animal activity [M]. New York: Wiley, 1961.

[523] Yu J, Jiang Z, Chan H C. Knowledge contribution in problem solving virtual communities: The mediating role of individual motivations [M]. Proceedings of the 2007 ACM SIGMIS CPR conference on Computer personnel research: The global information technology workforce. St. Louis, Missouri, USA; Asso-ciation for Computing Machinery, 2007: 144 – 152.

[524] Zahra S A, George G. Absorptive capacity: A review, reconceptualization, and extension [J]. Academy of Management Review, 2002, 27 (2): 185 – 203.

[525] Zeitlyn D. Gift economies in the development of open source software: Anthro-pological reflections [J]. Research Policy, 2003, 32 (7): 1287 – 1291.

[526] Zhang J, Liu Y, Chen Y. Social learning in networks of friends versus strangers [J]. Marketing Science, 2015, 34 (4): 573 – 589.

[527] Zhang Y, Feick L, Price L J. The impact of self-construal on aesthetic prefer-ence for angular versus rounded shapes [J]. Personality and Social Psychology Bulletin, 2006, 32 (6): 794 – 805.

[528] Zhang Y, Li H. Innovation search of new ventures in a technology cluster: The role of ties with service intermediaries [J]. Strategic Management Journal, 2010, 31 (1): 88 – 109.

[529] Zhao C Y, Zhu Q. Effects of extrinsic and intrinsic motivation on participation in crowdsourcing contest [J]. Online Information Review, 2014, 38 (7): 896 – 917.

[530] Zhao X, Lynch Jr J G, Chen Q. Reconsidering Baron and Kenny: Myths and truths about mediation analysis [J]. Journal of Consumer Research, 2010, 37 (2): 197 – 206.

[531] Zheng H, Li D, Hou W. Task design, motivation, and participation in crowdsourcing contests [J]. International Journal of Electronic Commerce, 2011, 15 (4): 57 – 88.

[532] Zhou J, George J M. When job dissatisfaction leads to creativity: Encouraging the expression of voice [J]. Academy of Management Journal, 2001, 44 (4): 682 – 696.

[533] Zhou J, Shalley C E. Organizational creativity research: A historical overview [M]. Handbook of Organizational Creativity, 2008: 3 – 31.

[534] Zhou J, Shin S J, Brass D J, Choi J, Zhang Z X. Social networks, personal values, and creativity: Evidence for curvilinear and interaction effects [J]. Journal of Applied Psychology, 2009, 94 (6): 1544 – 1552.

[535] Zivnuska S, Kiewitz C, Hochwarter W A, et al. What is too much or too little? The curvilinear effects of job tension on turnover intent, value attainment, and job satisfaction [J]. Journal of Applied Social Psychology, 2002, 32 (7): 1344 – 1360.

[536] Zollo M, Winter S G. Deliberate learning and the evolution of dynamic capabilities [J]. Organization Science, 2002, 13 (3): 339 – 351.

[537] Zur H B, Breznitz S J. The effect of time pressure on risky choice behavior [J]. Acta Psychologica, 1981, 47 (2): 89 – 104.